“双创”背景下大学生就业创业问题研究

仝东峰　著

科学出版社
北　京

内 容 简 介

本书共八章，第一章为绪论。第二章为就业之殇：大学生的就业现状与问题。第三章为就业筹谋：制订大学生职业规划。第四章为就业冲刺：提升大学生就业能力。第五章为弹性就业：大学生自主创业。第六章为创业基石：培养大学生创业能力。第七章为创新能力：提升大学生创新素养。第八章为创业实践：创新创业案例。此外，本书附录部分，摘录了有关大学生创新创业的相关政策。全书结构清晰、内容翔实、理论明确，注重理论与实践相结合、普遍性与特殊性相结合，具有全面性、系统性、实用性的特点，希望对推进高校创新创业教育具有一定的推动作用。

本书可作为普通高等学校的学生用书，也可作为创新创业相关人员的参考用书。

图书在版编目（CIP）数据

“双创”背景下大学生就业创业问题研究 / 仝东峰著. —北京：科学出版社，2018.9

ISBN 978-7-03-058946-0

Ⅰ. ①双… Ⅱ. ①仝… Ⅲ. ①大学生－职业选择－研究 Ⅳ. ①G647.38

中国版本图书馆 CIP 数据核字（2018）第 220967 号

责任编辑：李淑丽 李秉乾 / 责任校对：郭瑞芝
责任印制：张 伟 / 封面设计：华路天然工作室

科 学 出 版 社 出版
北京东黄城根北街 16 号
邮政编码：100717
http://www.sciencep.com

北京中石油彩色印刷有限责任公司 印刷
科学出版社发行 各地新华书店经销
*
2018 年 9 月第 一 版 开本：787×1092 1/16
2019 年11月第二次印刷 印张：11 1/4
字数：267 000

定价：78.00 元

（如有印装质量问题，我社负责调换）

前　　言

当今社会科学技术突飞猛进，知识更新的速度日益加快，科技成果商品化、产业化的周期越来越短，在这一社会现象背后，有一个重要的因素在发挥作用，即创新创业。我国已经意识到了创新创业的作用，并将其作为我国实施创新型国家建设的一个重要战略，陆续出台了多项政策推动创新创业，尤其是李克强提出的“大众创业、万众创新”更是将我国创新创业工作推向了前所未有的高度。

创新创业活动的开展需要创新创业人才的支撑，而人才的培育与成长的摇篮在高校。当代大学生承载着中国的未来，是实现中华民族伟大复兴的重要生力军。在飞速行驶的时代列车上，大学生只有具有创新创业意识，才能顺应时代潮流，才能在从“中国制造”到“中国创造”的发展中有所作为。因此，党和政府高度重视大学生创新创业教育工作，从《教育部关于大力推进高等学校创新创业教育和大学生自主创业工作的意见》到《国务院办公厅关于深化高等学校创新创业教育改革的实施意见》等，推进高校创新创业教育工作，培育创新创业人才已经成为当前高等院校的一个重要任务。与此同时，随着我国经济发展进入新常态，产业结构优化升级压力趋紧，大学生也面临着越来越严峻的就业压力，创新创业也为大学生顺利就业开辟了一条新道路。因此，近年来，各高校在加强大学生创新创业教育、指导、服务方面做了大量工作，也取得了一定成效，但还存在一些问题，如相比发达国家大学生 20%～30%的创业比例，我国选择创业的大学生比例不到 1%。造成这一现象的原因就是高校在开展创新创业教育活动时，受到传统教育模式的影响，重理论轻实践、重知识传授轻能力培养，大学生创新创业能力培养长期处于次要地位，导致大学生创新创业能力不足。在新时期开展创新创业教育必须结合当前的社会背景，通过将知识传授、能力培养、实践训练等结合起来形成一个复合性的教育体系，基于此笔者撰写了本书。

本书共八章，第一章为绪论。本章分析了创新创业教育战略的提出及其战略需求、高校在推进创新创业中的重要作用，以及新时期中国高校创新创业教育的形势和内涵。第二章为就业之殇：大学生的就业现状与问题。本章探讨了大学毕业生的就业环境、大学生就业的尴尬现象、大学生就业问题的原因以及大学生就业问题的社会效应。第三章为就业筹谋：制订大学生职业规划。本章分析了如何制订职业规划。第四章为就业冲刺：提升大学生就业能力。本章从就业观念、求职准备、应聘技巧、求职心理、职场情商、就业权益六个方面对大学生就业能力的提升进行了探讨。第五章为弹性就业：大学生自主创业。本章分析了大学生创业的基本内容。第六章为创业基石：培养大学生创业能力。本章探讨了如何培养创业能力。第七章为创新能力：提升大学生创新素养。本章探讨了创新带来的变化以及创新人才的培养。第八章为创业实践：创新创业案例。此外，本书附录部分，摘录了有关大学生创新创业的相关政策。全书结构清晰、内容翔实、理论明确，注重理论与实践相结合、普遍性与特殊性相结合，具有全面性、系统性、实用性的特点，对于改革高校人才培养模式、推进高校创新创业教育具有一定的推动作用。

本书在撰写的过程中参阅了国内外创新创业方面的研究成果，在此一并表示诚挚的谢意!由于时间仓促，笔者水平有限，不足之处在所难免，恳请广大读者在使用中多提宝贵意见。

仝东峰
2018 年 4 月

目　　录

第一章　绪　　论

21 世纪是充满创造、创新与创业的时代，知识经济占主导地位，国家经济的发展与社会的进步越来越依赖于科技创新的水平与创新创业人才的培养。随着国际经济和社会的发展，世界各国越来越重视大学生的创新创业教育。

当前，就我国情况而言，大学生就业面临着新的形势和新的挑战。我国地区经济发展不平衡，高等教育体制中仍存在一些缺点以及高校持续扩招等，加大了学生的就业压力。大学生“就业寒冬”不仅触动着每一个大学毕业生的神经，也引起了党和政府的高度关注。针对日益严峻的就业形势，中央以及地方政府采取多项有针对性的政策，从创新、创业两方面入手把市场机制引入大学生就业制度中，提供各种就业政策，积极拓宽就业渠道，帮助大学生实现就业。

2017 年 4 月 27 日，第 71 届联合国大会通过第 284 号决议，将每年 4 月 21 日指定为“世界创意和创新日”，确认创新对于每个国家发挥经济潜力至关重要，呼吁各国支持“大众创业、万众创新”，认为这将为各国实现经济增长、创造就业凝聚新动力，为包括妇女和青年在内的所有人创造新机遇。这表明，创新驱动发展和支持民众创新创业的中国理念得到了国际社会的普遍认可，这一中国理念为当今国际社会克服经济困难、实现经济增长和创造就业贡献了一种可行的解决方案。

第一节　创新创业教育战略的提出及其战略需求

2007 年，党的十七大报告明确提出了“实施扩大就业的发展战略，促进以创业带动就业”的战略方针，指出：“完善支持自主创业、自谋职业政策，加强就业观念教育，使更多劳动者成为创业者。”在“以创带就”政策导向下，高校创新创业教育得以开展。

在 2014 年夏季达沃斯论坛上，李克强总理首次提出“大众创业、万众创新”。2015 年，李克强在《政府工作报告》中将“大众创业、万众创新”作为推动新形势下我国经济发展的“双引擎”提出，此后“大众创业、万众创新”在我国国内掀起了一股热潮，社会上对“大众创业、万众创新”的关注度也在不断提升。2015 年 6 月，国务院颁布了《关于大力推进大众创业万众创新若干政策措施的意见》，明确指出，推进“大众创业、万众创新”是培育和催生经济社会发展新动力的必然选择，是扩大就业、实现富民之道的根本举措，是激发全社会创新潜能和创业活力的有效途径。“大众创业、万众创新”已成为新常态下经济发展的新引擎，“创新创业”已经成为时代的潮流。2015 年国务院办公厅印发《国务院办公厅关于深化高等学校创新创业教育改革的实施意见》（国办发〔2015〕36 号），对高校开展创新创业教育提出了“三步走”战略，到 2020 年建立健全课堂教学、自主学习、结合实践、指导帮扶、文化引领融为一体的高校创新创业教育体系，满足创新型国家建设对创新创业型人才的新需求。创新创业教育作为一种全新的教育理念，关系到经济发展、社会进步、振兴民族大业，因此已成为我国高等教育改革发展的重要任务。

李克强在2018年的《政府工作报告》中提到“促进大众创业、万众创新上水平”。要提供全方位创新创业服务，推进“双创”示范基地建设，鼓励大企业、高校和科研院所等开放创新资源，发展平台经济、共享经济，形成线上线下结合、产学研用协同、大中小企业融合的创新创业格局，打造“双创”升级版。

当代大学生肩负着继承和发展民族大业的重要使命，大学生创新创业能力的培养关乎时代发展和社会走向。当代大学生是中国最具活力的群体，如果他们失去了创新的精神和能力，那么整个民族将失去发展的动力。高校作为培养社会主义建设者的摇篮，除了对大学生进行文化知识的培养教育之外，更需注重对大学生创新创业能力的培养。在高校开展创新创业教育，这既是社会发展的趋势也是国家政策的导向。

在创新创业教育战略阶段，根据国务院、教育部出台的相关文件，新形势下的创新创业教育应满足以下几方面的要求。

（1）高校创新创业教育要以国家社会经济发展，以及国家发展建设的需要为基础开展，要结合当前我国的实际需要和实际情况积极推进创新创业教育，促进我国经济的科学转型与社会和谐发展。

（2）开展创新创业教育活动一定要注重实践性，高校要结合创新创业的具体实践要求，通过举办各类比赛，组织各类讲座和知识论坛，实施各类创新创业实践训练活动等方式，将学生引入创新创业实践中来，让学生在实践中发展自我，提高创新创业素养和能力。具体来看，高校在设置一系列创新创业实践活动时，可注意将“互联网+”技术应用其中，使传统的实践方式得以改变。例如，搭建线上线下创新创业实践平台，让学生在网上模拟创新创业过程。这样既能给学生带来乐趣，又能让学生掌握创新创业的知识，提高创新创业的能力。还可以建立远程创新创业视频系统，让大学生与创新创业教育专家和创新创业成功人士进行真实的互动与交流，以增强大学生的信心和积极性。

（3）积极开展创新创业教育活动，通过科学合理的教育内容、教育方式让学生掌握扎实的创新创业基础知识和基本理论，知道如何进行创新创业，了解创新创业过程中可能会遇到的问题，有哪些政策和法律可以为他们提供帮助，进而在日后的创新创业过程中合理地避开一些问题。

（4）要推动全体学生开展创新创业教育活动，以便将创新创业教育活动融入人才培养的全过程中，让所有学生都能在创新创业素质和能力上有所发展。在此过程中需要注意的是，开展创新创业教育活动并非是让所有学生都走上创新创业的道路，而是激发学生的创新创业意识和精神，更好地实现人生价值。

（5）开展创新创业教育活动要以创新创业课程为依据，因为科学合理的课程体系有助于真正发挥创新创业教育的价值。为此，高校应积极加强创新创业教育课程体系建设，将创新创业教育纳入专业教育和文化素质教育等普通课程教育之中，建立多层次、立体化的创新创业教育课程体系。创新创业教育课程体系主要由三个层次构成：第一层次，面向全体学生，旨在培养学生创新创业意识、激发学生创新创业动力的普及课程；第二层次，面向有较强创新、创业意愿和潜质的学生，旨在提高其基本知识、技巧、技能的专门的系列专业课程；第三层次，旨在培养学生创新创业实际运用能力的各类实践活动课程，要以项目、活动为引导，教学与实践相结合，有针对性地加强对学生创业过程的指导。

（6）为大学生提供完备的创新创业咨询服务。一方面，各级政府、学校要树立以人为本的服务理念，从大学生创新创业的实际需求出发，不断完善和创新服务内容。服务的重点包括：为有意创业的高校学生提供咨询、指导与策划、培训等服务；为注册登记两年内的创业企业提供财税、法律、劳动保障、外贸等代理服务，政策与信息服务，管理咨询服务，技术服务，融资指导服务，人员培训服务等。另一方面，各级政府、学校要建立高素质的创业教育培训的辅导员队伍，这是创新创业教育服务支持工作的基础。各级政府和相关职能部门要把当地各行各业有经验的人组织起来，如优秀的企业家、法律专家、管理咨询专家等，为高校学生开展创新创业服务。

第二节 高校在推进创新创业中的重要作用

在国家创新创业体系的诸多要素中，人才是最根本、最活跃的要素，人才资源是第一资源。作为高校创新创业教育体系的主干，高校在创新创业教育培育中发挥着关键作用。具体来看，这些作用主要体现在以下几方面。

首先，高校是思想和知识创新的基地。高校是人才培养和科学研究的基地，也是一个参与社会变革、提供科学咨询、促进社会进步的思想库。高校人才密集，学科领先且综合性强，资料丰富、信息充分，具有自由、宽松的学术氛围。因此，高校在物质条件、人力资源和环境氛围等各个方面都有利于知识和思想的创新，在国家决策过程中扮演着思想库的角色。随着社会的进步，高校的功能也在不断发生变化，由原先的单一知识传授到知识传授和知识创造，再到现在的知识传授、知识创造和知识应用三个方面的和谐统一。其中技术创新和应用已经成为大学教育的一个重要环节和主要功能。从这一层面来说，高校也是思想和知识创新的基地，它能营造良好的创新环境去影响大学生，让大学生不断开拓思维，进行创新。同时，大学生创新的成果也会反哺社会，促进社会的创新与发展。

其次，高校是创新创业人才培养的摇篮。在世界各国都把争夺人才置于重要战略高度的今天，如何吸纳与发展人才已成为各国政府关注的重要问题。英国 2008 年《每日电讯报》援引经济合作与发展组织调查报告认为，尽管英国是人才战争赢家，但其高创新型人才流失海外的现象最为严重，这将对英国的经济发展造成严重影响。可以看出，如何以优越的创新环境吸引人才，充分发挥科技创新人才的聪明才智，是各个国家和地区谋求发展优先考虑的战略问题。

2014 年 8 月，习近平阐述了实施创新驱动发展战略的基本要求，其中指出：“强化激励，大力集聚创新人才。创新驱动实质上是人才驱动。为了加快形成一支规模宏大、富有创新精神、敢于承担风险的创新型人才队伍，要重点在用好、吸引、培养上下功夫。”

可以看出营造一个良好的高端人才创新创业环境是实施创新驱动的主要着力点，而对于以教学和科研为重心的高校而言，培养高素质的创新创业人才是首要职责。

高校在培养创新创业人才上也具有明显的优势。一是高校的专业学科门类齐全，结构层次丰富，有利于相互支持、交叉和渗透，有利于产生新的学术思想和科学成果，有利于进行知识创新。二是高校还具有丰富的信息资源，与国外的科技交往广泛、密切，有利于及时把握前沿技术和最新的科技发展动态，为高校参与国家创新提供良好的硬件条件。三是高校已经成为技术创新系统执行主体的组成部分。高校的技术创新系统由参与技术与产品开发的专家、教授和科技开发机构、科技产业及咨询服务机构组成。执行主体是高校的技术开发研究所、工程研究中心、技术开发与成果转移中心、中试基地、高技术产业及各类产学研联合体等。因此，各级高校应积极转变思想观念，充分发挥自身在创新创业人才培养中的重要作用。

最后，高校是推进创新创业教育体系中的重要一员。增强自主创新能力，建设创新型国家，构建国家创新体系，关键是拥有创新人才。创新人才是民族的脊梁，深深植根于一个民族优秀的精神文化传统之中，植根于综合素质高、科学素质好的国民群体之中，植根于激励有力、赏罚得法的良好体制机制环境之中。培养造就创新人才，要遵循人才成长规律，用事业凝聚人才，用实践造就人才，用机制激励人才。我们必须要转变资源开发观念，由注重开发自然资源转向着重开发人力资源。高校在培育民族创新精神和培养创新人才方面肩负着特殊的历史使命，因此必须彻底转变那种妨碍学生创新精神和创新能力发展的传统教育观念。从强调“施教”到强调“求学”，从强调“知识继承”到强调“自主创新”，从以考试分数为唯一标准评价学生的质量观到树立起学生综合素质提高、个性特长充分发展的教育质量观，通过人才创新满足知识社会对创新人才的需求，通过知识创新提高企业技术创新能力和国家创新能力，通过教育创新推动高等教育改革并形成新的教育模式。

第三节　新时期中国高校创新创业教育的形势和内涵

2015 年 5 月，国务院办公厅印发《国务院办公厅关于深化高等学校创新创业教育改革的实施意见》，站在国家实施创新驱动发展战略、促进经济提质增效升级、推进高等教育综合改革、促进高校毕业生更高质量创业就业的高度，明确了深化高等学校创新创业教育改革的指导思想、基本原则和总体目标，提出了 9 项改革任务、30 条具体举措。在国家的一系列文件政策引导下，我国的高校创新创业教育进入新的发展阶段，同时新时期对高校创新创业教育的内涵也有了一定的丰富与发展。

一、新时期中国高校创新创业教育的形势

总体来看，新常态背景下，我国经济下行压力加大，通过创业解决就业问题、推动产业转型升级已成为我国创新创业教育的特有诉求。随着“双创”的持续深入，全民参与创新创业的热情不断高涨，高校创新创业教育的发展需求进一步加大。同时，互联网、

大数据以及共享经济的发展，为创新创业教育更低成本、更大规模、更便捷高效地实施提供了可能。《国务院办公厅关于深化高等学校创新创业教育改革的实施意见》等系列文件的出台，标志着创新创业教育已经上升为国家战略。截至 2015 年 10 月，112 所中央部委所属高校制订了深化创新创业教育改革方案，众多高校将创新创业教育改革纳入学校综合改革方案。首批由 137 所高校、50 家企事业单位和社会团体联合成立了“中国高校创新创业教育联盟”，截至 2017 年 6 月，已有 154 所高校和 69 家企事业成员加入。新疆、甘肃、陕西、青海四省区的 16 所大学科技园联合建立了“丝绸之路经济带众创空间”。2015 年的前 10 个月，全国高校共设立创新创业基金达 10.2 亿元，吸引校外资金 12.8 亿元，为大学生创新创业提供了有力的资金支持。

在创新创业教育取得一定进展的同时，我国的高校创新创业教育也存在诸多争议和亟待解决的问题，具体表现在以下几方面。

第一，并不是所有大学生都适合创业。一方面，海归创业、离职创业、科技人员创业和学生创业的调查数据显示，学生创业项目的整体水平最低，失败率最高。而另一方面，学生群体对创业失败的承受力又较差，一旦创业失败，基本生活都可能受到影响，加上学生正处于通过学习积累知识、提升能力的关键时期，鼓励学生创业存在荒废学业的风险，所以关于是否应当鼓励学生创业一直存在争议。

高校开展创新创业教育，并努力提升创新创业教育水平，与鼓励学生创业是两个分立的命题。但在具体实施上，许多高校把开展创新创业教育做成了鼓励学生创业。高校要始终致力于发展创新创业教育，但在鼓励学生创业方面，应当做好两方面工作：第一是通过创新创业教育使大学生的创业决策更加理性和谨慎；第二是做好大学生创业失败的保障工作。

第二，育人合力尚未形成。从实践情况来看，不同高校在实施创新创业教育上各有优势、特点，在发展过程中遇到的问题也各不相同。一般来说，办学实力雄厚的综合性高校由于长期受“学而优则仕”观念的影响，学生的创新创业意识并不高，实施创新创业活动的比例也比较低，学校在实施创新创业活动时也仅将其作为一项功利化的活动，因此在培养创新创业人才上存在很多问题。而普通高校因为学科教学能力有限等，在提升创新创业教育工作的科学性研究上存在一定欠缺，再加上专业的创新创业师资力量不足，因而难以编写出真正适合学生、符合社会发展需要的创新创业教材，也没有办法引导学生与社会优质资源进行有效的对接。因此可以说，目前我国高等教育领域中的创新创业育人合力尚未形成，我国高等院校创新创业教育还处于初步发展阶段。虽然国家正在努力搭建创新创业支持平台，但尚未形成行业范围领域内的资源有效互动，因而在培育创新创业人才方面还存在较大的缺陷。

第三，创业可不可教。自创业教育伊始，关于创业可不可教的争论就一直存在。创业不可教的主要观点是：创业者是天生的，创业能力取决于个体的智商、性格等天赋因素，后天教育对于培养创业特质和创业能力的作用十分有限。产生创业不可教观点的原因主要有两点：第一，创业能力不同于一般的专业技能，它是一种综合个体知识、技能和性格等各方面条件的高级能力，培养所需的成本高、难度大；第二，关于创业的研究，尤其是创业教育的研究水平相对于其他学科较为落后，创业教育本身在理论研究和实践经验上都尚需进一步积累，这削弱了创业教育的科学性和有效性。

1985年，彼得·德鲁克（Peter Drucker）在《创新与企业家精神》一书中写道：“存在创业的奥秘吗？创业不是魔法，一点也不神秘。创业与基因毫无关系。创业是一门学科，像任何其他学科一样，创业是可以被学习的。”这一理念被许多创业教育研究者和实践者反复引用，他们基于创业学视角的研究，认为创业者是后天培养的，创业是可教的。创业的可教性可以从人的先天因素和后天因素两方面来说：先天因素——基因确实影响人的创业以及创业教育，但绝不是基因决定论。恰恰相反，相关研究给教育者和学习者提供了教与学的有效工具，有利于创业者科学地了解自己的人格特质、倾向偏好和自身能力等，并以此为契机促进自身发展。后天因素——从已有的大量实证研究也可看到，创业教育确实可以积极影响学习者的创业意图，增加学习者的创业知识与技能，成功的创业课程可以影响学习者的实际创业行为，提高他们的创业绩效。

创业不可教的观点源自对创业教育目标的理解过于狭隘。如果认为衡量创业可不可教的标准就是能否批量地培养出成功的创业者，那创业很大程度上是不可教的。如果将创业教育的目标拓展为提升受教育者自主就业，以及在各种条件下进行资源整合的能力，则创业在很大程度上是可教的。而且，随着脑科学、心理学和认知科学的进步，以及教育理论技术的发展，后天教育对先天不足予以了弥补，教育的科学性和有效性也大大提升。但就创业对创业者本身能力和素质要求来看，当前创业教育的质量和效果还不能够满足需要。

第四，创新创业教育的运行机制尚未成熟。一般来说，创新创业教育的运行机制主要包括三种类型：一是“独立式”运行机制，设立专门的教育管理机构，由专职人员负责学校创新创业教育的开展；二是“嵌入式”运行机制，依托工商管理学院、商学院成立相关教学管理机构，多由兼职教师负责相关工作的开展；三是“联动式”运行机制，由学校领导牵头，协调教务、学生、就业、科技创业园区等机构成立工作指导委员会，各部门协同负责，这也是目前高校较为普遍的运行机制。由于尚未进行制度层面的顶层设计，高校对于开展创新创业教育工作的认知程度和执行力度也不尽相同。大部分高校还未设立专门的教育管理机构，领导协调、分工负责的工作体制正在磨合中，在促进工作的可持续发展、提升工作效益、形成工作合力方面仍存在弊端。

第五，政策的切合度有待加强。面对国家的创新驱动战略，各个教育主管部门还没有做好整合资源和环境支持的政策准备。各地的创业孵化器蜂拥而上，很多地方普通高校的创业园基本没有太多含金量的项目进驻。各级教育行政主管部门也主要是以“树立典型”的方式，没有找到很好的有针对性的激励政策。很多教育主管部门已经开始准备设计评估指标、建设创新创业示范性高校、统计学生创业人数、收集创业典型案例等工作。有一个需要特别关注的问题是：一项教学改革绝对不是一朝一夕就能看见成果的，需要高校各个部门进行开创性的思考和实践。也不是进入必修课程计入学分就可以解决问题这么简单。创新创业教育是开创性的综合教育，学校需要厘清课程目标，设计课程思路，制订课程方案和评估教学效果，建设师资队伍。因此，需要教学主管部门认真考虑如何很好地利用行政手段，来辅助高校真正地把创新创业教育落到实处，高校需要时间，需要实践，更需要合理的政策激励。教育行政主管部门需要进一步走进学校，掌握第一手资料，以制定行之有效的管理政策。

第六，高校对创新创业教育的认识还不到位。在目前严峻的就业形势下，很多普通高校的管理部门和一线教师对创新创业教育的认识还不够充分。有的将创业教育和创业等同起来，认为学生创立了企业才是成功的创业教育，还有的认为创业教育是就业指导工作的一部分。目前，创业教育主要以学科专业的科技创新竞赛为目标，还停留在工商管理的培训阶段，也没有找到合适的教育途径。创新与创业教育是分离的，创业教育已经成为空洞的教学过程。特别是高校教师和管理者普遍缺乏创新思维的训练，创新意识淡薄，对创新创业的概念和范畴缺乏认识，导致高校的创新创业教育与实践很难落到实处。

创新创业教育应该成为高等院校一个重要的教学板块，与其他专业教育相得益彰、共同提升，要防止创新创业教育的开展对其他专业教育产生负面影响，更要避免“一切教育围绕创业”的极端做法。

二、新时期中国高校创新创业教育的内涵

作为经济发展的内生驱动力，创新创业催生了创新创业教育在全球范围的诞生与发展。2015 年，国务院办公厅印发《国务院办公厅关于深化高等学校创新创业教育改革的实施意见》，进一步拓展了创业教育的内涵，以创新引领创业、创业带动就业，将高校创新创业教育作为创新创业人才队伍搭建的重要举措。因此，创新创业教育在内涵上比创业教育更为丰富，也更贴合高校开展创业教育的实际，具体主要表现在以下几方面。

（1）创新创业教育的基本要求和实践模式是面向“全体学生、结合专业教育、融入人才培养全过程的教育模式”。创新创业教育本不需要承担说教的任务——去灌输那些与社会力量一致或相左的特定价值观。教育应当秉持的信条是相信每一个人对他的人生都有着独一无二和非他莫属的价值判断，是为了教育对人生的整体而不只是某些短期目标，创新创业教育是一种长期的行为。

（2）创新创业离不开教育，尤其离不开高等教育，而高校又属于高等教育的实施主体，因此，高校创新创业教育在培养学生技术创新和商业模式创新能力方面具有重要作用。中国政府高度重视高校创新创业教育。教育部专门进行动员部署，研究制定相关配套文件，举办大学生“互联网+”创新创业大赛，推动创新创业教育改革。财政部、教育部等拟在中国教育发展基金会设立大学生创新创业教育专项资金，每年用于奖励对创新创业教育做出贡献的单位。人力资源和社会保障部等部门简化了大学生创业程序，帮助大学生更便捷地享受创业税收等相关优惠政策。

（3）创新创业教育的基本目标是实现全覆盖、分层次和差异化，全体学生以自我实现为目标。高校要面向全体学生开展创新创业教育，提高学生创新意识、创业精神与实践能力；要对有创业愿望的学生进行个性化培养，提升学生创业实战技能；要充分与专业教育相融合，发挥学生创业实战技能方面的优势，在“专业性”教育与“全校性”教育的并行运行机制下，实现学生的自我价值。

（4）创新的价值需要通过创业行为来实现，技术进步正是通过创业活动向经济和社

会领域传导。创新是创业的前置阶段，创新活动与创业活动的内在一致性，决定了创新教育和创业教育也是一体的。

（5）创新创业教育的内容主线是以知识型创业为目标的创新创业能力教育。依据创新创业的性质和特征，提出知识型创业的概念和承担主体是知识劳动者，即大学生群体。知识型创业是以创新为基础的创造性思维训练，整个进程也是创新能力的吸取与聚集、凝结的进程。创新能力凝聚很可能是获益于需求条件、企业决策、生产要素等一系列外生性因素，但最核心的内生性变量是产业知识的吸取和创新创业能力。

第二章　就业之殇：大学生的就业现状与问题

自20世纪90年代初我国实行市场经济以来，大学毕业生的就业体制、就业模式和就业观念等不断受到各种外部因素的影响和冲击：先是社会经济转型对大学毕业生就业制度和就业观念的影响，接着是劳动人事制度改革对大学毕业生就业模式与就业流动的影响，之后则是高等教育规模扩张对大学毕业生就业观念和供求形势的影响。所有这些影响，都使得近年来我国大学生的就业形势日益严峻。

第一节　大学毕业生就业环境分析

一、大学毕业生就业的经济环境

1. 2007～2016年我国经济的总体情况

从我国的经济形势总体来看，改革开放以来，我国经济保持了持续的高速增长，国民生产总值的年均增长率接近10%。但是我国的经济增长主要依赖"劳动力+资本驱动"，一方面以成本较低的廉价劳动力作为竞争优势，使企业可以低成本扩张以获取盈利；另一方面市场需求巨大，内需强劲，外需旺盛，过去尚未饱和的市场足以吸收和消化投资所形成的产能，这导致了企业的迅速扩张、投资高速增长。随着这些驱动因素的潜力逐步耗尽，旧的增长模式无法持续。2008年以后，我国经济增速开始逐步放缓，2016年国内生产总值（GDP）增长率从2007年的14.20%下降至6.70%（表2-1）。

表2-1　我国2007～2016年主要的宏观经济指标

指标	2016年	2015年	2014年	2013年	2012年	2011年	2010年	2009年	2008年	2007年
国内生产总值/亿元	743 585.50	689 052.10	643 974.00	595 244.40	540 367.40	489 300.60	413 030.30	349 081.40	319 515.50	270 232.30
国内生产总值增长率/%	6.70	5.90	7.30	7.80	7.90	9.50	10.60	9.40	9.70	14.20
人均国内生产总值/（元/人）	53 935.00	50 251.00	47 203.00	43 852.00	40 007.00	36 403.00	30 876.00	26 222.00	24 121.00	20 505.00
人均国内生产总值增长率/%	6.10	5.40	6.80	7.20	7.30	9.00	10.10	8.90	9.10	13.60

资料来源：中华人民共和国国家统计局公布的数据。

2. 知识经济对我国的影响

当前，我国正处于知识经济和经济转型的双重影响之中。作为世界上最大的发展中国家，我国的国情极其复杂。就经济而言，地区发展不平衡，多种所有制、多级技术水平共存，企业制度处于调整变革之中，产业结构处于大的变动之中，科学技术总体水平有待提高。我国要赶上知识经济时代的步伐，必须加倍地努力。我国正在进行的经济结构和产业结构的调整，是经济发展的必然趋势，也是我国经济取得长足发展、经济体制从计划经济向市场经济转型的必然结果。知识经济对产业经济的影响主要表现在四个方面：①知识型经济在产业经济的增长中，主导作用日益明显；②知识经济将引起产业结构的大规模调整和产品构成的全方位变化；③知识经济将促进企业重构；④知识经济的兴起必然引起劳动力的结构性转移。

3. 区域经济的发展状况

知识经济时代将表现出不同于工业经济时代在区域发展中的特征：由于通信网络的便捷和计算机的广泛应用，知识尤其是新的技术创新的传播和扩散的速度非常快，极大程度地消除了区域的人为隔离和时间、空间对区域经济发展的限制：①知识一旦产生，即可被大众了解和利用，因此各个区域经济发展的依存性得到加强；②知识经济下的主导产业是第二产业中的高新支柱产业和完全基于知识的第四产业，区域经济的增长点主要依托于这些新兴产业的发展，在此背景下，能否拉开区域经济之间的水平，取决于各区域如何选择适合本区域资源条件并能形成竞争力的新兴产业；③与工业经济高度依赖自然资源的特征不同，知识经济更依赖于人力资源的素质和数量对经济发展的推动。

4. 经济形势对就业的影响

经济形势的情况与就业密切相关，劳动经济学中常用就业弹性衡量经济增长与就业之间的关系。所谓就业弹性，就是 GDP 增长 1 个百分点带动就业增长的百分点。根据国外经济高速发展阶段的一般经验，经济高速增长一般都伴随着充分就业。像日本及亚洲其他一些国家和地区经济高速发展时期，都在 20 年甚至更长时间内维持了充分就业。世界银行 2005 年年度报告显示，低收入国家的就业弹性系数为 0.37，中等收入国家的就业弹性系数为 0.78，高收入国家的就业弹性系数为 0.24，发展中国家的平均就业弹性系数是 0.3～0.4。我国属于中低收入的发展中国家，经济增长应该能带动较多的就业增长，但我国的实际情况与上述经验明显背离。改革开放以来，我国经济社会的发展出现了比较突出的矛盾。一方面，经济总体呈现持续高速增长的势头，形成了被世人关注的“中国经济奇迹”；另一方面，就业压力越来越大，特别是在 20 世纪 90 年代以后，经济增长的就业带动能力明显下降，就业弹性系数急剧降低，我国经济发展似乎进入了“高增长、低就业”的现状，经济增长和产业结构调整越来越表现出不利于就业的态势。

在产业结构的差异上，第一产业的就业弹性系数总体水平较低，而且波动较大。我国是典型的二元经济国家，长期以来城乡就业体制性分割限制了农村劳动力的有序流动，使农村积累了大量的剩余劳动力，存在严重的隐性失业或就业不足问题。第二产业的就业弹性呈现由高到低再逐渐升高的发展趋势。改革开放初期，我国工业发展的重心由着力发展重工业转移到发展轻工业上，由此极大地带动了就业的提升，加之计划经济时期就业乏力，第二产业的就业弹性系数在改革开放的头几年呈现较高水平。然而，经济体制改革以来，由于制造业的生产能力过剩，一方面企业大量缩减产量导致对劳动力的需求减少，另一方面企业纷纷进行技术革新，改变生产要素组合，向资本、技术密集型发展，对劳动力的需求也逐渐减少。2002 年国家提出走新型工业化道路后，第二产业的就业弹性系数再次回升，当时经济结构有所改善，高新技术产业也得到了较快发展，使第二产业的就业吸纳能力得到了一定程度的恢复。第三产业的就业弹性系数始终保持在较高水平。第三产业具有规模小和灵活多样的特点，吸引了大量的劳动力。随着经济的发展，人们对第三产业的需求越来越大，加之进入第三产业的门槛较低，越来越多的劳动力投入其中，其就业增长率不断攀升，体现出吸纳就业的巨大实力。在第三产业不断拉动就业的同时，第三产业的就业弹性系数呈现一定幅度的下滑，这一方面与第三产业近些年劳动生产率逐渐提高、边际收益率逐步降低有关；另一方面受第三产业内部结构变化的影响，因为第三产业内部各行业的发展水平和吸纳就业的能力存在较大差异。在第三产业内部，与批发和零售业、住宿和餐饮等劳动密集型的传统服务业相比，新兴的金融、保险、高科技、房地产开发等资本、技术、知识密集程度高的服务部门就业机会较少，从而拉动就业的作用也较弱。

劳动力需求是一种派生性需求，与经济形势变化息息相关。目前，我国正处于经济增速换挡期、结构调整阵痛期、前期刺激政策消化期三期叠加的时期，经济发展速度开始放缓，经济发展进入新常态，其显著特点表现为以下三个方面。一是从高速增长转为中高速增长；二是经济结构不断优化升级，第三产业消费需求逐步成为主体，与城乡区域差距逐步缩小，居民收入水平提升，发展成果惠及更广大民众；三是从要素驱动、投资驱动转向创新驱动。在经济新常态的大背景下，青年就业的调整与机遇并存。一方面，我国经济由高速增长进入中高速增长阶段，未来随着经济下行压力进一步加大，消费需求与经济高速增长阶段相比，也会在一定程度上受到抑制，因此经济增长对就业的拉动作用会有所弱化。另一方面，尽管经济增速有所放缓，但经济长期向好的基本面并没有改变，国民收入分配格局向有利于劳动要素方向倾斜，因此经济增长对就业增长仍具有较强的拉动作用。另外，经济结构调整和产业转型升级会带来一些新的就业机会。随着信息技术的发展和专业化分工的深化，以及“互联网+”、平台经济、人工智能技术的发展，电子商务、物流、业务外包等新兴行业和新兴业态快速发展，企业用工方式和分配方式发生新变化，对就业同样是机遇与挑战并存，劳动者素质技能与岗位要求不匹配的问题将会更加凸显，“招工难”和“就业难”的两难性就业结构性矛盾将进一步突出。

二、大学毕业生的就业市场环境

（一）我国的总体就业市场环境

根据我国近年来人口、劳动力、就业与失业等方面的变化情况，可以对我国当前的就业形势进行判断，其主要特点具体表现在以下几方面。

1. 就业形势总体稳定，就业结构不断优化

从就业总量的变化情况来看，我国就业形势总体稳定，并未因经济增速放缓而出现较大的波动。2010～2016 年，我国就业人员从 76 105 万人增加到 77 603 万人，年均增长约 250 万人（图 2-1）。

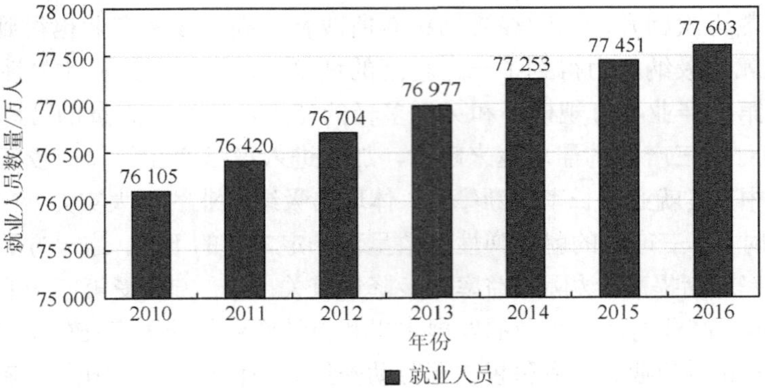

图 2-1 2010～2016 年我国就业人员情况

资料来源：中华人民共和国国家统计局的相关统计数据

就业人员数量的递增说明了近年来我国的就业形势总体上保持着上升的势头。2012～2016 年我国就业形势也较为稳定。而就目前大众最为关心的大学生就业情况来看，近年来，大学毕业生离校时的就业率稳定在 70%左右，年底总体就业率达到 90%以上。与此同时，我国城镇登记失业率有效控制在 5%以下。

在就业形势基本保持稳定的同时，我国的就业结构也在逐渐优化。一方面，城镇就业比重逐步提高，从 2012 年的 48.4%上升到了 2016 年的 53.4%，乡村就业比重降到 46.6%[①]，城乡就业格局发生历史性转变。另一方面，三次产业中非农就业比重也不断提升，2016 年，我国第一产业就业人员占 27.7%，第二产业就业人员占 28.8%，第三产业就业人员占 43.5%（图 2-2）。[②]

2. 劳动年龄人口呈下降趋势，总量压力仍然较大

中国是世界上人口数量最多的国家，2017 年中国人口总数为 13.9 亿，占全世界人口总数的 18.82%。[③]人口数量多意味着劳动力资源丰富，就业需求较大。而自进入 2010 年以后，由于计划生育政策的长期影响，我国的人口增长速度逐渐放缓，在人口总量增速放缓的同时，我国劳动年龄人口也进入负增长的历史拐点。根据国家统计局数据，由于生育持续保持较低水平和人口老龄化速度加快，2011 年 15～64 周岁劳动年龄人口占总人口的 74.4%，自 2002 年以来首次出现下降；2017 年 16～59 周岁劳动年龄人口为 90 199 万人，占总人口的 64.9%，60 周岁及以上劳动年龄人口为 24 090 万人，占总人

① 我国五年间城镇新增就业人数年均超 1300 万人[EB/OL].http://www.gov.cn/guowuyuan/2017-10/03/content_5229333.htm.

② 数据来源于中华人民共和国人力资源和社会保障部 2016 年度人力资源和社会保障事业发展统计公报。

③ 2017 年世界人口排名、世界上人口最多的国家排名、世界上人口最多的十个城市及 2050 年世界人口排名预测[EB/OL]. http://www.chyxx.com/industry/201708/554003.html.

口的 17.3%。①

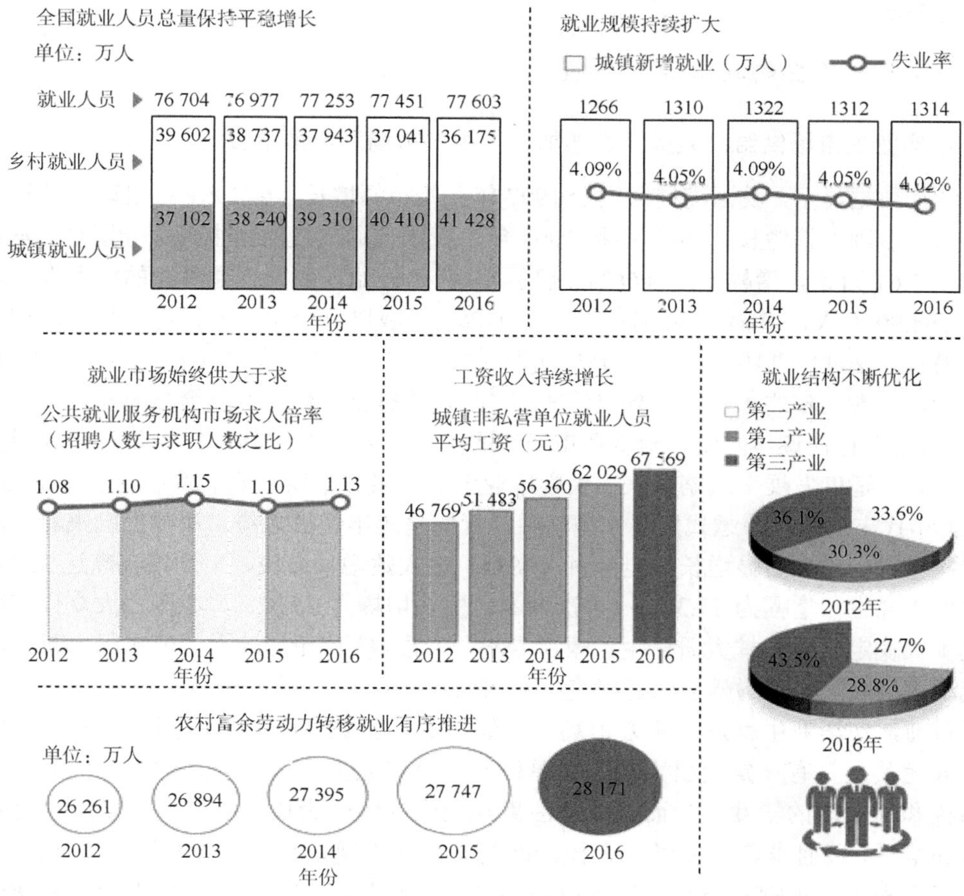

图 2-2　2012～2016 年我国就业形势

尽管我国劳动年龄人口绝对数量开始下降，但是下降的幅度并不大，劳动力供给数量仍然不可小觑。另外，我国劳动参与率虽然有所下降，但是与世界同等收入水平国家相比，仍处于高位，经济活动人口的数量同样不会大幅减少。由此可以判断，我国劳动力供给的总量压力仍然很大。

3. 就业结构性矛盾日益突出

就业结构性矛盾是由于劳动者的特征与岗位要求不匹配而产生的，这种不匹配包括技能、工作经验和地理位置等方面的不匹配。受经济下行、产业结构调整、劳动力结构变化等多种因素的影响，我国就业结构性矛盾日益突出。例如，大量大龄劳动者技能素质与现代产业发展要求不适应，表现为低技能劳动者就业难。数据显示，目前技能劳动者数量占全国就业人员总量的 19%左右，高技能人才仅占 5%。②在转型期，

① 2017 年中国人口总数 13.9 亿 2017 中国人口年龄分布[EB/OL]. http://www.mnw.cn/news/china/1925927.html.
② 就业难 VS 用工荒：高技能劳动力缺口警钟再次敲响[EB/OL]. http://career.eol.cn/news/201611/t20161128_1471053.shtml.

随着社会经济各方面转型升级的推进，劳动者技能水平和岗位需求不匹配的矛盾将会越来越突出。

（二）大学生的就业市场环境

1 .毕业生市场供给：数量急剧增加，"买方市场"行情看涨

统计数据显示，我国高校招生于1997年开始小幅增长，至1999年启动高等教育大众化政策后则大幅增长。1997年和1998年，我国普通高校的招生人数分别是106.4万人和115.61万人，增幅仅为8.66%。但从1999年开始，我国普通高校的招生人数则猛增至168.90万人，增幅达46.09%。2000年以后，我国高校每年的招生人数仍以较大的幅度增长。2000～2014年，全国高校录取人数从220.61万人增至697万人，增长约2.2倍，录取人数的年均增长率达到 10.7%。①在大学毕业生数量不断攀升的同时，毕业生"买方市场"行情逐年看涨，给就业市场造成巨大压力。自20世纪90年代初我国实施高等教育"适度发展"战略以来，大学毕业生的"买方市场"就悄然形成，并在20世纪90年代末期的"跨越式发展"战略中，行情呈逐年看涨之势。从数据上来看，高校各层次毕业生均有明显增长，但专科（高职）生人数增长最快，平均增幅高达32.70%；其次为研究生，增幅为27.38%；再次为本科生，增幅为25.31%。我国在大众化初期曾制定了"稳定本科，扩大研究生，改造专科，发展高职"的方针②，但实际本科生的增长变动也很明显，其增幅已逼近研究生的增长水平。

目前，在毕业生就业"买方市场"已经形成、就业竞争日益激烈的情况下，用人单位（尤其是具有一定吸引力的用人单位）接收毕业生的标准越来越高。他们不仅挑选名校和高学历的毕业生，而且非常注重毕业生的综合素质；不仅注重学生的自荐、面试和笔试，而且非常重视学生在校期间的学习和表现；不仅要求毕业生学习成绩好，政治素质和思想道德素质高，而且身心要健康。因此，三好学生、学生党员和学生干部，诚实可信、踏实肯干、具有强烈事业心和团队精神的毕业生普遍受到欢迎；复合型、外向型、开拓型及具有创新意识的学生日益受到用人单位的青睐；毕业生的实际动手能力已成为许多用人单位所要考核的内容；取得大学英语六级、计算机二级证书也成为一些地区和单位接收毕业生的基本条件之一。此外，越来越多的用人单位为了选拔到优秀的毕业生，已不局限于参加校园招聘会，而是很早进驻学校单独进行招聘，或经常与学校保持联系，随时物色合适人选。总之，用人单位接收毕业生已从"数量型"转为"质量型"，从"饥不择食"转为"挑肥拣瘦"，他们选择人才更加注重的是能力和品德等素质。

2. 毕业生市场需求：总量未明显增加，供需比存在差异

虽然全国各主要劳动力市场对人才的需求面向不同的就业群体，但主体部分仍是高校的毕业生。主要劳动力市场也称为"人才市场"，一般提供较为复杂的劳动或创造性更强的脑力劳动，其最大特征是"异质性"。而次要劳动力市场也称为"劳务市场"，

---

① 教育部：全国高校录取人数年均增长率达到10.7%[EB/OL]. https://www.liuxue86.com/a/2649525.html.

② 潘懋元，吴玫. 从高等教育结构看大学生就业问题[J]. 中国大学生就业，2004（6）：4-6.

一般只提供较简单的劳动和以体力劳动为主，其最大的特征是“同质性”。在劳动力市场上，“异质性”越强，社会需求也越多，其劳动力的回报也越高。①不同学历层次的大学生就存在明显的供需差异。例如，河南省 2013 年大学毕业生就业数据显示，研究生中的粒子物理、翻译等专业，本科生中的自动化等工科类专业，高职高专中的食品加工、汽车技术等专业的就业情况较好，初次就业率均达 90%以上；而与之相对应，研究生中的逻辑学、伦理学，本科生中的法学、心理学的就业就较难。

3. 新一轮的用人制度与毕业生的就业方式

在历经多年的劳动人事制度改革之后，虽然供需双方在法律意义上分别具备了自主择业权与自主用工权，但由于劳动力市场机制不健全，毕业生获取劳动力市场就业信息不充分、不均衡，加上毕业生与用人单位双向选择的高期待心理以及地方保护主义的原因，大学毕业生的择业效率每况愈下，用人单位的搜寻成本也日益增加，双向选择的时间延长，毕业生初次就业率明显下降，其结果是毕业生的结构性就业矛盾与选择性就业矛盾进一步凸显。

针对上述状况，国务院、教育部、人力资源和社会保障部等皆下发了一系列文件，督促做好大学毕业生的就业工作。

在这些文件中，有不少是涉及劳动人事制度改革以及促进毕业生就业方面的规定，具体包括：①党政机关录用公务员、国有企业单位新增专业技术人员和管理人员，应主要面向大学毕业生，公开招考或招聘，择优录用。②鼓励各类企事业单位特别是中小企业聘用大学毕业生，政府有关部门要为其提供便利条件和相应服务。对企业跨地区聘用大学毕业生，省会及省会以下城市，要认真落实有关政策，取消落户限制。这一政策的出台，为大学毕业生面向基层就业开启了新的途径。③到基层或边远地区工作两年或两年以上的大学毕业生，报考研究生时，可优先予以推荐、录取；报考党政机关和应聘国有企事业单位的，在同等条件下，应优先录用。到西部贫困县的乡镇一级教育、卫生、农技、扶贫等单位服务两年的，服务期间计算工龄，两年服务期满后，可扎根基层、自主择业或流动就业，也可报考研究生、党政机关和应聘国有企事业单位，并享受优先录取和录用等优惠政策。④毕业离校时仍未落实工作的大学毕业生，户口和人事档案可在学校保留两年，保留期间学校免费管理；对那些毕业半年以上仍未就业并要求就业的大学毕业生，可持学校证明到人力资源和社会保障部门办理失业登记手续，人事部门所属的人才交流服务机构将免费为其提供就业服务。相关政策和措施的出台，为进一步扫清毕业生就业中的制度障碍奠定了基础。

4. 就业竞争日益激烈

在当今大学生就业市场上，就业竞争日益激烈。一方面，大学生择业受毕业时间相对集中、选择职业时间较短的影响；另一方面，近几年随着高等教育大众化的实施，毕业生的数量在不断增多，而社会的有效需求却在短期内增加有限，因而就业岗位有限，就业压力增大。尤其是对于当前大学生感兴趣的“热门”职业、“热门”岗位，就业竞争更为激烈。

---

① 张玲. 劳动力市场上的大学生由人力资源向人才资源的蜕变[J]. 中国大学生就业，2004（6）：7-9.

第二节　大学生的就业现象

20 世纪 90 年代中期以来，我国出现了一种前所未有的现象，即有着“天之骄子”美誉的大学生居然也开始面临失业问题。尤其是进入 21 世纪以来，大学生就业问题日益严峻。由于上大学、找工作牵系千家万户，大学生失业现象也自然引起广泛的关注，成为社会的焦点话题。解决大学生就业难的问题事关大学生的切身利益，更关系到社会的和谐稳定，需要政府、企业、高校和大学生共同的努力。相信通过大学生及全社会的共同努力，大学生能够树立正确的职业理想，在求职过程中正确处理国家、社会和个人之间的关系，合理地确立求职的期望值，用现代的科学理论来指导就业、择业和创业，使他们的人生观、价值观、世界观与职业观辩证统一起来，让正确的职业理想成为大学生成人、成才、立业的不竭动力。

一、结构性就业矛盾突出

从总体上讲，我国的大学生人数并不是真的超出所需要的数量。由于受结构性就业矛盾影响，部分地区、企业用工需求与劳动力供给存在结构性失衡，造成企业“招工难”与劳动者“就业难”并存。尽管国家经济形势较好，但与迅速增长的就业需求相比，就业形势仍然不容乐观。以高校毕业生为重点的青年就业、农业富余劳动力转移就业、失业人员再就业，以及就业困难群体实现就业难度依然很大。主要表现在：一是由于经济体制转轨、产业结构调整等因素，就业和再就业任务艰巨；二是国家机关实行机构改革后，大批工作人员分流，政府机关实行“逢进必考”，这使得通过报考公务员进入政府机关工作的竞争日益激烈，呈现白热化；三是事业单位深化人事制度改革，大力推行聘任制，许多事业单位的管理人员和专业技术人员倍感再就业的压力，这对于既无工作经验又无社会阅历的应届毕业生而言，无形中增加了就业难度；四是由于部分高校在学科和专业设置方面不能很好地与社会接轨，造成毕业生在数量、层次、专业和培养质量方面与社会需求不相符，热门专业毕业生供不应求，而一些长线、冷门专业毕业生就业十分困难。

二、就业心态影响高校毕业生就业

目前，有人指出“有业不就”是当前大学生就业难的关键问题。从毕业生的择业心态、择业行为来看，存在着 “一快一慢”“一多一少”“一高一低”等现象。

“一快一慢”中“快”是指要求回报快，急功近利。很多毕业生想一毕业就能享受到最好的待遇，比如汽车、房子、高薪等。“慢”是指在求职择业过程中和进入社会后，进入角色比较慢，在校靠父母、亲朋和社会关系找工作，工作后吃不得苦、受不得罪。有专家一针见血地指出：当前中国的高校是“避风港”，生活环境实在太好，即便是过了而立之年，衣食住行仍有父母操心，造成部分学生在校学习期间感觉不到压力，即使是该面临压力的时候，也会想方设法避开。“一多一少”是指毕业生在求职择业过程中，过多地强调自己“想做什么”，而少有人会扪心自问“能做什么”，对自己的职业倾向和从业能力缺少科学、客观的分析和评价。

"一高一低"，即高学历、低能力。多年的应试教育和不科学的人才评价机制，客观上并没有给喊了多年的素质教育形成较多空间。高考唯分、考研唯分对学生的健康成才、个性发展十分不利，造成了重理论知识、轻实践技能的局面。有用人单位反映"本科毕业生是毛坯"，这虽有偏颇之嫌，但也不无道理，值得广大高校毕业生好好思考。

高校毕业生高就业期望值有着比较复杂的文化背景和客观环境。长期以来，受"学而优则仕"观念影响，上了大学就等于有了铁饭碗的思想还依然存在，并非一朝一夕就能改变的。再加上高额的学费支出，也无形中增加了人们对高校的期望值。良好的择业心态、合理的职业定位对毕业生顺利择业非常重要。虽然近年来我国大学毕业生有较大幅度增加，就业形势也比较严峻，但是我国的大学毕业生在全国人口中的比例还是较低的，就业的空间依然很大。

三、户籍政策制约毕业生合理流动

目前，国内人才竞争异常激烈，全国各地都在努力营造"筑巢引凤、蓄水养龙"的良好引进人才的氛围，但是有些具体的政策特别是户籍制度在就业上造成了不利的影响，也在一定程度上加剧了就业形势的严峻性。近些年，尽管我国在户籍制度方面做了较大改革，但是户籍这一门槛，却将许多本来可以在一定地区顺利就业的毕业生拒之门外。例如，艰苦边远地区的政策十分优越，也很愿意吸收一些发达地区的学生去工作，但很多学生考虑到以后的户口问题而选择放弃。而一些大城市也出台了一些落户条件，这实际上也为毕业生择业造成了一定的影响。

四、用人单位的用人机制不完善

近年来，用人单位在人才市场上处于主导地位，由于毕业生生源充裕，用人单位对毕业生的挑选趋向苛刻，部分单位出现了重资格轻能力的倾向。一是对待毕业生态度居高自傲。比如有些用人单位有"女生免谈""非本市户口勿谈"的规定，有些本来并非特种行业的单位，却偏偏对毕业生的长相、身高等提出种种要求，个别的甚至用"是否能喝""是否会公关"等一些标准要求毕业生。二是对人才学历盲目求高的现象仍然存在。从近年各种类型的大中专毕业生招聘洽谈会来看，"研究生多多益善，本科生等等再看，大专生请靠边站"的盲目求高现象仍然存在。虽然这种"求高"的现象已经趋向走低，但在客观上对许多大专生甚至部分本科生的就业还是产生了不利的影响。

第三节　大学生就业问题的原因分析

关于大学生的就业问题，这里主要分析大学生就业难的原因。具体来看，主要包括以下几方面。

一、经济的持续增长间接诱发了毕业生的结构性就业矛盾

近年来，我国的经济增长速度较快，但经济的增长并不一定带来就业率的上升，因

为除了就业弹性系数的下降之外，还有劳动力内部结构方面的原因。在经济增长过程中，由于产业部门采用节约劳动力、使用新技术设备的结果，有可能减少对劳动力数量的需要。因此，在一定的人口增长率条件下，经济增长本身并不能保证充分就业，甚至在人口增长率为零或为负数的条件下，经济增长本身也不能保证充分就业的实现。

基于这一原因，国家经济结构的变化不仅包括产业结构的变化，而且还包括地区结构的变化。在三大产业部门中，随着经济的发展，必然会有一些产业日渐衰弱，甚至被淘汰，而会有另一些产业不断兴起、发展起来。在衰弱和被淘汰的产业中就业的劳动者，也将随着产业结构的调整和变化另谋职业和出路；而新兴产业的发展也必定带动一部分劳动力的就业。在区域结构的变化上，一些经济增长率较低的地区，或者经济增长率虽高但主要依靠增加技术设备投资来实现经济增长的地区，劳动力将会过剩，这些人要另找工作岗位；而一些经济增长率较高的地区，特别是原来劳动力不足的地区，则有可能吸纳较多的择业者。大学毕业生的就业情况也是如此。一方面，大量的毕业生因找不到合适的工作而待业；另一方面，一些用人单位找不到合适的毕业生人选而造成人员短缺。我们知道，经济增长主要是靠提高劳动生产率来实现的，而新兴产业的出现对人才（或毕业生）的要求通常是有经验、高学历、懂技术、会管理。只是第一条，就有许多毕业生不符合，因为毕业生刚离开校园没有什么工作经验，所以出现毕业生“人找事”和用人单位“事找人”的现象就不足为奇了。因此，经济的快速增长与新兴产业的出现，短期内不一定会给大学毕业生的就业带来新的出路。

二、高等教育的跨越式发展忽略了资源的合理配置

知识经济时代已经到来，大多数发展中国家并不将它视为挑战而回避，而是将它视为依次实现跳跃式发展的良机，纷纷根据各自的情况，确定迎接挑战追赶发达国家的发展战略，进行高等教育的体制创新，我国也是如此。我国面临着从农业经济向工业经济、工业经济向知识经济的双重跨越，在高等教育上提出了多样化的结构诉求。高等教育结构的多样化，既表现为高等教育机构纵向层次与等级的多样化，又表现为每一层次高等教育机构类型的多样化，还表现为高等教育办学主体、资金来源、学位类型、办学模式、办学职能等方面的多样化。

然而在高等教育结构多样化的发展过程中，却出现了一个问题，即忽略了教育资源的合理配置，使得人才培养规格与质量严重下降。近几年，我国高等教育在实现跨越式发展过程中，数量和比例的增长都是空前的。从我国高等教育的数量发展来看：1998～2016 年，中国高等教育毛入学率从 9.8%增加到 42.7%，实现了历史性的跨越。2016 年年底，接受高等教育的在读学生总数超过了 3000 万人。其中，普通高等学校和成人高等学校 2880 所，比上年增加 28 所。普通高等学校 2596 所（含独立学院 266 所），比上年增加 36 所；成人高等学校 284 所，比上年减少 8 所。普通高校中本科院校 1237 所，比上年增加 18 所；高职（专科）院校 1359 所，比上年增加 18 所。全国共有研究生培养机构 793 个，其中，普通高校 576 个，科研机构 217 个。[①]除了以上各类高校外，军

① 教育部.2016 年全国教育事业发展统计公报[EB/OL]. http://www.gov.cn/shuju/2017-07/10/content_5209370.htm.

事高等学校中也有大批的在读学生。

然而，从我国普通高校的人力资源配置来看，由于招生规模增长过快，各普通高校普遍存在“师生比”过低的现象。根据教育部公布的数据，2016 年，全国普通高等学校教职工 240.48 万人，比上年增加 3.55 万人；专任教师 160.20 万人，比上年增加 2.94 万人。普通高校师生比为 1∶17.07，其中，本科学校师生比为 1∶16.78，高职（专科）学校师生比为 1∶17.73。成人高等学校教职工 4.31 万人，比上年减少 8173 人；专任教师 2.52 万人，比上年减少 5032 人。①

此外，高校在管理资源配置上也存在一定的问题：许多传统高校中的高层管理人员不断被调往新办院校，其目的是支援和充实地方新办院校的管理实力。且不说传统高校中的管理者是否适合管理新型地方院校，但这种做法最终可能会损害到传统大学的生命线——办学水平和管理质量，而这些都会影响到高等教育的质量，从而对大学毕业生的就业产生影响。

三、高等教育层次重心下移导致结构性就业供大于求

高等教育大发展过程中的层次结构重心下移，将对不同学历层次毕业生的就业影响表现出极大的差异性和不平衡性。近几年来，我国普通高等教育的层次结构变化趋势是比较明显的，在层次调整上，力求与市场的多层次需求相适应，试图培养出具有不同学历层次、不同规格的人才，以满足各行业对人才的不同需求。由于短期内高等教育大发展的压力，加上市场对高层次人才的需要，专科（高职）教育和研究生教育的发展更为迅速。然而，这种结构层次上的宏观调整，对于微观层面上的毕业生就业却有极大的影响：不同学历层次毕业生的供求就业形势表现出极大的差异性和不平衡性，学历层次与就业率之间呈正相关关系。

相关统计数据显示，20 世纪 90 年代中后期以来，我国高等教育层次结构变化的总体趋势是研究生和专科生教育发展迅速，其他形式的高等教育也得到相应的发展。研究生教育的结构调整，主要体现在应用型研究生的发展上；而专科生教育的结构调整，则主要体现在传统老专科的压缩和新高职的增加上。

四、高等教育的“精英定位”不符合社会的“大众需求”

我国大学毕业生结构性就业问题的产生，是社会的“大众需求”与高校的“精英定位”之间存在落差所致，而这种“落差”又涉及以下两方面的问题。

（1）当代社会的大众需求与传统单一的人才培养模式之间的矛盾。随着高等教育大众化进程的加快，大学毕业生就业层次向下延伸、就业行业向非国有企业扩大、就业区域向中心城市以外扩展将成为一种新的发展趋势。然而，由于多数高校仍致力于追求“高深”崇尚“精英”，人才培养模式的定位没能及时跟上时代的步伐，与社会的“大众需求”之间存在较大落差。因此，高校培养出来的“精英”难以适应现代社会所提供的“应用型”工作或“技能型”工作，更难适应所谓的“灰领”与“蓝领”工作，出现了岗位

① 教育部.2016 年全国教育事业发展统计公报[EB/OL]. http://www.gov.cn/shuju/2017-07/10/content_5209370.htm.

找不到合适的人选与"精英"们找不到合适工作的状况。

（2）市场的有效需求与高等教育的无效供给之间的矛盾。市场对各级各类大学毕业生的需求每年都会增加，但增加的数量和幅度不会太大，大致上是可以预期的，这种增长主要是基于经济增长或产业转型的需要。然而，由于社会对应用型、复合型、技能型、职业型人才的需求与高校培养的学术型、知识型和研究型人才之间产生结构性摩擦，因此，即便是在毕业生供大于求或新增岗位较多的情况下，最终仍会出现市场对毕业生的有效需求或毕业生对市场的有效供给的减少，相应地，市场会释放出更多失业或待业的人员。此处将借用"毕业生供求均衡曲线图"①，来对大学毕业生的结构性就业问题加以说明。图中所示的 B 为原均衡点，OQ_1 为原均衡点的供求数量，P_1 为原均衡点的价格，需求曲线为 D，供给曲线为 S。当市场的需求总量不变，而有效供给减少时，供给曲线由 S 移至 S'，并在 B' 处达到新的均衡。与原均衡点 B 相比，就业毕业生的人力价格将由 P_1 升至 P_2，但毕业生的结构性失业人数也会相应增加，OQ_1～OQ_2 便是由结构性问题产生的就业缺口（图 2-3）。

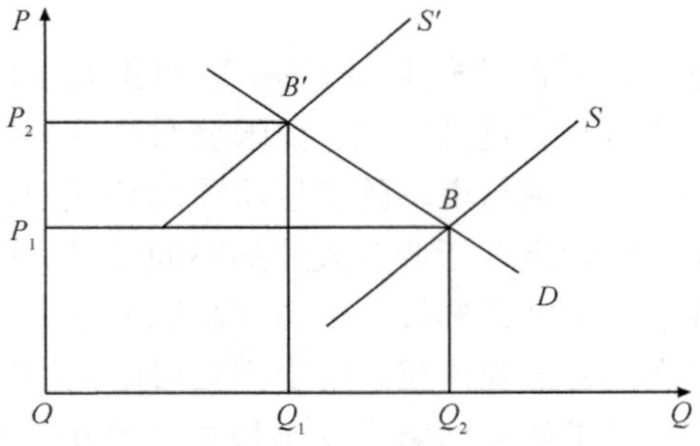

图 2-3 毕业生供求均衡曲线图

五、高校专业课程结构改革滞后导致人才培养结构失衡

目前我国对专业概念的理解和认识仍存在许多误区，认为专业是相对独立的资源使用和产出单位，而现行的专业管理规定又进一步反映和强化了这种认识，主要体现在专业的设置权和命名权一律归教育行政管理部门，政策的实施作为硬性规定必须强制执行等。虽然教育行政部门不断根据形势的变化对专业结构体系进行调整，但这种调整与社会经济发展要求相比，仍显得过于统一而僵化，缺乏灵活性，因此专业结构发展变化滞后于社会经济结构的变革，致使在人力资源市场上，人才培养结构严重失衡，加大了国内的就业压力。

以近年来"高考指南"里列出的"热门"专业为例，生物工程、国际经济与贸易、工商管理、环境工程、新闻学、法学、公共事务管理等都被列为"热门"专业，然而事实上，通信工程、电子信息工程、自动化、会计学、电子技术、航天技术、海洋利用、新能源新材料等专业的学生市场需求量较高，可见"高考指南"中所罗列的"热门"专业与市场实际需求有一定的偏差，很多高考生在报专业时以"高考指南"为依据，填报

① 张巧良，蒋美龄. 从毕业生的供求关系论高等教育的创新[J].西北成人教育学报，2002（4）：37-39.

专业，必然会导致部分大学生就业困难的问题。

六、人才培养目标定位不清导致结构性就业矛盾的出现

在美国，技术人才通常被分为研究者、设计者、管理者、生产者和维修者（教师被作为一个特殊层次）五个层次。各高校会根据本校的实际情况（班级规模、学校传统、本地区人才需求、学校的教育科研水平等）决定培养其中的两三个层次的人才。但总体上，这些高校所培养的人才能适应社会多样化的需求。[①]而我国的高等教育在培养能适应社会多样化需求人才上存在一定问题，尤其是对各个层次内不同要求的人才的培养目标不清晰，进而导致层次结构调整上的混乱。比如，一些学校盲目升格，由专科升本科，但其毕业生缺乏本科生应有的基本训练与功底；而一些研究型的大学却非要办专科（高职），培养出的毕业生成了“本科压缩型”，毫无特殊技能可言。要从根本上解决这种结构性的就业矛盾，一是要发挥各级教育主管部门以及各级政府的宏观调控职能，通过积极的政策引导与扶持，使各类高校根据国家与地方经济建设的需要进行合理分工，各就其位，办出特色与水平；二是通过各种形式的交流、参观、考察活动转变高校的办学理念，明确各自的办学目标与市场定位。

七、大学生的择业观偏离导致就业过程遭遇重重磨难

择业观是大学毕业生对择业的目的和意义比较稳定的根本看法和态度的体现，是在就业需要的驱动下、自我意识的引导下、择业活动过程中形成的。大学毕业生的择业观，不是先天固有的，而是社会的、经济的、教育的和历史的范畴，它是随着社会经济的发展而变化的。

在社会转型期，由于经济体制由计划经济向市场经济转变，经济的增长方式也开始发生变化。在快速发展的现代社会，传统的由国家统一分配毕业生就业的制度已被“双向选择，自主择业”的新的就业制度所取代，由市场配置毕业生就业的机制已基本建立，大学毕业生择业的独立市场正逐渐融入社会的主要劳动力市场之中，因此，大学毕业生只有靠真才实学和过硬的本领才能取胜于就业市场。由于近年来主要劳动力市场中的就业形势日趋严峻，加上就业市场逐步完善与规范，毕业生已深深感受到激烈的就业竞争、巨大的就业压力。所有的这些变化，都要求毕业生适时调整自己的择业观念和择业行为。

然而在现实中，不少毕业生因抗压能力有限，过早出现了浮躁的心态和“饥不择食”的就业现象，往往是用人单位一同意就立马签约，而毕业生这种轻率的择业行为，容易造成爽约和跳槽的现象，人们将其称为“先就业、后择业、再跳槽”的择业观。有学者认为这是大学毕业生降低身价屈就现实的做法，有提高毕业生就业率的好处；然而也有学者认为，这种行为最终毁掉的不只是毕业生和用人单位，同时也会间接伤害到高等学校的利益。因为，毕业生的轻率，一方面会影响到自身的诚信和就业质量，另一方面也会影响到用人单位的切身利益，这种做法还会进一步伤害到高校与市场之间长期建立的互信。

① 石火学. 美国高等教育适应就业市场需求的探讨[J].高等教育研究，1995（1）：86-93.

此外，大学生是社会大群体的一个组成部分，必然也会受社会其他群体思想观念的影响。换句话说，在市场经济环境下，人们的要求、愿望、情感、情绪、习惯、道德风尚、审美情趣等普遍流行的精神状态会直接影响大学生的择业观念和行为。例如，社会上流行过的“大城市热”“三资企业热”“公务员热”等就会导致大学生的择业趋向于大城市，趋向于三资企业（中外合资经营企业、中外合作经营企业、外商独资经营企业），趋向于从事政府部门的工作等。再加上，自从实行社会主义市场经济体制以来，市场作用在大学毕业生就业方面的影响日益扩大，在我国逐渐建立和健全国家宏观管理和市场调节相结合的体制的条件下，形成了大学毕业生“自主择业，双向选择”的就业制度。自我价值的实现，个人目标的追求，开始主导着毕业生的择业行为。值得注意的是，当政治和社会规范的约束松动时，极易产生个人价值的膨胀，同时在缺乏对市场机制足够认识的情况下，则容易落入择业期望值过高的误区，这些误区都是大学毕业生出现就业问题的重要原因。

第四节　大学生就业问题的社会效应

首先，大学毕业生就业难是高等教育规模扩张不可避免的现象。高等教育的快速发展往往伴随着高校毕业生就业率的下降，这在国际上是一个十分普遍的现象。尤其是在发展中国家，受人力资本理论和人才规划理论等诸多因素的影响，为了提升本国的综合实力，一个重要的举措就是加大对高素质人才的培养。高等教育是培养高素质人才的重要平台，自然也是国家实施人才规划与人才建设的重点。基于此，大部分发展中国家都将发展高等教育作为优先考虑的问题，从而大力发展高等教育，使得本国的高等教育在短时期内有一个跨越式的发展。例如，韩国的在校生数从 1977 年的 14.16 万人猛增到 2014 年的 700 万人。①

随着高等教育的快速发展，大学毕业生的就业难度会越来越大。这一现象的原因主要是高等教育的发展速度大大超过了经济发展的速度，社会上无法为短时期内出现的大量高素质人才提供适才对路的就业机会，因而出现了大学生就业难的问题。例如，印度 20 世纪 50 年代初大学毕业生失业总人数为 2 万人左右，占全部失业人数的 12%；70 年代达到 120 万人，占失业人数的 20%；直到 90 年代初期，印度大学毕业生的失业率仍高达 15%。②又如，我国的大学毕业生数量从 2010 年的 76 105 万人增加到 2016 年的 77 603 万人，年均增长约 250 万人，每年大幅增加的大学毕业生使得很多就业岗位的人才处于基本饱和的状态，从而造成大学生就业难的问题。由于对大学生就业难问题的分析，已经在本章第三节进行了专门论述，因此这里就不再赘述。

其次，大学生就业问题导致高等教育的社会流动功能弱化。所谓的社会流动，实际上就是指人在社会空间中，从一个地方向另一个地方流动。这种流动可以是区域间的流动，也可以是人才社会地位的流动，还可以是不同领域之间的流动。而它们大致上都可

① 韩国学生总人数跌破 700 万　较去年减少 20 余万人[EB/OL]. http://www.xinhuanet.com/world/2014-08/29/c_ 126935157.htm.

② 赖德胜.怎样认识当前大学毕业生就业难问题[J].求是，2003（16）：54-56.

以归结为水平和垂直两个方向的流动。许多研究表明，大学生的就业问题导致了高等教育社会流动功能的弱化。

根据劳动力市场分割理论的分析，受政治、经济等各种因素的影响，在一个国家范围内是不存在一个统一的竞争性劳动力市场的，而是存在两个或多个具有不同特征和不同运行规则的子市场，不同的子市场在工资水平、任职要求、失业风险、工作环境以及工作流动性方面具有明显的不同，这些子市场大致上可以归结为主要劳动力市场和次要劳动力市场。主要劳动力市场工资收入较高，工作稳定，社会保障体系比较完善；次要劳动力市场工资收入较低，工作不稳定，几乎没有或很少有社会保障。显然，主要劳动力市场的职业地位明显高于次要劳动力市场，但是这两种劳动力市场是分割的，劳动者在这二者之间缺乏流动性。出现这一问题的原因是主要劳动力市场的工作一般都需要从业者有一定的业务知识和业务能力，一般只有经过较高层次教育的劳动者才具有这一特征（当然并不排除一些自学成才或天赋较强的劳动者）；而次要劳动力市场对从业者的知识和能力素养要求较低，即使没有接受过高水平教育的人也可以胜任本职工作的要求。正因为这样，劳动者从次要劳动力市场进入主要劳动力市场往往较为困难。

大学毕业生从理论上来说属于高素质人才，应进入主要劳动力市场就职。因此，大多数大学毕业生在寻找工作时，首先会在主要劳动力市场上寻找。如果在主要市场上没有找到合适的工作机会，他们就会到次要劳动力市场暂时先就业，然后边工作边继续寻找工作，待找到更好的就业岗位后再做调整。然而事实上，我国的劳动力市场的竞争并非是充分的，在很多不同行业、地域、职业类型之间还存在着非常明显的分割，这就导致大学生一旦到次要劳动力市场就职，要想再返回主要劳动力市场就较为困难。举例来说，一个大学毕业生由于找不到工作，最后选择到农村就业，想着工作一段时间有了一定经济基础后再重新找工作，但当他再次回到城市寻找工作，与其他有城市工作经验的就业者竞争时，他的竞争难度会加大，同时他离开原单位，单位相关的福利和人力资源就会损失。因此，大多数大学毕业生在找寻工作时首先考虑的是主要劳动力市场，而不愿进入次要劳动力市场。

与此同时，我国近年来在持续推进高等教育大众化，大学生人数不断增多，毕业生的供给幅度也在连年攀升，但是主要劳动力市场对大学毕业生的需求增长速度却难以跟得上大学毕业生每年的增加数量[①]，导致大学毕业生的劳动力市场供求关系转变为“供过于求”的状况，大学生的就业率随之下降。由于就业率的下降和劳动力市场人才的相对饱和，大学生的社会地位也随之降低，很多大学生毕业后无法进入主要劳动力市场。在这种情况下，为了不成为失业者，大学毕业生只能进入次要劳动力市场就业，或者从事知识和技能要求不高的工作，或者从事专业不对口的工作，这就造成了大学生人力资源的浪费。更为重要的是，在我国，接受高等教育，改变自己命运的传统高等教育模式被改变，实际上也就是大学毕业生供过于求，削弱了高等教育社会流动的功能的体现。

我国要想增强高等教育的社会流动功能，具体可从以下几方面入手。

① 谢作栩，王伟宜.高等教育大众化视野下我国社会各阶层子女高等教育入学机会差异的研究[J].教育学报，2006（2）：65-75.

（1）提高接受高等教育机会的公平性。从目前来看，高考是接受高等教育的必经之路，学生们只有通过高考，合格后才能进入高等院校（成人教育除外），因此在高考内容的设置上，应体现公平性。城市类学生有一定教育资源优势，而农村类学生由于各方面的影响，其教育资源相较城市类学生而言要弱一些，因此高考的内容应避免“城市化”倾向，要充分考虑不同区域、不同阶层的学生所接触的知识的差异性。

（2）根据国家经济发展的规律和市场经济转型的特点等，采用科学有效的方法，统计和预测劳动力市场对大学毕业生的需求情况，通过宏观调控的方法缓解大学毕业生供过于求的状况。

（3）在保持高等教育总量需求平衡的基础上，高校应以市场所需的人才为基础，结合本校的实际情况，对学校的专业结构和布局进行合理规划，建立出科学、合理的大学生人才培养体系，培养出符合社会需要的人才。

（4）对大学生聘用环节进行规范，引导企业建立起科学、规范的进入与用人机制。同时不断规范企业用人机制，健全企业用人监督机制，消除大学生就业过程中的各种黑幕和暗箱操作，尽可能为大学生的公平就业创造一个良好的环境。

（5）加强大学生就业服务体系建设，构建现代大学生就业信息数据库，为用人单位和大学生搭建信息服务平台，实现大学毕业生与用人单位的有效对接。

第三章　就业筹谋：制订大学生职业规划

当今，大学生的职业生涯规划是个时髦的话题，许多大学开设了相关的课程或专题报告与讲座，网络上也大肆炒作，一时间职业生涯规划成了大学毕业生最为关注的热点之一。但不少大学毕业生还没有真正理解职业生涯规划的确切含义，对职业生涯规划的重要意义认识不足，不了解职业生涯规划的程序，缺乏进行规划的具体技巧。另外，不少大学生对职业生涯规划或冷眼相对，或无所适从，或使规划流于形式，或不顾主客观条件任意随自己的兴致来“规划”等态度也会导致职业生涯规划应有的作用不能充分发挥。在这种情况下，大学生必须提前做好就业筹谋工作，即根据自身情况制订合理的职业规划，使自己在大学期间便能根据自己的职业规划有所发展，为以后的顺利就业奠定良好基础。

第一节　自我认知，转变角色

自我认知是职业生涯规划的重要内容，即通过科学的自我分析，认识自己，了解自己；找出自己的特点，明确自己的优势，以便正确设定自己的职业发展目标，并制订行动计划，使自己的才能得到充分发挥，以实现职业发展目标。因此，职业目标的实现离不开科学的自我认知，而完整的职业生涯规划的制订也需要先进行自我认知。

一、大学生的自我认知

在自我认知的各项要素中，主要要了解自己的兴趣、价值观、能力、性格等，进而分析自己的优势和劣势。

1. 兴趣

兴趣是对于事物特殊的认识倾向，是一种心理活动。当兴趣发展成爱好时，就成为一个人较长久且相对稳定的行为倾向，影响着人们能力的发挥。我们在选择与规划个人职业生涯时，个人的兴趣、爱好、特长是不容忽视的重要因素。因为兴趣与人们的工作积极性密切相关，一个人如果从事自己感兴趣的职业，就能长时间保持工作热情、全身心投入工作中，主动寻找提高工作效率的方法，充分发挥个人潜能。

大量研究表明，兴趣和工作满意度、职业稳定性和职业成就感之间也存在明显的关联。正因为如此，职业生涯规划一般将兴趣作为自我探索的一个重要方面，并研制出多种量表来测量人们的职业兴趣。职业兴趣测验是帮助大学生明确自己的主观性格取向，从而得到最适宜的活动情境并给予最大能力投入的一种测验形式。职业兴趣测验不但对就业人员的择业有指导意义，而且对管理人员的选拔和安置也起着举足轻重的作用。大学生可以利用霍兰德职业兴趣测验法、斯特朗-坎贝尔兴趣量表和库德职业兴趣调查表等进行测量，并根据这些量表的对应答案了解自己的兴趣。

2. 性格

个体之间的差异除了相貌、体型外，主要体现在性格特征上。性格是一个人比较稳定的对现实的态度和习惯化的行为方式，是人对现实稳固的态度和与之相适应的习惯化了的行为方式的吻合。[①]在职业指导理论上，性格类型是人—职匹配研究的重要内容之一。了解自己具有什么样的性格，以及从事什么样的职业更合适，对大学生来说是很有必要的。

性格就好比我们的左右手，本身无所谓好坏。任何性格特点都具有两面性，某种性格特征可能既有好的一面，又有不好的一面。在具体的职业活动中，性格可能会有价值评价的含义。比如说，"健谈"本来无所谓好坏，更多的时候它是一种积极的性格特征，如做管理人员、从事营销工作等；但对于一名司机来说，"健谈"未必是一种好的性格特征，西方有心理学家研究表明，"健谈"的司机比不爱说话的司机发生交通事故的可能性要高好几倍。同样地，敢冒风险对于一名企业经营管理人员来说可能是一个优点，但对于一名财务人员来说，敢冒风险可能会给国家或单位财产带来巨大损失。

由此可见，对于特定的职业来说，不同的性格还是有"好坏"之分的。这给我们的启示是，我们每个人在进行职业选择和设计时应该考虑到自己的性格特点，这样会更有利于自己的职业发展。当然，一个人长时间干某项工作也会塑造其性格特点。比如说，粗心大意的人，如果长期从事文字校对工作，他可能会养成认真仔细的职业特点。但是，他付出的代价要比本来就认真仔细的人大得多。人的工作与自己的秉性不符，就有点像逆水行舟，要想取得良好的战绩，一定比别人的付出要多得多。所以在职业选择中如果能顺应我们的性格发展，则会达到如鱼得水的境界。

大学生要了解自己的性格，可以通过迈尔斯-布里格斯类型指标（Myers-Briggs Type Indicator，MBTI）来对照自己的行为进行分析。

3. 能力

能力是掌握和运用知识技能的条件并决定活动效率的一种个性心理特征，个人的能力对工作效率和工作结果会产生直接的影响。对任何一种职业而言，必须要求从业者具备相应的能力；对于个人来说，如果没有相应的职业能力，就没有办法适应与之相对应的工作。因此，无论是用人单位招聘人员，还是个人择业，都要考虑到能力和职业的吻合。

在职业生涯的发展过程中，与个体能力关系最为密切的是职业能力。例如，一位教师只具有语言表达能力是不够的，还必须具有对教学的组织和管理能力，对教材的理解和使用能力，对教学问题和教学效果的分析、判断能力等，这些都属于职业能力的范畴。

职业研究表明，不同的职业对个体的职业能力要求会存在一定的差异。例如，律师、

① 朱辉荣. 论 MBTI 性格测评在创新人才选拔中的应用[J]. 黑龙江高教研究，2011（12）：129-131.

工程师、科研人员和大学教师等对从业者的智能有较高的要求，而纺织工、打字员、裁缝等对从业者的手指灵活能力有一定的要求。大学生可以通过职业能力倾向测试了解自己的能力情况，通过测验分数，大学生可以了解自己的长处和短处，这在决定自己职业生涯发展方向时，是非常有价值的参考信息。职业能力倾向测验的种类很多，一般能力倾向成套测验（General Aptitude Test Battery，GATB）和区分能力倾向测验（Differential Aptitude Tests，DAT）是目前最为著名的两种职业能力倾向测验。

4. 价值观

价值观就是人们在对客观事物、现象等对自己或社会的重要性进行认识与评价时所依据的观念系统。可以说它代表了人们最为基本的信念，而且使得人们在认可、接受某些事情时较为容易。价值观是在一定社会存在的基础上产生的，因而并不是一成不变的。它会随着社会存在的变化而变化，表现出一定的发展性。因此，人们的价值观在相对稳定的基础上也会随着社会的发展、认识的深入而表现出一定的发展性。比如，青少年时期的价值观发展性最为明显，是价值观形成的黄金时期。

清楚地认识自身的价值观，对大学生的职业生涯发展具有非常重要的意义。不同的职业价值观决定了不同的职业目标。在价值观的驱动下，有人追求金钱，有人追求事业，有人追求社会地位，有人追求家庭幸福。当人们在面对职业选择和决策时，最终会选择最符合其价值观的那条道路。人的一生中可能会从事不同的职业，每次职业的更换，价值观都在其中起着关键性的作用。所以，明确自己的价值观，是准确进行职业定位的关键。

此外，职业价值观决定了人们的职业追求，以及就业后的工作态度和工作质量，从而影响着人们的职业发展情况。一个人对自己的职业价值观有一定了解，并在工作中进行积极的实践，就会从工作中获得一种成就感，也能提高其工作积极性和工作效率，进而促进其事业的成功；相反，如果一个人不能从工作中获得满足感，也不能实现其职业价值，那么他在职业上也很难取得长远的发展。因此，大学生在选择职业时，应与自己的职业价值观相符合，这样，才能更好地促进职业发展。大学生了解自己的职业观可通过一系列的职业价值观测量量表进行，常见的如“职业锚”（职业价值观）测试。

二、大学生的角色转变

在科学认知自我的基础上，大学生要结合自身的情况规划自己的知识结构、能力体系，判断自己的职业取向，从而积极完成自身角色的转变。也就是说，大学生要在了解自己先天的生理条件的基础上，通过一定的社会实践活动尽快寻找自己的“职业锚”，并有意识地发展自己的职业个性。因此，大学生要了解这种角色转变的过程，认识到培养职业个性的重要性，从进入大学开始就要主动推动自己的角色转变。

1. 从中学到大学的角色转变

首先，就是大学生就要有大学生的样子，或者说大学生应该和中学生不一样。我们知道，中学生的衣食住行往往都还由家长安排，每天的作息时间排得满满的，几乎没有一点时间由自己主宰。埋头读书，按部就班，听话，做一个乖孩子，这就是家长的愿望。可是一进入大学，绝大多数学生都脱离了家长的视野，不得不独立生活。大学生的课余时间比中学生要多得多，这就需要他们开始自主安排自己的学习和生活。从职业规划和发展的角度看，如果说学习是职业生涯的准备阶段，那么大学生相对于中学生来说，至少有了更多的自主性和独立的空间。因此，我们要求大学生不能仅仅埋头读书，更要“抬头看路”。

其次，是从未成年人向成年人的转变。中学生基本上都属于未成年人，而大学生大多已经18周岁以上。18周岁是我国法定的成年标准。这里的成人不完全指的是生理上的成人，更强调的是社会意义上的成人。作为成年人，法律上确立了其具有完全的行为能力，也标志着其具有完全的责任能力。尽管作为学生，还不能自己谋生，自己养活自己，但是到了这个年龄，个人的社会化应该基本完成。因此，大学生要认识到自己身上的责任：对自己负责，对家庭负责，对社会负责。要好好行使自己的权利，思考自己的未来，规划个人的职业生涯以及整个人生。

最后，是从被动学习到主动学习的转变。中学的学习，基本都是按照统一的大纲（现在叫“课程标准”）、统一的教材，在老师的“利诱”和家长的“威逼”之下被动进行。每天上什么课、完成哪些作业，虽然有“计划”，但那绝对不是学生自己的计划。进入大学之后，虽然还有必修课，但是至少有了更多的选择余地。因此，大学学习更强调主动和自觉。有些同学浑浑噩噩混过了大学光阴，到求职的那一刻才知道自己根本就不具备相应的职业知识和技能准备，这种情况的出现，恐怕要从自身去寻找原因。

总之，从中学生到大学生，这种角色的转变是必然的。进入大学后，我们要及早进行这样的角色认知，了解这种新角色的规范，并努力推动角色转变，使自己看起来更像一个大学生。

2. 从学生到职业角色的转换

大学毕业生从学生角色到职业角色的转换，必然伴随着角色冲突、角色学习和角色协调等一系列过程。在这个过程中，只有尽早做好准备，形成职业角色观念，提高大学生角色技能，增强角色扮演能力，才能使自己的职业生涯有一个良好开端。因此，充分把握好毕业前这一阶段非常重要。

正常情况下，我国大学毕业生在每年7月初离校，但是求职工作一般从前一年的11月就开始了，前后8个月的时间。可以说，这一时期是毕业生转换角色的重要阶段，主要表现在以下两个方面。

（1）毕业前夕是择业的黄金季节。毕业生通过与用人单位“双向选择”的过程，可以加强对用人单位的了解，合理地确定自己的职业定位，进而通过签订全国普通高校毕业生就业协议书（以下简称就业协议书）来确定自己的职业角色。

毕业生在与用人单位接触的过程中，能够比较全面地了解到用人单位的基本情况，切身体会到社会对自己的认可程度，并依据自身感受调整职业期望值，实事求是地定位自己的职业。这是从学生角色向职业角色转化的第一步，这为大学生的职业角色确定了一个基调，对角色的转换将产生深远的影响。

（2）提前奠定良好的心理基础和知识技能基础。一般来说，在校学习期间的学习环境、学习条件、时间和精力对于知识的学习和技能的训练都是最为理想的。因此，从就业协议书签订到毕业离校这段时间，是针对性地学习知识、培养能力进而转换角色的最佳时期。这段时间内，除了按照学校正常教学计划完成课程的学习、实习实践和毕业论文外，还应该进行如下学习和训练：①学习与未来工作岗位有密切联系的专业知识和专业技能。大学的课程设置总体上偏重于基础知识的学习和基本技能的培养，而不一定涉及特定岗位上所需要的专业知识和技能。通过学习和训练，还可以加深对未来职业岗位的认同，培养职业兴趣。②进行非智力因素技能的训练。大学毕业生智力上相差并不大，而非智力方面的技能却是影响毕业生择业、就业和创业的重要因素。毕业生要敢于表现自己，克服在公众面前“害羞”和“胆怯”等人格心理方面的不良现象，这是给人留下良好印象的前提和关键；还要善于表现自己，主要是书面表达能力和口头表达能力的提高。在与人交往的过程中要诚恳而不自卑，自尊而不倨傲，不急不躁，以富含感染力的幽默语言来展示自己。③进行必要的心理准备特别是“受挫准备”。过硬的职业技能对职业成功固然重要，充分的心理准备更是不可缺少的，特别是要有“受挫”的心理准备。一般来说，未来的事业不会一直是一帆风顺的，如果心理准备不足，就会产生过激情绪，在愤世嫉俗的言行中使自己的才华泯灭。因此，在校期间要调整心态，充分做好心理上的“受挫准备”。

第二节　选择职业，定位目标

职业对社会发展和个人存在都有着重要的意义，对社会而言，职业是社会体系的重要组成部分；对个人而言，职业则是一种生存“符号”，对一个人的人生价值、社会声望和生活质量等方面都存在重要的影响。在了解了自我，转变角色后，大学生应结合自身的条件选择适合自己的职业，定位自己的职业目标。

一、大学生的职业选择

人生充满了选择，而职业选择是人生最重要的选择之一。这不仅是因为职业活动占据了人生最宝贵的时间，而且是因为在职业岗位上所取得的成就体现了人一生的主要创造，是人生价值的主要体现。

（一）职业选择的概念和要求

职业选择是指大学生从自己的职业期望、职业理想出发，依据自己的兴趣、能力、特点等自身素质，从社会现有的职业中选择一种适合自己的职业的过程。大学生职业选择的恰当与否，关系到其职业意愿、职业兴趣是否能得到满足，关系到其才能是否能得到充分发挥，关系到其在岗位上的工作状况，也关系到其一生的生活道路和生活质量。只有职业能力、职业意向和职业岗位这三个要素相互协调、密切结合，职业选择才能较好地完成。但是，这三者的协调一致往往是比较困难的。在现实的职业选择中，人们虽然面对诸多的职业，但往往难以得到自己理想中最好的职业，有时即使遇到“好职业”的岗位空缺，自己却不具备必要的能力；有的在求职竞争中败给他人，这也使得自己的职业生涯选择不能实现。大学生的职业选择过程往往是不断调整自己的职业意向水平，以适应社会客观职业岗位实际状况的过程。

每个人都有自己独特的人格模式，每种人格模式的个人都有其相适应的职业类型，人人都有职业选择的机会，而职业选择的焦点就是人与职业相匹配，即寻找与自己特性相一致的职业。由此，大学生在进行职业选择时要做好以下三方面的工作。

（1）了解自己的能力倾向、兴趣爱好、气质性格特点、身体状况等个人特征，并结合自己的特征选择自己的职业。

（2）分析各种职业对人的要求，以获得有关的职业信息。这包括职业的性质、工资待遇、工作条件以及晋升的可能性；求职的最低条件，如学历要求、身体要求、所需的专业训练以及其他各种能力等；为准备就业而设置的教育课程计划，提供这种训练的机构、学习时间、所需费用等；就业的机会。

（3）要根据自身的条件确定一个适当的职业目标，并置于优先考虑的范围，还要考虑应聘首选目标成功的概率并预先准备相应对策，一旦首选目标失败，必须及时做出调整，重新选择适合自己并最有可能成功的职业目标，直到完成。

（二）选择适合自己的职业

首先，在选择职业时，兴趣是必不可少的重要因素。大学生应根据自己的兴趣选择职业。例如，对艺术有兴趣的人会被吸引去从事那些包含大量自我表现、艺术创造、情感表达以及个性化活动的职业，这类职业有视频制作、广告设计、音乐家等。

其次，每一种职业都对性格品质有特定的要求，要适应这一职业，就必须具备这一职业所要求的性格特征。没有良好的与职业要求相适应的性格，就很难做好工作，如驾驶员要具备注意力集中、动作敏捷的职业性格特征，医生要具备耐心细致的职业性格特征。所以，个人在选择职业时，通常应根据自己的性格特点，选择适合自己的职业。

不同的性格所适应的职业是不同的，我国的教育学和心理学研究人员根据我国的实际情况，将职业性格分为九种基本类型，具体如表 3-1 所示。

表 3-1 性格类型的职业匹配①

性格类型	性格特征	典型职业
变化型	在新的和意外的活动或工作情境中感到愉快，喜欢有变化的和多样化的工作，善于转移注意力	记者、推销员、演员等
重复型	适合连续从事同样的工作，按固定的计划或进度办事，喜欢重复的、有规律的、有标准的工种	纺织工、机床工、印刷工等
服从型	愿意配合别人或按别人指示办事，而不愿意自己独立做出决策、担负责任	办公室职员、秘书、翻译等

① 李立增. 大学生职业发展与就业创业指导[M]. 成都：西南交通大学出版社，2015：51.

续表

性格类型	性格特征	典型职业
独立型	喜欢计划自己的活动和指导别人的活动或对未来的事情做出决定，在独立负责的工作情境中感到愉快	管理人员、律师、警察、侦察人员等
协作型	在与人协同工作时感到愉快，善于引导别人，并想得到同事们的喜欢	社会工作者、咨询人员等
劝服型	通过谈话或写作等方式使别人同意自己的观点，对别人的反应有较强的判断力，并善于影响别人的态度和观点	辅导员、行政人员、宣传工作者、作家等
机智型	在紧张和危险的情况下能自我控制、沉着应付，发生意外和差错时能不慌不乱地出色完成任务	驾驶员、飞行员、公安人员、消防员、救生员等
自我表现型	喜欢表现自己的爱好和个性，根据自己的感情做出选择，通过自己的工作来展现自己的思想	演员、诗人、音乐家、画家等
严谨型	注重工作过程中各个环节、细节的精确性，愿意按一套规划和步骤将工作尽可能做得完美，倾向于严格、努力地工作以看到自己出色完成工作的效果	会计、出纳员、统计员、校对员、图书档案管理员、打字员等

再次，能力是人们成功地完成某种活动所必须具备的个性心理特征。任何一种职业都要求从业者必须具备相应的能力，所以能力是职业适应性首要的和基本的制约因素。大学生只有根据自己的能力所及来确定自己的职业方向和领域，才可能胜任工作，也才可能取得职业的成功。例如，若自己的语言表达能力很强，可以选择教师、营业员、护士等职业；若自己的空间判断能力很强，可以选择与图纸、工程、建筑等打交道的工作。

以自身能力为依据选择职业应注意能力水平与职业层次相一致。每一种职业类型由于其承担的责任不同，又可以分为不同的层次，不同层次的职业对能力的要求有所不同。因此，在进行职业安排时，不但要根据员工的能力类型确定职业类型，还要根据每个员工所能达到或可能达到的能力水平来确定相应的职业层次。

最后，在大学生的职业选择与职业发展中，起重要作用的价值观是职业价值观。所谓职业价值观，就是一个人对职业的认识和态度以及对职业目标的追求和向往。在当前，职业价值观主要有以下几种类型，而且每一种类型都有自己的特点以及所适合的职业。大学生可通过自己的价值观情况选择合适的职业。例如，具有自由型职业价值观的大学生，讨厌被别人指使，讨厌别人干涉自己，渴望自己的本领得到充分施展，渴望凭借自己的本领和能力使自己的生活更加美好。这类群体适合从事作家、漫画家、摄影师、记者、编剧等职业。具有支配型职业价值观的大学生，喜欢对别人进行支配，对他人的想法几乎或完全忽视，这类群体适合从事经理、政治家等职业。具有自我实现型职业价值观的大学生渴望自己的个性、本领得到充分发挥，希望自己的潜力得到充分挖掘，对收入、社会地位以及他人对自己的看法等都不会过多考虑，这类群体适合从事天文学家、地质学家、药剂师、化学家等职业。

（三）职业选择的方法

在对职业进行探索、对自我职业倾向进行确定之后，大学生要采用正确的方法做出正确的职业决策，选择出适合自己的职业。一般来说，大学生职业选择的方法主要有以下两种。

1. 自我决策五步法（5W 法）

“五步法”是大学生职业选择的一种简单易行的方法，主要依据“5W”的思考模式。“五步法”的五个问题具体如下。

1）Who are you?（你是谁？）

这是让大学生深入分析自己的身体状况、性格倾向、思维能力、特长、兴趣爱好、教育背景和过往经历等。同时，这也是对自我进行的一次深刻的反思，想想自己是一个怎样的人，自己的优缺点是什么，进而对自己有一个全面、客观的认识和了解。

2）What do you want?（你想做什么？）

这一问题是让大学生对自己职业发展的一个心理趋向做一下检查，是对学习目标、职业目标、收入目标等人生各种目标展望的过程。要注意的是，人在不同阶段的兴趣与目标是不同的，因此，所确定的目标要结合实际。

3）What can you do?（你会做什么？）

这一问题是让大学生全面总结自己的能力和潜力，为职业选择做参考。要了解一个人的能力和潜力，应考虑他的兴趣、韧力、判断力以及知识结构等方面。将自己能确定的能力以及自己认为能够开发出来的潜力一一列举出来，并进行排序，使自己能够清晰地了解自己的能力所在，进而判断自己能够做什么。在进行职业选择时要选择能够发挥自己专长的职业。

4）What can support you?（环境支持或允许你做什么？）

这是考虑环境对个人发展的影响，因为每个人的生存与成长都离不开特定的社会环境。在进行职业选择时应从主客观方面对环境因素进行综合考虑，从主观方面的因素来说，它包括同事关系、领导态度等因素；就客观方面的因素来说，它包括经济发展、人事政策、企业制度、职业空间等因素。因此，在进行职业选择时，不仅要和个人的理性目标结合起来，还要和家庭、社会的需求结合起来。

要注意的是，人们选择职业时往往只考虑客观因素，而忽视主观因素，没有调动起对自己有利的所有发展因素，职业切入点不准确，这样做出的职业选择算不上真正正确的职业选择。

5）What can you be in the end?（你的职业选择是什么）

在对前面的四个问题进行分析后，就可以从各个问题中找到对实现自己的职业目标有利和不利的条件，选择一个不利条件最少的、自己感兴趣的且又有能力去做的作为职业目标，那么这一问题就迎刃而解了。做好充分准备的人，在就业市场上就能获得比其他人多得多的机会，也更有利于找到适合自己的职业。

2.“三定”法

“三定”法主要是指通过定向、定点和定位进行职业选择的方法。

1）定向

所谓定向，也就是确定职业发展的方向。在职业规划中，一旦方向错了，就会离职业目标越来越远，甚至要重新走回头路，付出较大的代价。因此，大学生在进行职业选择时，应避免在方向问题上犯错误。大学生的职业发展方向通常由本人所学专业决定，但有一部分大学生在毕业后不能完全按照自己所学的专业选择工作，出现了“专业不对口”“用非所学”“学非所用”的现象。在这种情况下，大学生就要适当调整自己的职业规划，根据社会需求选择与自己相适合的职业岗位。

2）定点

所谓定点，是指确定职业发展的地点。大学生在进行职业规划时，要综合考虑多方面的因素，不能一时冲动或者感情用事。如果在一开始就选准了地点，就可以在一个地方围绕一个职业长期稳定发展，这样有利于增长自己的经验和资历。但是，如果一开始没有选准地点，一味地向一线城市靠拢，最后的结果可能是没待多久就要跳槽离开，这会对自己的前途产生极大的不利影响。

3）定位

定位就是指对自己的水平、能力、薪资期望、心理承受度等进行全面的分析。大学生在对自己进行定位时，应做到准确、客观，既不能定位过低，更不能高估自己。因此，大学生在进行职业选择时，应确立从基础做起、从基层做起，逐步积累经验，循序渐进，谋求发展的思想理念。

二、大学生的职业目标定位

职业目标是指个体渴望获得的与职业相关的结果，是个体所选定的职业领域中未来某个时刻所要达到的具体成就。大学生在进行职业选择与职业决策的过程中，要始终有明确的人生发展目标。理想的职业目标，对大学生的发展有着重要的激励作用。

大学生的职业目标就是要对过去进行深思回顾和对将来进行设计展望，选择和确定自己的职业方向。职业方向反映了一个人职业生涯的动机，或称为主观愿望，职业目标是个人制订职业生涯目标、展现自我价值的前提。大学生处在生涯探索和生涯建立的转换阶段，因此，在职业发展道路上应当找准自己的职业方向和定位，然后再谋求具体的职位。在大学期间应当进行良好的生涯规划，只有设计好阶段性奋斗目标，明确自己的职业生涯发展方向，不断完善未来职业生涯所需要的知识结构和专业技能，才能达到实现自我，成就人生的目的。

同时，职业目标可以增强我们的自律能力。职业目标不仅能够指引前进的方向，还能对自我起到约束作用。不少年轻人事业失败的一个根本原因就是精力过于分散，这是卡耐基在分析了众多个人事业失败的案例后得出的结论。如果个人的职业生涯方向总是在变动，那他就不得不在各方向之间疲于奔命，最后的结果就是一个目标也实现不了。就像谚语中所说的：“同时追赶两只兔子的人，最后一只也捉不到。”在职业生涯发展的过程中，职业目标能促使你不断地进行评估调整，在确保职业生涯发展总体方向的前提下，认真规划并度过每一个发展阶段，时刻保持自己的职业生涯发展不会偏离方向。

一个人要想获得事业的成功，应当按照人生成功的规律来制订行动的目标。也就是说，一个未来的成功者，必定是一个目标意识很强的人。所谓“目标意识”，就是头脑中始终有清楚的目的，就像是准确控制的导弹一样，一直“咬”着目标不放，直到击中目标为止。当这个目标实现以后，他又会盯住下一个目标，直到事业成功。对大学生来说，确定自己的职业目标应满足以下几方面的要求。

（1）符合自身的情况。每一个人的存在现状和其所期望要达到的目标之间总是会有差距的，目标越高远，差距就会越明显。目标的设立总是要以个人的实际状况为依据，同时也要考虑到今后的发展可能和发展空间。目标订立得过低或过高，规划也就失去了原本的意义，人的进取意识就有可能会被磨灭，起不到激励自己的目的。只有立足于现状，又具有一定的挑战性，通过一定的努力能够完成规划目标，实现目标后有较大的成就感，对个人发展有促进作用的目标才是可取的目标。它对人现实的发展能产生激励作用，能激发人的潜能，充分发挥人的聪明才智，实现自己的人生价值。

（2）目标要具体可行。大学生制订的职业目标不能含糊不清、模棱两可，规划必须要明确、清晰，实现目标的步骤一定要直截了当，各阶段的线路划分与安排一定要具体可行，以保证自己所期望的职业目标能够按部就班地顺利实现。

（3）目标应具有一定的挑战性。大学生在确定自己职业目标时一定要注意所确定的目标应该具有一定的挑战性。如果目标很容易就能够实现，那么就不会激起大学生为之而努力的激情，更不会使其获得目标实现后的成就感。

第三节　制订策略，撰写方案

进行了职业选择，确定了职业目标之后，就需要尽快制订职业决策，撰写职业规划方案，以便为以后的职业发展行动提供纲领指导。

一、制订职业决策

（一）职业决策

1. 职业决策的概念

职业决策是职业发展过程中的核心，亦称为职业生涯决策，是职业心理学、职业指导和职业辅导领域研究的重要概念之一。职业决策的研究早在 20 世纪初就已开始，由于当时社会经济发展进程相对缓慢平稳，个体一生中的职业变动并不大，所以早期的职业心理学家采用 occupation 和 vocation，中文翻译为“职业”一词，其研究主要集中在职业选择的模式和过程方面。随着职业心理学的发展，人们意识到职业选择只能代表某种特定的行为，职业的发展如同人的生理和心理发展，分为各个阶段，是贯穿一生的连续过程，因此研究者使用了 career 一词，其含义是“道路”“轨迹”。在职业领域则引申为“生涯”“事业”，内涵也较以前的“职业”有所不同，其更加强调职业的变化和发展性，突出职业发展的连续性。

职业决策是一个复杂的认知过程，通过此过程，决策者组织有关自我和职业环境的信息，仔细考虑各种可供选择的职业前景，做出职业行为的公开承诺。从这个概念我们可以看出：职业决策是一个过程，而不单单是一个结果。

2. 职业决策的特点

与其他类型的决策相比，职业生涯决策有其独特的特点，可归纳为如下四点：

（1）职业生涯决策的项目数量多，如所选择的专业、学校、职业种类、岗位、单位等。

（2）职业生涯决策所考虑的信息来源范围广，如职场信息、计算机辅助职业指导系统、目标职业从业者。

（3）个人职业取向及职业资格要求复杂，如从业前的培训、工作环境、技能、收入水平、工作人际环境等。

（4）“重要他人”（如父母、配偶、师长、朋友等）及专业职业指导人员会对个人的职业决策行为产生直接或间接的影响。

3. 职业决策的风格

美国职业生涯专家斯科特和布鲁斯认为，决策风格是在后天的学习经验中逐渐形成的。他们将决策风格划分为五种类型：理智型、自发型、直觉型、回避型、依赖型。

1）理智型

理智型的决策者具备深思熟虑、分析、逻辑的特性，在制订职业决策时会综合、全面地收集信息，理智地思考和冷静地分析判断。理智型决策强调决策的个体需要培养一种良好的思考习惯，但理智型的决策风格也并不是理想的、完美的决策方式，即使采用系统的、逻辑的方式，也会出现因为害怕承担决策的后果而不能整合自己和“重要他人”观点的困扰。

2）自发型

自发型的决策者渴望即刻、尽快完成决策，往往不能容忍决策的不确定性以及由此带来的焦虑情绪，因此他们一般倾向于快速制订职业决策。这种决策风格的个体常会基于一时的冲动，在缺乏深思熟虑的情况下做出决策，此类决策者通常会给人果断或过于冲动的感觉。

3）直觉型

直觉型的决策者以自我判断为导向，他们以依赖直觉和感觉为特征，比较关注内心的感受，因而常常以自己的判断为依据制订决策。由于以个人直觉而不是理性分析为基础，这类决策发生错误的可能性较大，因此，易造成决策不确定性，容易使直觉型决策者丧失信心。

4）回避型

回避型的决策者由于不能够承担做决策的责任，而倾向于不考虑未来的方向，不去做准备，不知道自己的目标，也不思考，更不寻求帮助。在制订决策时常常秉持着一种拖延、不果断的方式，因此这类决策者需要意识到自身的决策风格及其可能造成的危害，努力调整，增强职业规划的意识和动机。

5）依赖型

依赖型的决策者自己本身不能承担自己做决策的责任，因而常常以他人的指导和建议为基础制订决策。这类决策者由于允许他人参与到决策过程中，因而很容易受到他人的正面评价，但若一味听从他人的意见，自己毫无主见，也会导致制订的决策出现其他一系列问题。

（二）制订职业决策的方法

1. SWOT 分析法

SWOT 就是将企业内部环境的优势（S）与劣势（W）、外部环境的机会（O）与威胁（T），同列在一张表格中加以对照，然后在内外环境的对比中制订个人职业决策的方法。运用这种方法的过程本身就是基于对个体自身的优势和劣势进行分析，同时对个体所追求的职业环境因素和各种可供选择职业的前景进行分析的过程，因而有助于大学生认清周围环境，科学地确定自己的职业决策。

在运用 SWOT 分析法进行个人的职业生涯决策时，可从多个角度来确定自身的“优势与劣势、机会与威胁”。例如，目前最常使用的关键提问法，即在安静的环境中对自己提问，自我反省，如表 3-2 所示。

表 3-2 职业生涯决策 SWOT 分析表

内部因素	优势（个体可控且可利用的内在积极因素）	劣势（个体可控且可以改善的内在消极因素）
	曾经的工作经历	性格弱点
	自己的专业	曾经的经历中所欠缺的
	特长	专业功底是否扎实或职业与所向往的职业是否匹配
	在专业领域的成果	是否存在着负面的人格特征（如缺乏自律、畏难情绪、人际交往能力缺失）
	在专业组织中的影响力	
	人格特质（自我约束、创造性）	
外部因素	机会（个体不可控但可利用的外部积极因素）	威胁（个体不可控但可使其弱化的外部消极因素）
	社会大环境的有利因素	技术变革和社会环境变化的潜在威胁
	有接受再教育的机会	同专业领域的其他同事的激烈竞争
	人际关系的有利因素	就业机会减少
	就业机会的增加	组织中有丰富技能、经验、知识的竞争者
	适合自己的专业领域急需人才	缺少培训学习造成的职业发展障碍
	专业领域存在着晋升机会	专业领域发展有限
	专业发展带来机会	组织中来了名校背景的竞争者
	由于提高自我认识，设置更多的具体工作目标带来的机遇	工作晋升机会十分有限

从表 3-2 可以看出，若想做好职业决策，需要我们不断学习并关注自己的专业发展。通过反思，在明确自身的优势、劣势及外在的威胁和机会之后，可以根据这些信息确定个体的职业发展道路。

2. CASVE 循环法

CASVE 循环法是通过沟通（C）、分析（A）、综合（S）、评估（V）和执行（E）五个阶段来进行职业决策制订的方法（图 3-1）。

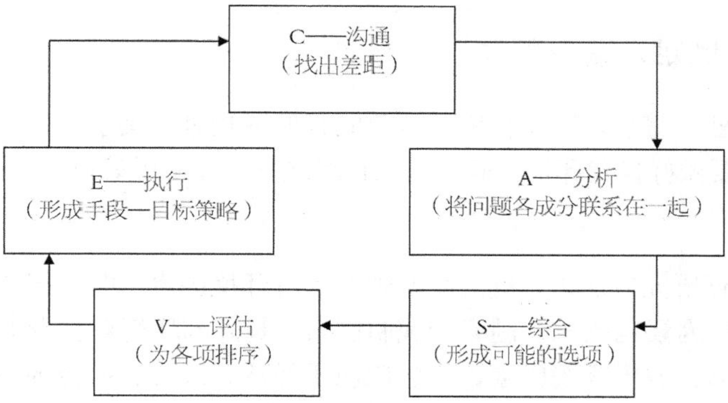

图 3-1　职业决策制订 CASVE 循环法

沟通包括内部和外部的信息交流，通过这些信息交流我们可以厘清理想与现实之间存在的差距。例如，大学生马上就要毕业了，这时很多同学都会忙着参加各种招聘会，与这些同学进行沟通与交流就有助于自己了解当前的就业情况。

分析是在了解问题所在以后，将自我知识与职业知识联系起来，花时间思考问题，对自己和现实情境进行认真的评估，了解自己和现实中可能的选择，对涉及职业决策的所有信息进行分析。

综合阶段需要对分析阶段提供的信息进行加工，从而制订出一个问题解决的行动方案。综合的过程是先尽可能多地找到消除差距的各种选项，然后将选择的范围缩小并具体化。

评估的任务是需要最终做出一个明确的选择。比如，家在西安，选择去北京工作，这一选择会给父母、朋友、家庭等带来什么影响？每一种选择都不是完美的，意味着我们可能得到一些东西，也可能失去一些东西，所以每一种选择都要从对自己和他人的损害和益处两方面进行考察。

当完成评估阶段后，我们需要的就是执行了。在这个阶段，我们将根据制订的计划把思考转换为行动。执行包括形成手段与目标策略，以及确定一系列逻辑步骤以达到目标。根据评估阶段得到的结果，我们把最佳选择作为目标，然后就要围绕目标设定具体的计划，最终通过执行完成。

CASVE 是一个循环过程。当我们完成执行环节时，要重新回到沟通阶段，以确定做出的选择是否正确，现实与理想的差距是否消除。当然，如果目标没有达成，我们就要进行内部和外部的交流，看看问题出在哪里，然后再调整目标重新进行循环。

二、撰写职业规划方案

“少壮不努力，老大徒伤悲。”一个人的大学时光一生中通常只有一次，与其浑浑噩噩地消磨掉大学时期的美好光阴，不如抓紧时间为自己充电。为了更有效地完成进入社会前的学习，把握好自己的未来，拟订一份科学的大学生职业规划方案就显得尤为重要。职业规划方案实际上就是职业规划书，一份好的职业规划书可以督促大学生有目的、有计划地进行学习。

（一）职业规划方案的制订

在制订了职业决策后，大学生就应着手制订职业规划方案了。具体来看，职业规划方案的制订除了要做好自我评价、确定职业目标之外，还应做好以下几方面的内容。

1. 环境评价

运用各种调查研究方法，分析自身所处的各种环境因素，即外部环境因素和内部环境因素。外部环境因素包括机会因素和威胁因素，是外部环境对自身的发展有直接影响的有利或不利因素，属于客观因素，一般归属于经济、政治、社会等不同范畴；内部环境因素包括自身的优势因素和劣势因素，它们是自身在其发展中存在的积极或消极因素，属于主动因素。在调查分析这些因素时，不仅要考虑自身的历史与现状，更要考虑自身未来的发展。

对于大学生而言，在制订个人职业生涯规划时，影响因素包括教育背景、家庭影响、个人需求与心理特征、就业机会及社会环境等。

2. 机会评估

职业生涯发展机会评估是指分析内外环境因素对自己职业生涯发展的影响。环境为每个人提供了活动的空间、发展的条件、成功的机遇。特别是近年来，社会的快速变迁、科技的高速发展、市场的竞争加剧等对个人的发展产生了很大的影响。在这种情况下，个人如果能很好地利用外部环境就会有助于事业的成功。否则，就会处处碰壁，寸步难行。在制订职业生涯规划时，要分析环境的特点、环境的发展变化情况、个人与环境的关系、个人在环境中的地位、环境对个人提出的要求及环境中对自己有利和不利的因素等。明确环境对职业发展的作用和影响，以便更好地进行职业目标的规划与职业路线的选择。

3. 目标与路线设定

目标的确立是职业生涯规划的核心，确立目标可以成为追求成功的驱动力。在进行职业生涯规划时，确立志向和目标是制订职业生涯规划的关键。我们在确立职业目标的时候，要精细地制订好不同类型的目标，认真处理好它们之间的关系。目标必须经过分解才能更加清晰和便于实现，各种职业目标间关系往往纷繁复杂，甚至是相互矛盾的。因此，理清各职业目标间的关系，对其分解组合十分有必要（图 3-2）。

作为大学生，应积极把握社会人才需求的动向，把社会需要作为出发点和归宿，既要看到眼前的利益，又要考虑长远的发展，既要考虑个人的因素，也要自觉服从社会需要。

4. 落实行动方案

职业目标确定后，行动便成了关键的环节。没有达到目标的行动，目标就难以实现，也就谈不上事业的成功。这里所指的行动，在职业生涯中是指落实目标的具体措施，主要包括工作、训练、教育、轮岗等方面的措施。例如，为达到工作目标，采取哪些措施提高工作效率；在业务素质方面，计划采取哪些措施提高业务能力；在潜能开发方面，计划采取哪些措施开发潜能等，这些都要有具体的计划和措施。

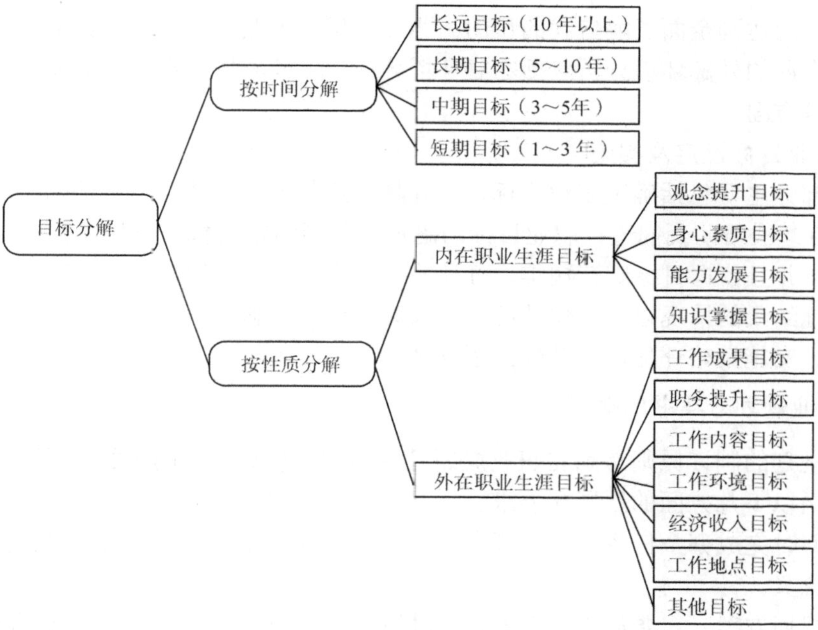

图 3-2　职业生涯发展目标分解简图

5. 评估与反馈

职业生涯评估是指在实现职业目标的过程中有意识地收集相关信息和评价，不断地总结经验和教训，自觉地修正对自我的认知，适时地调整职业目标。俗话说“计划赶不上变化”，影响职业生涯规划的因素有很多，有的变化因素是可以预测的，而有的变化因素难以预测。要使职业生涯规划行之有效，就须不断地对职业生涯规划进行评估，及时反馈实施信息，以便修正职业生涯目标，调整职业生涯策略。职业生涯规划调整的内容主要包括职业的重新选择、职业生涯路线的选择、职业生涯目标的修正、实施策略计划的变更等。

（二）职业规划方案书的制订

1. 职业规划方案书的基本内容

职业理想是展现在大学生面前的一幅美丽的蓝图，而蓝图中所有愿景的实现需要职业规划来支撑。一份优秀的职业规划方案书可以帮助大学生顺利地实现职业理想，而常见的规划方案的基本内容包括以下三部分。

1）个人基本信息

这一部分主要是对职业规划方案撰写人的基本信息进行简单介绍，包括姓名、出生年月、籍贯、就读院校、专业以及电话、通信地址、邮箱等联系方式。

2）个人及职业分析

这一部分主要包括对自我的认识以及对职业信息的分析，可以运用霍兰德的相关理论来进行指导。认识自我主要包括对自己的职业能力、职业兴趣、职业价值观等方面进行分析，从而达到全面了解自我的目的；职业分析主要是对职业生涯的条件进行分析，其中职业生涯的外部环境分析包括家庭环境分析、学校环境分析、社会环境分析、职业环境分析等方面。

3）职业目标设定及实施

这一部分主要包括确定职业目标，制订具体执行方案，并且及时评估、调整。可以运用 SWOT 法帮助我们进行职业目标的确定，包括短期目标、近期目标、中期目标和长期目标，并且依据目标制订翔实、可行的行动方案。职业规划是一个动态的过程，必须根据实施结果的情况以及变化情况进行及时的评估与修正，包括职业目标评估、职业路径评估、实施策略评估以及其他因素评估。

2. 职业规划方案书的撰写

职业规划的制订原则是确立职业规划目标和制订规划内容的依据，制订职业规划方案需要遵循以下几方面的原则和要求。

（1）何时完成哪个任务，达成哪个目标，要有时间和时序上的妥善安排，否则，规划将失去意义。

（2）规划方案一定要从长远来考虑，以便先设计一个大方向，同时又要注意将长远目标划分成一个个不同时期的中短目标，以形成一个持续、渐进、连贯、衔接的职业发展方案。

（3）目标是相对固定的，但方法是灵活的，不同阶段的任务可能要采用不同的方法去完成。即便是规划方案的内容，也要根据实施过程中的具体情况因时、因地调整。

（4）规划方案要根据自身的特点和所处的环境来做，要具体可行，既不能都是些空洞和定性的描述，也不能有太多幻想成分。

（5）撰写职业规划方案书必须要做好信息资料收集，可以通过访谈、报刊图书中摘抄、上网下载等方式获取，要尽可能注明资料的出处，并多运用图表、数据来说明问题，以提高资料来源的可信度和说服力。

（6）认真审视、思考自己的测评报告并对照自我认识与测评结果的异同，分析与测评结果形成差距的原因，从而确定自我评估结果，在“知己”的同时确定自己的职业方向。

（7）职业规划方案书的语言应朴实简洁，用词精练准确，行文流畅，条理清楚，重点突出，逻辑严密。

（8）撰写职业规划方案书应围绕论述的中心展开，职业目标不能过于理想化，应择己所爱、择己所长、择世所需、择己所利。

第四节　实施方案，反馈调整

在制订了职业规划方案后，必须将其落到实处，否则就是纸上谈兵。在实施规划方案的过程中，由于具体情况的差异，可能会与规划有一定的差异，这时就需要根据实施中的情况及时调整规划方案。

一、职业规划的实施

职业规划实施是在知己知彼的基础上，确定职业发展目标。这是职业规划的前提，但这个目标是否能够实现，主要取决于按照职业发展目标的指引，践行规划，这才是职业规划的关键。大学时代是职业生涯发展的准备时期，大学时代的学业规划与学业践行是实现职业发展的基础。

（一）制订职业规划的实施方案

无论我们毕业时选择走哪条路，都要详细地了解出路．制订科学的实施方案，并坚决地执行下去。所谓“知易行难”，在确定了职业生涯目标后，行动便成了关键的环节。没有达成目标的行动，也就谈不上事业的成功。另外，在实现目标的过程中，要不断地根据施行的情况修正行动计划，以便尽快实现规划目标。一般来说，制订职业规划的实施方案可以按照时间和内容两个标准进行划分。

1. 按时间划分

按照时间可以制订长期、中期、短期职业规划实施方案，也可以用学年或年度为单位来制订行动计划，还可以细分为上学期、下学期，甚至月计划、周计划、日计划等。在不同的阶段都应有学业规划、生活成长规划和社会实践规划三方面，见表 3-3。

表 3-3　大学生职业规划实施计划

实施时间		学业方面		生活成长方面		社会实践方面	
		目标	方案	目标	方案	目标	方案
第一学年	上学期						
	下学期						
第二学年	上学期						
	下学期						
第三学年	上学期						
	下学期						
第四学年	上学期						
	下学期						

2. 按内容划分

按照职业规划的设定，大学生在校期间应积极发展自身的素养，因此职业规划的实施从内容上看也可以制订不同的方案。一般来说，常见的按内容制订的职业规划方案主要有知识学习方案、能力塑造方案等。

（1）就知识学习方案来说，大学生要想不断丰富自己的知识，首先需要根据学校的教学大纲，从个人的实际出发，根据总目标的要求制订出基本规划，如设想在大学里自己要达到的目标，达到什么样的知识结构，学完哪些科目，培养哪几种能力等。其次要制订阶段性具体计划，如一周、一个月或一个学期的安排，这种计划是根据入学后自己的学习情况、适应程度来计划学习的重点、学习时间的分配、学习方法如何调整、选择和使用什么教科书和参考书等来制订的。这种计划要遵照符合实际、切实可行、不断总结、适当调整的原则。

（2）就能力塑造方案来说，在竞争日益激烈的人才市场，能力的重要性日益凸显，尤其是用人单位对大学生能力的要求更高，因此大学生在校期间便应不断培养自己的职业能力（包括知识的能力、“自我推销”的能力、专业能力、沟通能力、应变能力、学习能力、信息搜集能力、抗挫折能力等）。

（二）实施中出现的问题

1. 执行力较弱

任何美好的目标都不可能唾手可得，提高执行力是职业规划实施的先决条件。大学生常常出现的一个问题是理论联系实际不够，重理论思辨轻动手实践。这就是规划设计完美，但执行力不足的典型问题。规划的目的在于执行和实施，一些学生往往忽视这一点。有的仅把职业规划当成一门不得不学的课程，制作和提交规划书只为完成作业，取得学分；有的在执行规划时缺乏毅力和意志；有的自信心不足，遇到困难就怀疑自己的规划，担心目标定高了，常常半途而废。这些都是执行力不足的表现。

2. 评估方法不得当，反馈修正不到位

职业规划具有可调整性，调整的目的在于优化规划方案，确保生涯目标的实现，及时反馈修正是职业规划顺利实施的保障。一些大学生由于认识上的问题，把规划书束之高阁；有的则循规蹈矩，不敢也不善于把握实际情况的变化做出调整；更多的则是没有掌握生涯评估的技术和方法，难以发现生涯规划实施中的问题，反馈修正得不到落实。因此，大学生在制订好自己的规划之后，在实施过程中应制订评价的标准及评估的时间和方法，然后根据规划执行情况和具体情况的变化对规划做出及时的调整，以便收到更好的成效。

3. 实施计划无效

生涯目标的设定讲究时间梯度，实现生涯目标需要将目标进行必要的分解，即将总体目标在纵向、横向或时序上分解到各层次、各阶段形成目标体系，然后由远及近逐步细化实现目标的行动计划。有些学生在确定总体目标后，没有对目标进行分解或目标分解得不合理，导致规划实施的时间节奏把握不好，实施计划无效。

4. 随意性较大，不科学

大学生在职业规划实施中缺乏科学的理论指导，不能以正确的态度对待大学生职业规划活动，导致出现了盲目性和随意性。部分学生认为社会发展太快，尤其是进入信息化社会后，许多事情是未知的和无法预料的，打算得再好到时候也许什么都用不上。有的学生虽然制定了职业规划，但在实施中却表现出随意性，跟着感觉走，做事三分热。由于缺乏对行业、职位详细信息的了解，体验不到真实的职业环境，所以大学生的职业

规划方向还存在诸多的不确定性，很容易受到社会的热点和突发事件的影响，表现随意。

（三）解决问题的措施

（1）将计划与措施写下来，这样可以增加履行计划的紧迫感。同时，明确写下实现计划与措施的真正理由，说明实现计划与措施的把握和重要性，这会成为实现计划与措施的动力源泉。

（2）给计划设定一个期限。行动计划与措施确定以后，就要给自己的计划设定一个起止的期限，平时要认真审视预期要达成的时限，并时刻督促自己要如期完成。

（3）分步实施计划与措施。针对计划与措施，制订出实现它的每一个步骤。在实施的过程中，注意不要好高骛远，否则实行起来难度过大，也不容易坚持。为了保持一个积极的心态，也可以设立一个适时奖励自己的办法。

（4）分析优劣势和所拥有的资源。对自我的优劣势进行分析是非常重要的，这可以让自己知道从何处开始，知道下一步应该如何走。找出自己的长处，分析个人最强和最弱的方面，规划出最需要学习的事项，还要列出已经拥有的各种重要资源的清单，包括自己的个性、人脉、朋友、教育背景、能力等。其中，人脉是个人非常重要的资源，凡是可以协助自己完成计划与措施的人都可以成为自己重要的资源。

（5）找出需要克服的障碍。成功就是不断克服障碍的过程。在向目标前进的时候，遇见的每一个障碍都在一定程度上促进自己向目标前进。此外，对遇到的障碍的重要性进行排序，找出对实现目标影响最大的障碍，集中精力个个击破。在克服障碍的同时还可以确认所需要的知识，不断学习，自觉吸收新的知识，帮助实现目标，促进自我成长。

（6）回顾过去的成功经验，并定期进行检查和总结。回顾过去，找出自认为最成功的经验，并学会在以后的事情中去应用，并且还需要在实施中对计划与措施进行定期总结、检查和更新。

二、职业规划的评估

大学生职业规划的评估既是个人对自己不断的认识过程，也是对社会不断的认识过程，是使职业规划更加有效的重要手段。通过职业规划的评估，大学生可以自觉总结在达到职业生涯发展目标过程中的经验与教训，从而使自我的认知、对社会的认知和最终的职业生涯发展目标得以修订。

职业规划的评估可以参照各类短期、中期预定目标和实际结果比照而行。其主要内容包括以下几方面。

（1）寻找突破方向。在评估职业规划时，大学生应努力想一想：自己先前规划中的策略方案，哪一条对于目标的达成应该有突破性的影响？达到了吗？如何寻求新的突破？没有突破的原因在哪里？是不是需要别人的帮助？都需要哪些帮助？这样的总结和分析对于我们在未来的发展中找到突破口十分有利，它们可以帮助我们少走弯路，从而取得事半功倍的效果。

（2）发掘出最新的需求。在漫长的职业生涯过程中，会发生很多变化，针对变化了的内外环境，大学生要善于发掘最新的趋势和影响。俗话说“跟上形势”，对于新的变化和需求，要分析怎样的策略才是最有效而且最有新意的。大学生在职业规划过程中，要善于抓住外部环境的最新变化找出适当的策略，使自己的职业规划不落伍。

（3）抓住核心，突出重点。在评估过程中要重点评估实现本学期核心目标的主要策略的执行效果，不要面面俱到，“眉毛胡子一把抓”。在职业生涯的某一阶段，一两年内，或者三五年内，总有一个最重要的目标，其他目标都是指向这个核心的，完全可以通过优先排序，重点评估那些可能达到这个核心目标的主要策略的执行效果。

（4）大学生要注意保持头脑的清醒，知道哪些是自己做得到的，哪些是自己做不到的，并注意关注自己的弱点，知道自己在哪些方面与预定的期望还存在差距，以便有针对性地加强。一般而言，大学生的“短板”可能表现在以下方面。

第一，观念差距。观念陈旧往往会造成策略的失误，导致行动失败。因此，要不断检查、更新自己的观念。

第二，知识差距。是按照实施策略所积累的知识不够，还是学错了方向？要想取得职业的成功，需要更加注重建立合理、科学的知识结构。

第三，能力差距。环境在变化，对人能力的要求也在不断变化。彼一时通过种种努力提高了某种能力，但此一时可能又会出现新的差距。另外，前一阶段是否坚持按计划措施来提高能力了？提高了多少？遇到了什么困难？这对以后都是一个重要的启发。

第四，心理素质差距。很多时候，我们没有取得预期的进步，并不是规划得不够好，或者措施不够得当，而是心理素质不够。一个人职业生涯的发展，首先是心理素质的成长过程。在这一过程中，要不断加强心理素质锻炼，提高心理的适应力、承受力，树立良好的职业心态和阳光心态。

三、职业规划的修正与调整

作为一个动态的概念，职业规划要随着时间的推移而变化，因此需要不断根据内外界变化做出调整。在现实生活中存在多种不确定的因素，而大学生自身的价值观也处于形成时期，这就导致原来制订的职业生涯目标有时会与实际情况有所偏差。如果不及时对规划做出修正，就有可能影响个人职业生涯的顺利发展。

一般来说，对职业规划修正产生影响的因素主要有：①个人因素，包括性别、年龄、学历、工作经历、家庭背景等。②组织因素，包括组织结构、组织规模、组织文化、组织发展状况、人力资源规划、人力资源管理系统类型、人际关系等。③环境因素，包括社会环境、政治环境、经济环境、自然环境等。从宏观层面来说，个人只能适应而无法改变。

修正，即重新调配和安排，以适应新的情况和要求。其内容具体可以归结为职业方向的调整、策略和措施的调整、行为和心理的调整三个方面。

（1）职业方向的正确与否是职业生涯能否成功的关键因素。在实际工作中，许多人会发现自己的职业发展不顺利，其中一个原因就是自己最初订立的职业方向就是错的。起初，大学生确定职业方向在很大程度上是依据个人兴趣和爱好制订的，随着时间的推移，在一些内外环境和自身条件变化的影响下，个人的兴趣和爱好可能会随之发生变化，原来的职业方向与新的兴趣爱好相冲突，所以造成职业发展方向的偏差。另外，大学生往往缺乏对内外环境的客观分析，往往进行主观判断，敷衍了事，这就造成对环境的认识出现了偏差。另外，缺少对工作的实际体验，认识不足，也会导致职业方向选择出现问题。

职业方向选择错误会直接导致职业目标和职业生涯路线的错误。因此，在综合分析、全面思考的基础上，大学生要对职业方向、职业目标和职业生涯路线做出相应修正与调整。

（2）职业生涯发展不顺利有时不是职业方向选择错误，而是大学生针对职业目标所制订的策略和措施不合适。这些措施可以具体到选择哪个老师、参加什么培训班、学习哪些课外技能等，这些都会影响职业目标的实现。因此，当职业发展不顺利的时候，如果不是职业方向出了问题，就要看看是不是策略和措施的问题，并根据这些问题进行相应的修正。

（3）当职业发展不顺利时，还有可能是心理和行为不配合造成的。为此，大学生要学会适时调整自己的心理状态。在职业规划实施的过程中，要保持自信心，不要妄自菲薄或盲目自大。在确定好了目标以后，要坚定不移地走下去，不要轻易放弃，不管在什么时候都要保持乐观、积极的态度。

在修正的过程中，大学生要注意做好以下几方面的工作。

（1）调整心态，坦然面对得失。职业规划的每一次修正都是要付出一定代价的，因此，在做出修正决定之前，必须全面考虑修正会带来的正面及负面的结果，同时也需要为可能面临的问题提出解决方案，调整自己的心态，坦然面对修正职业规划所带来的得与失。

（2）总结自己的优势和不足。在寻找新工作前，应从过去的教训和挫折中总结自己的成就、教训和不足，重新评估自己的优势和劣势，并在应聘新工作之前就计划好如何弥补自己的不足、发挥自己的优势。

（3）准备好把自己“推销”出去。大学生在总结了自己的优势和劣势之后，一定要突出自己的优势，让负责招聘的人在最短的时间内了解自己的特长和经验。

第四章　就业冲刺：提升大学生就业能力

简单来说，就业能力就是获得工作和保持工作的能力。从高等教育的角度来讲，大学生的就业能力是指大学毕业生在学校期间通过自己对专业以及相关知识的学习、积累和对自身潜能的开发达到能够实现自己就业的目标和理想，从而满足社会需求的能力。由此可知，大学生的就业能力并非指大学毕业生找到了一份工作，而是指毕业时具备获得工作岗位的能力。因为获得就业只是一种暂时的状态，而拥有就业的真正能力才能保持职业的稳定和长久。大学生就业能力不仅指独立于个人拥有的其他能力之外的某种特殊能力，还指能够满足职业岗位要求的各方面的综合能力。

大学生就业能力的培养与提升不仅关系到大学生个人的发展，而且是高等院校教学质量的重要体现，更是社会稳定发展的重要保障，具有重要的意义。

（1）大学生就业能力的高低直接决定着大学生能否就业和就业质量的好坏。学校的运行规则和社会的运行规则有很大不同，大学生只有具备较强的就业能力，走入社会后才能缩短自己的适应期，更有利于发挥自己的聪明才智，更容易实现自己的人生理想和抱负。大学生如果不具备就业能力就很难适应社会、融入社会，也就很难实现个人价值。

（2）大学生就业能力是检验高等教育质量和改革的重要指标。高等教育的一个重要任务就是提升大学生素质，为我国社会经济发展输送大量优秀人才，从这个角度来说，大学生的就业能力、实现就业的程度直接关系到高校的生存和发展，关系到高等教育的改革。

（3）大学生就业能力关系到社会的稳定和发展。近几年高校不断扩招，高校毕业生的数量成倍增长，大学生就业难已成为社会关注的焦点问题，这一问题能否得到有效解决，关系到社会的稳定和社会和谐目标的实现，而培养和增强大学生的就业能力有利于该问题的解决。

第一节　转变就业观念

人才市场是一个竞争激烈的赛场，能力出色、准备充分的毕业生为数众多，谁能获得职位，很大程度上比的就是心理素质和心态。因此，面临就业的压力，要沉下心来，转变观念。

一、保持良好的求职心理

面对激烈的竞争，大学生一定要保持良好的求职心理，具体来说应做到以下几方面。

（一）正确认识自我

大学生作为一个个体应该对自身有一个正确的认识，看清楚自己的长处与不足，以便能够在学习、工作与生活中发挥自己的长处，弥补自己的不足，全面提高自己的综合素质。具体来说，大学生可以通过以下几种途径来正确认识自我。

1.比较中认识自我

有比较才会有发现，才会有发展。心理学家认为，当一个人的自我评价与别人的客观评价在较大程度上一致时，表明他的自我意识较为成熟，也会随之巩固和发展这方面的特征；而当自我评价与他人的客观评价发生冲突时，就需要进行相应的调节。需要注意的是，与他人比较要选择恰当的参照物，同时还要以发展的眼光辩证地看待比较结果，以便做出恰当的自我定位，不能以己之短比人之长，也不能以己之长比人之短，否则不仅不能达到正确认识自我的目的，反而会出现偏差。

2. 自我反省和他人评价中认识自我

自我反省是对自己的行为、心理活动进行比较与分析。自我反省是要结合周围社会中的各种因素，通过对自己的行为、活动所获得的认识和评价进行不断地积累，反复地检查，从而使自己的行为和心理活动更适应现实的要求，得到一个正确的自我认识。

他人的评价在一定意义上折射了自我的形象、自我在集体中的地位与作用、自我的心理特点等，通过他人的评价可以使自己从中找到需要改进的地方，求得自我认识上的不断完善。

（二）克服从众心理和怯懦心理

大学毕业生的从众心理是指受到外界人群行为的影响，在自己的知觉、判断、认识上表现出符合公众舆论或多数人思维的行为方式。大学生正处于人格逐渐完善和成熟的阶段，容易受社会思潮和社会观念的影响，从众心理较为严重。因此，在就业过程中，大学生容易忽视自身所学专业而过分追求实惠，盲目地选择去经济发达地区和中心城市就业；追求功利，一味追求所谓的热门单位、热门职业，没有从自己的职业发展与个人前途、国家需要去考虑；求安稳，缺乏积极进取精神，功利主义、实用主义思想也较严重。需要注意的是，无论在什么年代，人们所从事的行业都有热门、冷门之分，盲目从众，追求热门行业，会给自己的就业增加困难，从而无法正常、顺利地就业。所以，大学生一定要努力克服从众心理。

有些大学生尤其是女大学生和性格内向的大学生，在就业时容易出现怯懦心理。怯懦是一种胆小、脆弱的性格特征。出现怯懦心理的大学生在就业的过程中常表现出一种害怕的心理，走进就业市场就心里发怵，参加招聘面试便会心里忐忑不安，害怕说错话、回答不好问题，而一旦中途受到挫折自信心更是受到打击，总觉得自己确实不行，从而无法充分发挥自己的才能，在“自我推销”中退下阵来。

（三）摒弃依赖心理和孤傲心理

有的大学生在就业过程中缺乏主动参与意识，独立性不强，在社会为其提供的就业机会面前心存依赖，不主动参与就业市场的竞争，不敢向用人单位展示和“推销”自己，不是依靠自身的努力去赢得竞争、赢得用人单位的青睐，而是有的寄希望于学校及地方毕业生就业主管部门；有的寄希望于家庭，希望家长代替自己去奔波。这种存在依赖心理的大学毕业生只会被用人单位抛弃，很难找到适合自己的工作岗位，所以，大学生一定要摒弃依赖心理。

孤傲心理的出现源于大学毕业生对自己缺乏客观的认识和评价。孤傲与自信是截然不同的两个概念，自信的人对自己的能力评价客观公正，与别人的交流是平等的，在就业中碰到挫折能很快调整自己，重整旗鼓；而孤傲的人总是过高地评价自我，在就业中好高骛远。当前，有很大一部分大学生对自己评价过高，认为自己在就业中有着种种优势，如学校名气大、专业需求旺、学习成绩优秀、求职门路广等，因而盲目自信，非常傲气，择业“胃口”吊得很高，东挑西拣，结果总也找不到自己满意的去处，或认为现实太落后，英雄无用武之地。

（四）远离一步到位心理和盲目自大的求高心理

一步到位心理是指大学毕业生希望自己的第一份工作就能达到理想的状态，以后就不用换工作了。有些学生受传统择业观的影响，把初次择业看得过重。他们认为，选择这个单位就预示着自己将永远会留在这个单位工作，因此，觉得首次就业关系着自己一生的命运，总想一步到位，结果最终在高不成低不就的择业情势中浪费了自己最佳的就业时机。

当前，有很多大学生受旧观念的影响，认为考上大学即登“龙门”，理应得到有丰厚待遇的工作。不少大学毕业生自认为学识渊博，从政、经商、做学问可不费吹灰之力。因此，他们在就业时极容易出现盲目自大的求高心理，从而造成就业困难。还有的大学毕业生在校曾担任学生干部，平时参加的社会活动较多，接触面较广，无形之中形成了一种优越感。在这种心理的支配下，他们在就业过程中总是一副洋洋自得的神情，自以为是，好高骛远，表现出一种盲目的自信，很少考虑自己的择业期望值是否过高、是否符合实际，选择的单位是否有利于自己未来的发展。也有一部分大学毕业生单向考虑自己的就业理想，要求用人单位十全十美，工资、住房、福利、地理位置、工作环境无不在其考虑范围内，却忽视了如此完美的单位能否接收自己。不掂量自己的才学，不给自己合理定位而盲目地求高，导致不少大学毕业生与适合自己的用人单位失之交臂。

二、合理设定收入预期

合理设定自己的收入预期，具体来说应做到以下几方面。

（一）全面了解行业薪酬变化，及时调整就业方向

大学生一般在毕业半年前开始找工作，心中总是怀着一定的目标和愿望。当他们看到自己所学专业的市场需求旺盛、企业提供的工资高时，就会自然而然地提高就业期望；反之，就会降低就业期望。如果他们掌握的信息是真实的、全面的，做出的预期就会比较合理；如果他们掌握的信息是片面的，甚至是虚假的，就会不可避免地做出不切实际

的期望。由于时间和条件所限，很多大学生获得的信息比较有限，看到的信息可能比较片面，对师兄、师姐的成功案例或是本班个别同学的高薪念念不忘，而没有看到此专业的需求已经发生了变化，或是供给也已经十分充足的一面，错误地认为自己也能很容易找到条件优厚的高收入工作。因此，对大学毕业生来说，较为全面、真实地了解就业市场的供求信息，全面了解行业薪酬变化，及时调整就业方向对其顺利就业具有积极意义。

（二）看淡短期薪酬，着眼中长期发展

对于刚毕业的大学生来说，其薪酬一般不会太高。在当前如此严峻的就业形势下，能够顺利就业远远比薪酬更为重要。对于初入职场的毕业生来说，由于其缺乏实际经验等原因，薪酬低也属于正常，一定要清楚地认识到，薪酬低并不可怕，可怕的是没有长远的计划和持续努力的动力。作为刚毕业的大学生，一定要制订长远的发展规划，并在实际工作中不断积累经验，为自己能够适应更为重要的岗位做好准备。随着自身经验的积累和知识水平的提高，薪酬肯定会有所提升。

（三）正确评估上学投入费用与支出之间的关系

在当今中国社会，大学生承载的往往是一家人的希望，家人都希望他们毕业后能够找到好的工作，能够有较多的收入。对于很多家庭来说，大学生上学期间的直接费用支出是一笔不小的负担。毕业时，只有找到高薪工作，才感觉对这高昂的成本有所弥补和回报，甚至感觉只有这样才能对得起辛勤操劳的父母，这在无形中给他们带来了一定的压力，很多大学生宁愿不就业也不想到收入低或者偏远的地方就业。而在就业市场上，企业追求的是利益最大化，对于刚毕业的大学生来说，企业不会给其太高的工资，这就造成了大学生人力资本投入和回报之间的矛盾，造成了大学生就业的失衡和错位。为此，大学生要理性地分析教育投入回报时间与一般投入回报时间、教育投入收益与一般投入收益之间的差异，从职业的近期、中期和长期发展阶段出发，正确定位就业回报率，以避免在求职过程中产生观望、等待、患得患失等心理。

第二节　做好求职准备

在当前就业竞争日趋激烈的环境下，大学生要想顺利就业，就要提前做好求职准备，具体来说应做好以下几方面工作。

一、搜集与利用就业信息

就业信息是指与毕业生就业有关的消息和情况。广义的就业信息包括国家宏观就业政策、毕业生就业形势、社会供需比例与结构、未来行业发展趋势、高校的政策制度等综合信息。狭义的就业信息是指用人单位发布的、择业者未知的、经过加工处理后被求职者所接受并对择业者具有一定的职业或职位价值的、客观存在的就业信息的总和。

（一）就业信息的特点

作为信息的一种，就业信息除了具有一般信息所具有的特点之外，还具有其自身的一些特点。具体来说，就业信息的特点主要包括以下几方面。

1. 潜在性和相对性

就业信息的潜在性特点是指受到一些内部因素或者外部因素的影响，就业信息会有潜在的发展趋势。比如，今年某个专业就业状况良好，导致培养量和社会供给量的增加，当社会的人才供给量的增加超过了社会对人才需求量的增加时，就会出现人才的供过于求，就会出现某个专业的就业难，人才的就业结构性矛盾就显现出来了。有时，社会的人才需求受一定时期国家的政治和经济形势、产业政策、宏观调控等方面的影响。比如，国家鼓励发展的行业，产业政策会大力支持，这些行业发展的速度就快，人才需求的数量就会增加；反之，人才需求数量就会变少。就业信息的潜在性特点，要求大学生应从长远方向考虑自己的就业问题，要克服惯性思维方式，努力地多学一些跨专业的知识，为今后的就业奠定一个良好的知识基础。

就业信息的相对性特点是指就业信息的价值是相对的。就业信息的价值就是为了达到实现毕业生就业，满足毕业生工作需要的目的，因而，毕业生无论是搜集信息还是分析信息都应该围绕就业这一目的展开。但是随着社会分工的进一步细化，用人单位所要求人才的层次、专业、性别、能力等方面的针对性提高，就业信息本身必须能够说明它所适用的对象，以及该对象所应具备的具体条件。因此，就业信息的价值是相对的，一则招聘信息，对一部分人是非常有价值的，而对另一部分人则不一定有价值。就业信息的这一特点要求求职的毕业生在得到就业信息时，要进行认真分析和研究，要与自身的条件进行客观比较，看看自己的知识水平、业务能力以及综合素质等是否符合用人单位的要求，以减少求职的盲目性。

2. 时效性和动态性

时效性是指在规定的时间内就业信息是有效的，过了一定时间，就失去了它的意义和作用。就业信息的时效性极强，每一条信息都有时间要求。通常，时间越短，就业信息的价值越大；时间越长，就业信息的价值越小。随着时间的推移，其功效和价值可能会完全丧失而使其成为无效信息，即便是在信息公布的有效期内，如果用人单位完成了自己的招聘计划，这一单位公布的就业信息也会失效。因此，大学毕业生在收集、整理、处理就业信息时，一定要注意信息的有效时间，争取较早对就业信息做出应有的反应，对搜集到的最新信息要及时进行分析，并及时采取相应的行动，以免行动不及时，错失良机。

世界上的万事万物都处于变化发展之中，就业信息也不例外。它时刻处在动态的变化之中，不但受到国家政治和经济形势的影响，也受到所在地区、行业形势变化的影响。例如，金融危机造成经济处于低迷状态，许多企业不景气，毕业生就业形势较之前变得更加严峻，而经济复苏之后，毕业生就业形势也会随之好转。这就是就业信息的动态性，这就需要大学生密切关注市场的变化和发展，做到未雨绸缪。

3. 共享性和多样性

就业信息的共享性特点是指就业信息可以通过不同的载体进行传播，所到之处为社会各方所共享。这些共用信息是共有的，可以互通有无，任何人都不可能阻止别人消费它，每个求职者都可以公平、平等地获知和利用。随着信息网络技术的发展，信息共享性程度越来越高，这一方面可以使得求职者的信息搜集事半功倍，为其提供多方面的参考消息；另一方面就业信息的广泛传播可以使大多数人获得相同的信息，由于职位有限，这样将会使竞争更加激烈，这就要求毕业生应及时地捕捉各种最新的就业信息，及时采取相应行动，以便在激烈的市场竞争中占有一席之地。

社会生产力迅速发展，技术进步速度加快，人才流动频率提高，用人更新变快，这就使得就业信息的传播渠道、传播媒介大量增加，因而也造成了大量信息扑面而来，使就业信息具有了多样性的特点。这些就业信息来自四面八方，其中既有真实信息，又有虚假信息，让求职者真假难辨。一些非正式的中介机构的虚假或过时的用人信息不仅会给求职者造成无法挽回的人力、物力、财力损失，而且会给求职者增添许多不必要的麻烦。这就要求毕业生在面对各种信息时要多观察、勤思考，以确保所获得的就业信息的准确性和真实性。

（二）就业信息的搜集

1. 就业信息搜集的原则

就业信息的搜集需要遵循一定的原则，概括来说，这些原则主要包括以下几方面。

1）系统性

就业信息的搜集要求具有系统性。在许多时候，搜集到的就业信息是零碎的，这就要求大学生要善于将各种相关的就业信息积累起来，然后经过加工、提炼，形成一种客观、系统的能够反映当前就业市场、就业政策、就业动向的就业信息，从而为自己择业提供更可靠的依据。

2）准确性

求职信息必须能够真实、全面、准确地反映招聘单位的标准，不能含糊其辞，模棱两可，否则容易对求职者造成误导，产生错觉。因此，要从简单的求职信息中认真琢磨，仔细体会，对于一些不是十分清楚的求职信息要及时与用人单位取得联系或请教别人，搞清楚用人单位的准确信息，以免与所求职业相差太远，甚至上当受骗。如果求职信息不准确，也会使求职者白白浪费许多精力、财力，耽误时机。

3）针对性

用人单位所要求人才的层次、专业、性别、能力等方面千差万别、五花八门。求职信息本身必须能够说明它所适用的对象，以及该对象所应具备的具体条件，否则就会让每个人都产生都能适合、胜任的错觉。因此，求职者必须注意求职信息的针对性，不能盲目追求都看好的职业。适合自己的信息一定要给予重视，不适合自己的求职信息也一定要果断摒弃。

2. 就业信息搜集的途径

大学生获得就业信息的主要途径有如下几种。

1）政府就业主管部门

毕业生除了学校渠道外，还可获得教育主管机构的有关就业信息和各地方就业指导机构的就业服务。面临人才之间的激烈竞争和用人单位的严格挑选，涉世不深、经验不足的大学毕业生难免在求职过程中遇到这样那样的问题，在此情况下，各级毕业生就业指导机构就显示出极为重要的作用，它们既是信息来源中心，又是咨询服务中心，指导毕业生顺利实现就业。比如，安徽省大学毕业生就业指导中心，负责该省大学毕业生就业服务工作。该中心建有就业市场信息库，并借助电子信箱建立“中心—高校—用人单位”之间的信息网络系统，达到信息资源的共享。另外，该中心还出版发行《就业简报》，向全省高校毕业生不定期地提供用人单位的简要情况及详尽的需求信息。由此可见，这一途径同样能给毕业生就业提供非常有益的帮助。

2）网络和新闻媒体

现在计算机网络的应用已经越来越普遍，已成为无可比拟的、巨大的信息资源中心。越来越多的用人单位在网上发出招聘信息或建立自己单位的网站，越来越多的求职者上网寻求职业信息，这样既方便，又快捷。因此，毕业生必须学会利用网络为自己的求职服务，这样不仅可以自由地获取各种就业信息，还可以直接把自己的简历公布在网上进行应聘。许多高校就业指导中心也建立了就业信息网为毕业生提供服务，网络已成为大学生求职择业的首选途径。

3）学校就业指导中心

（1）通过本校的就业指导中心获得就业信息。通常每所高校都有为本校学生就业服务的就业指导机构，其主要功能是为本校学生特别是学校目前的毕业班学生服务，联络用人单位，搜集和发布相关就业信息，进行就业指导与管理以及组织召开校内的大型招聘会和各种类型的小型招聘会。通过学校获得的就业信息针对性强、可靠性高、成功率大，大家要重点关注。各个学校一般都在校内设有就业宣传栏，在学校门户网站下建有自己的就业网，并通过网站和就业宣传栏及时公布一些招聘信息、就业政策等。这些信息都是针对本校学生的，与本校专业完全匹配，十分有效。

（2）通过外校的就业指导中心获得就业信息。除了本校的就业指导中心外，与学生所学专业相同或相近的同类层次知名院校的就业网站，也是学生平时要多关注的，比如说省会城市、发达地区的学校，相对来说就业信息的量会多一些，学生可以通过它上面发布的各类信息，更好地了解用人单位的需求信息，从而更好地提高自己的综合素质。

4）招聘会或社会关系网

每年的年末月份，一些大的用人单位就开始进驻学校，举行专场招聘宣讲会。在宣讲会上，毕业生不仅可以较详细地了解单位各方面的情况，还可以就自己关心的问题进行提问。招聘会提供了很多针对性较强的就业信息，求职者可以现场进行比较、选择，挑选自己喜欢的用人单位，但往往这种招聘会参加的求职者比较多，信息的利用率也比较低，对此，求职者可以将现场提供的会场信息及招聘信息一览表在会后加以利用，尽可能地争取就业机会。

毕业生在寻找就业信息时千万不要忽略了周围的亲戚、朋友，他们都是就业信息的重要来源。招聘单位每天会收到数百封求职信函，而且这些求职信函在内容上并无太大的差别，所述的求职资格和工作能力也都相差无几，招聘者面对如此众多的没有多大区别的应聘者，没有办法分辨出究竟哪一个更强些，如果这个关键的时刻有人直接推荐某一个求职者，可能会产生较好的效果。此外，身边的亲戚、朋友对毕业生的个性、兴趣、能力等比较了解，因此，他们推荐时往往能够兼顾求职者与岗位双方面的需求，求职的成功率较大。通常，家长、亲友、教师、同学等都可以为求职者提供相应的就业信息。

5）人才交流中心或直接上门联系

经济的飞速发展，带动了人才中介机构的建设和完善，现在各省市区都相继建立了人才交流中心，它们的功能也得到不断完善。这些机构积极收集用人信息，掌握大量的覆盖各行业的就业信息。它们在举办供需见面活动和网上招聘活动、办理人事代理、档案管理、人才租赁等方面发挥了巨大的作用。这些部门的就业信息有量大和直接两大特点。毕业生可以直接面对用人单位，通过双方的交流获得远比报刊等渠道更为丰富和全面的信息，从而有利于毕业生做出正确的判断。特别是每年度在学校所在地和学生生源地举办的招聘会，参与的用人单位非常多，覆盖面广，也是找工作的好途径。

如果毕业生对某家单位心仪已久，可以直接上门与他们取得联系，也可以通过打电话的方式询问其是否在招聘与自己类似专业背景的毕业生。或者不管对方有没有招人，直接找那些自己感兴趣的单位，说明来意，送上自己的简历，询问他们今年的人力资源需求情况以及人员招聘计划等，简明扼要地陈述自己的特点，力求给用人单位留下一个深刻的印象。

（三）就业信息的利用

1. 筛选就业信息

通常，大学毕业生收集到的原始就业信息比较杂乱，应根据自己的实际情况和需求有目的、有针对性地对信息进行筛选处理，去粗取精，去伪存真，以使获得的信息具有准确性、全面性和有效性。

甄别是信息处理的第一步。首先，要确定信息的可靠程度，对于不可靠和心里感觉不踏实的信息要通过各种信息渠道和知情人士去打听；其次，要甄别信息的内容是否齐全，特别是发现自己想知道的细节不清楚或者没有时，要抓紧时间进行一番实际考察，旁敲侧击地询问一些情况，或通过其他渠道了解，还可以在应聘时向主聘人提出。在甄别就业信息的同时，还要对与自己有关的信息按重要程度排队，标明并注意留存，一般的信息则仅作参考。通过仔细甄别，可以将所收集的信息去伪存真，取其精华。

分类整理是管理信息最有效的办法。比如可以用一个本子或利用电子表格来管理，将岗位的就业信息按照岗位素质要求、岗位能力发展、岗位晋升路径、工资和保险金、工作地点等进行分类；也可以制成卡片，记录搜集信息的日期、联系方式、单位、岗位、笔试和面试的情况。

对所收集到的信息进行分析之后，可能会发现所搜集的信息不是很完善。因此，如果想要有效地开发、利用这些信息，就需要有针对性地进行补充。比如在投递简历之前，需要先了解公司的状况、岗位素质的要求及公司发展前景等，可电话咨询人事主管、上网查询或请教相关人士，完善相关求职材料，以便在面试前做好充分的准备。

对于重要的信息，毕业生要注意寻根究底，争取对首选对象的历史、现状和未来有一个清醒的认识，对于待遇、发展可能等情况还要通过合适的方式或从侧面进行了解。

2. 利用就业信息

就业信息的利用需要注意以下几个方面。

第一，根据就业信息完善自己。就业信息在很大程度上能反映社会和用人单位对人才的需求标准，大学生可以根据就业信息中的招聘条件和岗位要求来对照自己目前的基本素质、学业水平及能力，找出差距并完善自己，弥补在知识技能或综合素质方面的欠缺，力求使自己接近目标。

第二，及时运用就业信息。就业信息的时效性决定着毕业生在获取信息后，一定要尽快分析处理并向信息发布者反馈信息，争得先机。就业信息一旦选定，就要不失时机地主动与用人单位主管人员联系，询问应试的方式、时间、地点和要求，并准备好一套完整的求职材料，使需求信息尽早变成供需双方深度沟通的桥梁，越早动手越占据主动。

第三，共享就业信息。毕业生在搜集信息时也会搜集到一些对自己没有用的信息，这些信息虽然对自己没有用，但对别人来说可能会有很大的用处，所以，毕业生可以将对自己无用的信息提供给别人，这对他人不仅是个帮助，同时也增加了与他人交流信息的机会，进而增加了从别人手中得到宝贵就业信息的机会。

第四，灵活运用就业信息。毕业生面对大量的就业信息一定要懂得灵活运用。一方面，毕业生需要冷静而认真地分析自己的优势，灵活对待就业信息，不要因某个次要条件达不到用人单位的要求就轻易放弃，应该相信自己的实力，努力尝试和争取；另一方面，毕业生需要灵活把握就业的原则，既不能过分注重就业信息中提供的薪资与职位，也不能选择难度过低的、毫无兴趣的职业，这样极易失去工作积极性和创造性，进而丧失更好的职业发展机会。

二、做好就业知识准备

大学生在就业前一定要做好就业知识的准备，具体来说，其内容包括以下几个方面。

（一）基础知识结构

基础知识包括自然科学知识、人文科学知识和社会科学知识。其中，自然科学是研究无机自然界和包括人的生物属性在内的有机自然界的各门科学的总称，包括数学、化学、物理学、生命科学、地球科学、地理、天文、生理学等学科；人文科学是指以人的社会存在为研究对象，以揭示人的本质和人类社会发展规律为目的的科学，包括心理学、脑生物科学、思维科学等学科；社会科学是以社会现象为研究对象的科学，主要研究的是各种社会现象和社会经济发展，包括社会学、教育学、哲学、政治学和经济学等学科。

基础知识具有以下几方面的功能：

第一，用以理解专业知识，这一功能很容易理解，每个学生进入专业课的学习时就会体会到。

第二，用以更新知识，这一功能在大学里往往体现不太明显，到了工作岗位上需要学习新知识时就会充分体会到基础知识的重要性。

第三，使学生具有科学的思维方法和思维能力，这一功能要在系统地学习了几门基础课之后才会体会到，而且要在自身的学习实践中有意识地培养才能逐渐形成。

（二）专业知识结构

专业知识是知识结构的核心部分，是指一定范围内相对稳定的系统化的知识。它不仅是科学人才所具有的专业特长，也是学科专业赖以生存和发展的基础。求职者对自己所要从事专业知识和技术的理论体系、研究方法、学科历史和现状、国内外最新信息等都要了解和把握。同时，对与其专业相近领域的知识也要有所了解，并善于将所学知识与其他相关知识结合起来。

（三）方法知识结构

方法知识是指有关学习方法的知识，这一部分是大学生知识结构体系的重要组成部分。在信息化发展越来越快、知识更新周期越来越短的今天，大学生更应该掌握独立获取科学知识的方法，这不仅可以提高大学生在校期间的学习质量，而且对其终身发展也有重大影响。具体来说，大学生应当掌握的学习方法包括如何科学用脑、如何科学记忆、如何科学用时、如何快速阅读、如何积累知识、如何利用图书馆、如何使用工具书、如何进行文献检索、如何对大量信息迅速加工处理，以此获得持久学习和不断发展的能力。

（四）工具知识结构

工具知识结构主要包括汉语言文学知识、外语知识和计算机知识。

汉语言文学知识常被称为“百科之母”，然而，大多数学生对这方面的认识和体会都不深，既不善于演讲，又不善于写作的现象十分普遍。因此，要想让大学生具有扎实的汉语言文学知识，应该从中小学抓起，尤其要做好对中学生汉语言文学的教育工作，并且大学教育也应该设法弥补学生这方面的不足，学生本身也要有意识地加强自己的语言文学素养。

掌握外语知识对大学生来说是非常重要的。作为大学生，无论是从事社会科学和自然科学研究还是从事工程技术工作，都必须掌握一定的外语知识，以便了解国际上技术的进展状况、研究动向和已取得的成果，这是科学研究和设计工作的基础。在现代社会中，一个科学技术工作者若不会查阅外国文献资料，在工作中就会寸步难行，所以熟练地掌握一门或多门外语特别是世界通用语——英语，对于大学生来说是十分必要的。

在当今这个信息“爆炸”的时代，计算机已经深入到人类社会的各个领域，诸如在数据处理、科学计算、自动控制、计算机辅助设计（CAD）、计算机辅助制造（CAM）、计算机辅助教学（CAI）、办公自动化（OA）和人工智能（AI）等领域都得到了广泛的利用。目前，计算机的发展水平和应用程度已经成为衡量一个国家工业发达程度和生产力发展水平的重要标志。在这种形势下，大学生必须在自己的知识结构中增加有关计算机的基础知识并且能够熟练地应用。

三、做好就业材料准备

（一）大学生就业材料准备的原则

1. 客观性和针对性

就业材料是毕业生大学生活的全面总结与反映，必须要以事实为基础，在内容上遵循客观性的原则，如实地填写自己的基本情况。

一份较全面的就业材料应该包括求职者的性格、专业、所学课程等，但是就业材料不能千篇一律，而要根据用人单位的要求重点介绍自己在某一方面的特长，只有有针对性地“推销”自己，才有可能最终赢得用人单位的赏识，从而获得就业机会。

2. 目的性和规范性

准备就业材料是现实应聘的需要，因此求职者必须要在就业材料中明确自己的求职意愿，说明自己的特长，并将自己的才能充分展示给用人单位，从而实现自己求职的目的。

规范性原则是对大学毕业生所有就业材料的基本要求，拥有规范、完整的就业材料能够吸引用人单位对求职者的注意力。准备就业材料时，不仅要格式规范，填写术语也要规范。同时，求职材料中要全面反映自身的基本情况，既要突出自己的优点，也要说明自身存在的缺点；既要说明自己对用人单位职位感兴趣的原因，也要表达自己努力工作的决心。

3. 创造性和美观性

不管是从就业材料的形式和内容上，还是从就业材料的结构和组织的取舍上，大学毕业生完全可以发挥自己的创造性思维和丰富的想象力，以得到创造性较强的求职材料。通常来说，创造性较强的就业材料会深深吸引用人单位，使其下定决心通知你来面试。但需要注意的是，要把握好就业材料创造性的尺度，以免收到相反的效果。

大学毕业生准备就业材料的目的之一就是吸引用人单位对求职者的注意力或者让用人单位对求职者感兴趣。因此，就业材料的设计就显得尤其重要。为了达到这种效果，在制作就业材料时可以借助多样化的表现手法，巧妙地运用多种手段，将版面设计得美观、大方、得体，从而博得用人单位的好感。

4. 杜绝错误原则

大学毕业生准备的就业材料，要保证不要有语法、文字、用词、标点符号或者打印上的错误，也要注意不要使用涂改液或橡皮擦，不要使纸张沾上污渍，以免让用人单位觉得你是一个马虎、做事不严谨、能力素质较差、对用人单位没有诚意的人。

5. 言简意赅原则

大学毕业生的就业材料要尽量做到言简意赅，用最简单的内容表达出自己最想表达的意思。

（二）大学生就业材料准备的内容

对于大学毕业生来说，一份全面的就业材料需要包括以下几方面的内容。

1. 封面

封面是整个就业材料的“脸面”，因而要设计得美观、富有个性，但不能过分花哨。在就业材料的封面上要突出个人的姓名、专业背景、联系方式、学历层次，有一张排版巧妙的个人生活照会更好，这样就可以使用人单位在收到简历的同时对求职者有一个初步的印象。在封面的背面加入一段简短的学校说明和求职者的专业说明，也许会让单位对求职者的专业背景有一个较好的认识。

2. 个人简历

个人简历反映的是一个人（求职者）的简要经历，也可以说是一个人生活、学习、工作经历与成绩的概括集锦，它给阅读者的信息量是全面而集中的。从个人简历中，可以看出这个人在成绩、能力、性格、经验方面的综合表现。在求职择业时，它是用人单位对求职者进行分析、比较、筛选，决定是否录用应聘者的主要依据。通常情况下，用人单位都是通过简历了解毕业生的经历、受教育程度、兴趣、特长等，留下一个初步印象，从而才有可能决定求职者能否参加进一步的面试。

撰写简历，没有固定的规律，一般情况下包括两部分内容。第一部分应该列出姓名、性别、民族、出生年月、政治面貌、所学专业等，第二部分可简述自己的学习经历、工作（实习、实践）经历、所获奖励、性格特点及适宜从事的工作、联系方式（包括地址、邮编、邮箱、手机号等，应至少留下两种联系方式）等。撰写个人简历，求职者可根据自己的求职目标、招聘单位的条件和要求以及自己的强项和弱项等不同情况，注意突出重点，有的放矢，直入主题，展现优势，要把笔墨花在你与众不同的地方，详细介绍你在这个专业领域所取得的成绩、所获得的奖励、相关经验，以及与所应聘岗位相关的爱好、特长等。同时，要兼顾简洁扼要，合体适用，讲述自己真实经历过的事或取得的成就，切忌自我评价不合实际，夸张过度。

个人简历尽量浓缩在一页 A4 纸上，若实在过多，也可两页，但要注意排版的精美。文字要简洁精练，表达要适度，要富有个性。简历的格式应便于阅读，有吸引力，如果有需要特别引人注意的可加着重号或字体加粗。通常习惯将求职者的照片（一寸或二寸证件照）贴在简历的右上角。

3. 大学毕业生就业推荐表

大学毕业生就业推荐表在就业材料中具有举足轻重的地位，把它放在就业材料中可加大就业材料的可信度以及推荐力度。大学毕业生就业推荐表是高校发给大学毕业生填写的并附有各院（系）及高校学生就业指导服务中心书面意见的推荐表格，其涉及面广，内容丰富。用人单位在收到大学毕业生的就业材料时，通常会把高校统一制作的推荐表作为考察大学毕业生的重要依据之一。推荐表的权威性和可靠性要求大学毕业生在填写推荐表时要本着诚实客观、认真负责的态度填写，既不能贬低自己，也不要过分地夸大自己，另外要保证字迹工整、版面整洁而清晰。大学毕业生就业推荐表，通常是由以下几个部分构成的。

（1）大学毕业生本人的基本情况、照片、社会实践情况、奖惩情况、个人兴趣特长等。

（2）大学毕业生在校期间所学课程的成绩以及各院（系）的推荐意见，并要由各院（系）审核加盖公章。

（3）大学毕业生所在学校就业主管部门的推荐意见。

4. 在校期间学习成绩单

很多用人单位在招聘过程中比较看重应聘者在校期间的学习成绩，因此大学毕业生在就业材料中提供一份详细的成绩单是很有必要的。这份成绩单应该体现大学毕业生在校学习的所有课程及成绩，且一般是从高校的教学部门打印出成绩单，然后加盖学校公章。

5. 获奖证书复印件

有时在就业材料中附上获奖证书的复印件是非常有必要的，用人单位可以从这些证书中对应聘者有更深层的了解。获奖证书是对大学毕业生在校期间某一方面能力或者综合能力的体现，也是用人单位十分看重的部分。在附上获奖证书复印件的同时，最好同时带上原件，以备查询。

6. 求职信

求职信也称自荐信，是求职者向用人单位或单位领导介绍自己的实际才能，表达自己的就业愿望，引起对方重视和兴趣的一种书信。当大学毕业生获得求职信息时，通常是先写一份求职信，连同自己的就业推荐表复印件（注：原件只提供给签约的单位）一并寄（送）到用人单位。之后，用人单位会根据大学毕业生的求职信来判断大学毕业生是否符合单位的需求，是否为其提供面试的机会。因此，求职信在求职过程中作用重大，可以让单位领导对你有更好的认识，提高求职的成功率。求职信的内容主要包括以下几个方面：

（1）说明本人基本情况和就业信息的来源。

（2）说明应聘岗位和能胜任本岗位工作的各种能力。

（3）介绍自己在哪方面存在潜力。

（4）表示希望得到面试的机会。

7. 其他材料

为了加深用人单位对求职者的印象，除了准备以上材料外，还可以准备公开发表的文章、科研成果、设计作品等方面的材料。当然，不同的单位招聘要求有不同的侧重点，所以在制作这些材料时应灵活处理。

（三）大学生就业材料准备的意义

1. 有利于毕业生做出明智的择业选择

大学毕业生在准备就业材料的过程中，可以更清楚地了解自己，明确自己的专长和爱好，这有利于对自身情况做出全面的分析与评价，把职业的要求和自己的个性特征、实际情况结合起来，理性思考，做出明智的择业选择。

2. 有利于用人单位做出取舍

大学毕业生的就业材料能够全面反映求职者的专业知识、实践能力以及特长等基本情况，是用人单位了解、考查求职者并做出取舍的重要依据。

3. 有利于毕业生争取面试机会

用人单位通过大学毕业生的就业材料，不仅可以了解毕业生的基本情况，而且可以对其特长、爱好等有一定的了解，从而给适合某些职位的大学毕业生面试的机会。

四、做好就业能力准备

（一）大学生应具备的基本能力

1. 适应能力

适应能力是一个人综合素质的反映，它与个人的思想品德、创造能力、知识技能等具有密切的关系。人类文明一直处于继承与创新的矛盾运动中，而适应社会也就是承担社会赋予人们的职责。现实生活中充满了各种挑战，大学生毕业之后，面临着找工作、参加工作等各种问题。他们只有勇敢地面对生活中遇到的挫折，培养自己适应社会环境的能力，才能将生活中的不利因素变为有利因素，从而为其事业的成功奠定坚实的基础。相关调查显示，当今大学生的适应能力以及心理承受能力普遍较差。在择业过程及之后的工作中，有的遇到困难特别容易灰心，甚至产生轻生的念头。适者生存是自然界以及人类社会恒定的生存法则。大学生应该努力培养自己适应社会的能力，只有这样，才能很快地融入社会中，并在职业生涯中取得成功。

2. 表达能力

表达能力是指运用语言阐明自己的观点、意见或抒发感情的能力，主要包括口头表达能力和书面表达能力。在日常学习、工作和生活中，作为人与人之间最主要的交流工具，语言和文字所起的作用无可替代。不论今后从事管理工作还是技术工作，是在政府机关还是民营企业，不管是用语言还是用文字，能够清楚、准确地表述是十分必要的。一个人要想让别人了解你、重视你，更好地发挥你自己的才能，前提就是要有表现自己的能力。要准确表现自己，就离不开出色的表达能力。

3. 学习能力

对于大学生来说，学习能力的高低不仅决定着在校期间学业成就的大小，而且决定着今后事业的成败。在提倡建设学习型社会的今天，每个“职业人”都面临着不进则退的工作压力。进步的动力来自学习，厚积薄发就是这个道理。作为当代大学生，要想提高自己的就业能力，就应该时刻重视培养自学能力，既要“学会”，又要“会学”。

4. 实践能力

实践能力是保证个体顺利运用已有知识、技能去解决实际问题所必须具备的生理和心理特征。在现实生活中，尤其是在教学、科研、生产第一线中，大学生实践操作能力的强弱将直接影响到其作用的发挥，而且大学生实践能力的强弱也直接影响到工作能否顺利完成。因此，大学生应注意克服只注重理论学习而轻视实践操作的倾向，应该创造并珍惜每一次实践机会，多看、多听、多练、多思考，进而提高自己的实践能力。其实大学生在校期间培养实践能力的机会还是很多的，像组织或参加与专业相关的社团、参与教师科研工作、积极参加暑期社会实践活动、担任班干部、寒暑假兼职等，都有利于大学生社会实践能力的提高。

5. 社会交往能力

社会交往能力是与他人相处的能力。大学生步入社会后，要与各式各样的人接触，而社会上的人际关系要比学校中的同学、师生关系复杂得多。一些大学生在走上工作岗位后，由于涉世不深，缺少经验，往往不能适应各种错综复杂的关系，进而对生活和工作产生不利的影响。正确、有效地处理好工作和生活中面临的各种关系，能够促进人与环境的和谐，进而提高工作效率。因此，大学生应自觉培养良好的社会交往能力。首先，大学生在人际交往过程中应做到以诚待人、以诚交友、以诚办事，只有真诚才能换来与别人的合作和沟通。其次，在日常交往活动中，要注意社交礼仪，做到理解他人、关心他人，主动接触与自己不同的人，并虚心向他人学习。

6. 决策能力

决策能力是对未来行为目标的决断和选择的能力。人的一生中面临着各种各样的选择需要自己做出决断，良好的决策能力能够使大学生对职业生涯规划做出最佳的选择。对于大学生而言，走向社会是其人生的一个重要的转折点，也是对自己决策能力的一次考验。在求职及工作中，大学生应该对遇到的问题及时做出反应，并进行处理，优柔寡断只会错失良机，给自己带来不利的影响。因此，决策能力的培养在大学生的职业生涯中具有重要的作用。大学生在校期间，应有意识地培养自己的决策能力，从日常小事做起，养成多谋善断的习惯。大学生只有具备了一定的决策能力，才能选择出适合自己、与自己兴趣相符的发展方向，并对适合自己的职业岗位做出积极、准确的反应。

7. 竞争能力

竞争能力是人们顺利完成某项活动必备的一种心理特征，是生物进化法则注入人们血脉的一种本能，也是人类都在追求的一种能力品质。人大都具有争强好胜的一面，在现代社会，由于知识和技能的激增和强化，这种本能的潜质逐渐成为人们的一种能力素质。

随着市场竞争的日趋激烈，人才越来越受到重视。大学生如果不具备竞争能力，就会面临被社会淘汰的危险。由此可知，竞争能力的培养在大学生的职业生涯中发挥着重要的作用。大学生在培养自身竞争能力时应了解以下几点：一是意识到竞争能力对自身发展的重要性；二是具有正确的培养竞争能力的方法；三是意识到竞争能力对社会发展的意义；四是在培养竞争能力时，应保持健康、积极的心态。

8. 团队合作能力

现在企业招聘很注重应聘者的团队合作能力，因为一些大的项目仅仅靠某一个人是不可能完成的，只有通过团队的良好合作才能够完成。所以，大学生在日常生活和学习中要注重团队合作能力的培养。大学生在读书之余要积极参加各种社会团体活动，在与他人分工合作、分享成果、互助互惠的过程中就可以体会团队合作的重要性。

9. 信息处理能力

现代社会是信息社会，因而大学生必须具备灵活处理信息的能力。这种能力表现为对各种信息具有高度敏感性，能广泛地接收各种信息；对有用信息具有简化、归类、存档和联想发挥的能力，并能把这种经过加工的信息连同自己的认识、评价运用到学习、生活和生产实践中去；熟悉现代化信息工具，特别是会利用计算机来检索和提取自己需要的信息。

10. 创新能力

创新是人类社会进步的根源，是当今时代的一个本质特征，也是与时俱进的要求。无论是经济社会发展的大环境还是高校教育科研的小环境，都对大学生提高创新能力提出了更高的要求。新时代的大学生必须具备一定的创新能力，才能学有所得、学有所用、学会创新，使大学时期的学习过程转化为真正吸收的过程。从某种意义上来说，具备良好的创新能力就意味着大学生具有较高的潜在价值和发展空间。因此，大学生在校期间，要不断培养创新意识和创新欲望，挖掘创新因素，树立创新精神，提高创新能力，为在今后的工作中有所创新、有所创造奠定良好的基础。

11. 组织管理能力

随着大学毕业生就业制度的改革和社会经济发展对人才需求的多元化转变，具有一定的组织管理能力的大学毕业生越来越受到用人单位的欢迎。许多单位挑选大学生，在注重学业成绩的同时，还对其是否担任过学生干部，是否参加过社会工作很感兴趣，原因就是他们看重大学毕业生的组织管理能力。尽管不是每一个大学生毕业后都会从事管理工作，但无论从事科研、教育，还是进入各种类型企业工作，都需要具备一定的组织管理能力。

以上能力是当代大学生在职业生涯中应具备的能力。只有具备了这些能力，在激烈的择业竞争中才更容易取胜。需要注意的是，大学生在进行能力准备时，应注重各方面能力的均衡发展，以及个人优势能力的培养。

（二）大学生基本能力的培养途径

能力的培养与提高是一个漫长的过程。由于每个人受到先天素质、后天教育、社会环境及实践活动等因素的影响，所具有的能力水平是有差异的，但就每个人来讲，能力的发展程度取决于自身努力。培养和锻炼能力的方法大致可归纳为以下几种。

1. 在学习中培养

学习对大学生来说是非常重要的，学习是基础，没有学习便形成不了专业能力，更加谈不上把拥有的能力执行下去。企业聘用大学毕业生，很重要的一个原因就是希望所用的大学生能够以成熟的心态来快速地学习企业所要求的技能并能给企业注入新鲜的血液。因此，大学生要注意在学习中培养自己的能力。

1）要充实基础知识

基础学科在全部科学知识中最稳定、最持久，应用领域广、频率高，是根底之学。没有深厚牢固的基础，就不可能培养自己的能力。科技越发达，行业岗位越多，越向尖端高级发展，越需要厚实的基础。因此，掌握充实的基础知识，练好基本功是求职者提高职业能力的关键。为此，大学生要善于从自己的实际出发，有目的、有计划地掌握新型人才的必备基础知识，为日后创造佳绩打好深厚扎实的基础，并主动掌握高新科技，提高创造能力，进入所学领域前沿，以顺应当代科技的迅猛发展。

2）要做到专通结合

对于建立合理完善的知识结构而言，通是专的基础，专又能推动通的延伸。因此，大学生在建立合理完善的知识结构时，要做到广博不能失去方向，要以知识的广博达到知识的深度，要通中有专，无专而通无益而有害；专深而不能“单打一”、钻牛角尖，窄化领域不等于窄化视野，不通未必能专。专和通相互依存、促进，互相制约、转化。研究领域要专，了解领域要通。大学生要既是自己领域的专家，又对邻近领域有十分正确、熟练的知识；既要适应科学的高度分化，是个专才，又要适应科学的高度综合，是个通才，纵向成才和横向成才相结合，求得最佳专通比例。

2. 在兴趣中培养

兴趣对培养能力相当重要，古今中外的许多科学家、文学家、艺术家都是在强烈的兴趣驱动下取得事业成功的。因此，大学生要围绕所学专业发展自己的兴趣爱好，并以这些兴趣爱好为契机，加强相关知识的学习和积累，注意发展自己的优势能力。兴趣是可以培养出来的，有时候在放弃了自己原来的兴趣后，也可以培养出新的兴趣。大学生在建造自己的职业能力时，应该以老一辈为榜样，不仅要权衡自己的所长所短，而且要逐渐培养对所学专业的兴趣和爱好，同时要把个人成才与国家需要统一起来，树立为现代化事业献身的思想，积极培养对所学专业的兴趣和爱好，在满怀兴趣的状态下积极主动而且心情愉快地学习，提高自己的职业能力。

3. 在实践中培养

实践是培养能力的重要途径，能力是在实践过程中培养形成并表现出来的，因此大学生在校期间要注重在实践中培养自己的能力。当然，学校不同于社会，实践的形式还是比较单一的，但只要积极参与就会有收获。现在越来越多的高校开始重视学生的课外科技活动。例如“挑战杯”全国大学生课外学术科技作品竞赛和创业计划大赛、全国大学生数学建模竞赛、全国大学生英语竞赛、全国大学生电子设计竞赛、全国大学生结构设计竞赛等，不少品学兼优的大学生在参加活动的过程中，不仅学到了知识、增长了见识，同时提高了各方面的能力，尤其是科研能力、动手能力及团结协作能力。实践证明，在学校期间参加过这些科技活动的大学生踏上工作岗位后，上手快、能力强、综合素质高，与其他毕业生相比，更容易成为单位的业务骨干。因此，大学生在校期间，应该多参加科技活动，这是锻炼多方面能力的重要途径。

第三节　掌握应聘技巧

随着高校的不断扩招，大学毕业生的人数迅速增加，大学生的就业形势并不乐观。同时，很多大学毕业生在求职过程中暴露出了种种问题，给成功就业带来了很大的影响。由此可见，掌握基本的应聘技巧对于大学生在激烈的就业竞争中顺利走上工作岗位具有重大作用。具体来说，大学生的应聘技巧主要包括以下几方面。

一、面试技巧

面试是一种在特定场景下，经过精心设计，通过主考官与应聘者双方面对面地观察、交谈等双向沟通方式，了解应聘者素质特征、能力状况及求职动机等的一种测试方式。通过面试，用人单位不仅可以直接了解应聘者的面貌、举止，而且可以了解应聘者的总体素质和各方面的才能。

（一）面试的相关技巧

1. 面试中回答问题的技巧

（1）把握重点，条理清楚。一般情况下，求职者在回答问题时要结论在先、议论在后，即先将自己的中心意思表达清晰，然后再作叙述和论证。

（2）讲清原委，避免过于抽象。一般情况下，主考官提问不可简单地以“是”“否”作答，有的回答需要解释原因，有的则需要说明程度。

（3）答案独到。在回答问题时，求职者的答案最好具有独到的个人见解和有个人特色，才会引起对方的兴趣和注意，如果与其他求职者答案大体相同，主考官会产生乏味、枯燥感。

（4）切忌答非所问。面试中，求职者一定要弄清楚主考官提出的问题，理解问题的含义，以保证有的放矢，不至于答非所问。

（5）坦率承认不足。在面试时，如果主考官所提的问题是自己不知、不懂或不会的问题，求职者应该坦率地承认自己的不足之处，切忌回避闪烁、默不作声、牵强附会、不懂装懂。

（6）适当提出自己的问题。面试时，主试者一般会问求职者有没有问题，你可以适当提出一些问题，切不能轻易说没有问题。应该把提问的重点放在用人单位的需求以及你如何能满足这些需求上。通过提问的方式进行“自我推销”是非常有效的，所提问题必须是紧扣工作任务和职责的。

2. 应对面试危机的技巧

在面试过程中，求职者可能会遇到一些意想不到的情况，若处理不好会直接影响面试的结果。求职者应做好以下几方面的工作，及时应对面试危机。

1）遇到不清楚问题时的应对技巧

在面试中，如果求职者对主考官提出的问题不是特别清楚，不知道怎么回答，要先委婉地问主考官是否指某方面的问题，如果不是或者一点也不清楚怎么去回答，就应实事求是地告诉主考官，这个方面的知识未接触过。这样，主考官反而会因为你的坦诚对你印象更好。

2）讲错话时的应对技巧

人在紧张时很容易说错话。如果在面试中，求职者一不小心讲错了话，应该立即纠正错误，给对方道歉。例如说：“对不起，刚才我有点紧张，好像说错了话，我的意思是……不是……请原谅！”承认并改正错误是勇敢的表现，同时也需要相当的技巧，通常主考官会因为求职者的坦白而对其产生好感。如果讲错的话无伤大雅，就不必太在意，不必耿耿于怀，提心吊胆，应继续专心应对下一个提问。

3）几位主考官同时提问的应对技巧

在面试时，当有多个主考官同时发问时，求职者应该按照发问的先后顺序，对对方所提的问题一一进行解答，同时要显得很有礼貌，如“对不起，请让我回答甲领导的提问，然后再谈乙领导的问题，可以吗？”回答问题时，注意目光要和发问的主考官进行交流，但也要适当顾及其他领导，让他们觉得，你是和所有主考官在交流。

3. 面试中谈话的技巧

1）谈话应该顺其自然

在与主考官进行交谈时，求职者要注意顺其自然，不要随意打断主考官，不要插话，不要误解话题，不要过于固执，不要独占话题，不要浪费口舌，不要说奉承话。

2）留意对方反应

在与主考官的交谈中，求职者要随时注意观察对方的反应，把握谈话的气氛和时机。如果对方的眼神或表情显示对你所涉及的某个话题已失去了兴趣，应该尽快找一两句话将话题收住。

3）有良好的语言习惯

求职者要有良好的语言习惯，表达流利，用词得当，发音清晰、语调得体、声音自然、音量适中，根据内容的重要程度、难易度及对方注意力情况调节语速和节奏。

4. 面试结束的技巧

1）及时感谢

在面试结束后，求职者应在 24 小时内给主考官写一封感谢信或打电话表示谢意，加深招聘人员对你的印象，增大求职成功的可能性。感谢信的全部内容最好不超过一页纸，应包括求职者的姓名、基本信息及面试时间，对招聘人员提供的面试机会、为你所花费的精力和时间、提供的各种信息表示感谢；同时再次重点表达你对该公司、该职位的兴趣及自己能胜任此项工作的优势，表达出你会发挥自己最大潜力、尽职尽责干好工作的信心和决心。

2）耐心等待

在面试结束后，用人单位一般需要三到五天的时间来讨论进行投票、人事汇总及确定最佳录用人选。在这段时间内，求职者一定要耐心等待面试结果。如果面试后两星期之内还没有收到用人单位的任何答复，求职者可以写信、发 Email 或打电话向招聘单位询问面试结果。

3）抓住机会，全面准备

如果求职者同时得到几家用人单位的面试机会，在一次面试结束后，一定要调整状态，收拾心情，全力以赴准备第二家单位的面试，把握好任何一次面试机会。

4）总结分析

如果求职者不幸被用人单位淘汰，不要自暴自弃、悲观失望，而应自我分析，总结哪些方面做得还不够，然后及时调整修正，振作精神，信心百倍地来迎接下一次挑战。

（二）面试的禁忌

1. 完全被动

在面试时，求职者切忌完全被动，默不作声，主考官再三诱导也只回答“是”或“不是”，这样必然让用人单位失望。

2. 迟到

面试切忌迟到，没有什么比迟到更让用人单位反感的了。如果有意外情况，最好能够在面试前通知用人单位，告之自己不能准时到达面试地点。

3. 不当反问

在面试时，求职者最好不要以反问的形式来回答主考官的问题。例如，主考官问：“关于工资，你的期望值是多少？”求职者反问：“你们打算出多少？”这样的反问很不礼貌，好像是在谈判，很容易引起主考官的不快和敌视。

4. 急于套近乎

在面试中，求职者切忌急于套近乎，不顾场合地说“我认识你们单位的某某”“我和你们单位的某某是同学，关系很不错”等，这只会让主考官反感。

5. 盲目应试

求职者切忌盲目应试，有些求职者择业意向不明确或对用人单位及招聘单位的要求不清楚，盲目应试赶场，结果自然以失败告终。

6. 假扮完美

在面试时，求职者切忌假扮完美。世界上根本不存在完美的人，没有人没有弱点，没有人没有受过挫折，只有充分地认识到自己的弱点，也只有正确地认识自己所受的挫折，才能造就真正成熟的人格。

7. 没有耐心

在面试中，主考官可能会向求职者提出一些与应聘职位完全无关的问题，其目的是想进一步了解求职者的思考能力及见识。这时，求职者切忌烦躁，表现出不耐烦或惊讶，以免给用人单位留下一个太计较的印象。

8. 为偏见或成见所左右

在收集资料时，求职者可能会看到对用人单位和主考官的负面评价，在参加面试的时候往往会被这些偏见或成见所左右，这样自然会影响面试结果。

9. 傲然自大

在面试时，求职者切忌质询用人单位的规模、升级制度、在职培训情况，或无礼打断主考官的问话，未经同意就吸烟、大声说话，甚至反问主考官，让其下不了台，或对用人单位提出的问题不屑一顾，只关心用人单位能让自己担当什么职务或准备给多少薪水等，这样傲然自大的求职者是不会被用人单位录用的。

二、笔试技巧

笔试是指用人单位采用书面形式，对应聘者所掌握的基础知识、专业知识和心理健康等综合素质进行的考察和评估，是用人单位对应聘者专业基础知识、文字表达及书写综合能力进行有据可查的测试。它通常用于一些专业技术要求很强和对录用人员素质要求很高的大型企事业单位，如一些涉外部门、技术要求很高的专业公司以及国家机关选聘公务员等。

（一）笔试的原则

笔试的原则主要包括以下几种。

1. 审清题意和控制时间

在动笔答题之前，一定要认真审题，逐字逐句分析题意，这样答题时才会切合题意，避免偏题、跑题。

笔试题目类型多，题量大，要在规定的时间内回答好，必须学会控制时间。建议笔试时一定要带上手表等计时工具，作答前记住考试结束的时间；拿到试卷后先从头到尾浏览一遍，大体了解题目的难易程度、每道题的分值，以此安排每道题的答题时间分配和先后顺序，按照先易后难、先简后繁的原则作答，不要在一道分值不多、难度不小的题目上过多纠缠，即便做对了也是得不偿失。最后有时间的话最好做一下检查，特别注意不要漏题，更不能跑题或出现错别字、语法不通、言不达意等错误。

2. 保持卷面整洁

阅卷者给一份书写工整、没有涂抹的试卷的打分很可能要比给那些字体潦草、涂抹得脏兮兮的试卷打分要高，所以保持卷面整洁很重要。求职者在笔试答卷时尽量使用黑色、蓝色的中性笔或钢笔；以正楷书写，字迹清晰，字号适中，尽量减少语法、文字、逻辑及标点符号等细节方面的错误，尽量少作修改。

3. 不留空白

所谓不留空白，是指无论是对主观性试题还是对客观性试题都要回答，即使没有把握答对也要答，特别是像选择题或判断题之类的题型，更不能随意留空白。这是因为，通常用人单位给求职者出的笔试题中很少有非正即否的判断题，多为主观题，这种题不答就没有分，答错了也不倒扣分，而答对或答对一部分都会有分。因此，求职者在笔试时一定要尽可能填满试卷，不留空白。

4. 综合展示

求职者在参加笔试时，要先了解笔试的目的，然后运用自己的综合能力答题。因为用人单位对求职者进行笔试，主要是考察其文化、专业知识、心理素质、办事效率、工作态度、思维方法等各个方面的能力。

（二）笔试的技巧

为了能够在激烈的应聘竞争中取得成功，认认真真地进行备考是必不可少的，但是，除此之外，掌握一些应试技巧也是非常有必要的，这会对你参加笔试有很大的好处。笔试的题型一般包括填空、选择、判断、材料解析、论述及作文等。题型不同，具体的答题技巧也会有所区别。

1. 选择题的答题技巧

选择题包括单选题、多选题和双选题，一般由一个题干、一个或几个正确答案以及一个或几个错误答案构成。题干文字精练、准确，并且表述没有歧义，而所给出的正确答案与错误答案之间具有一定的相似性，不容易区分。做选择题不仅要具备较强的判断分析能力，还要掌握如下的技巧。

（1）选择的结果要明确，不要模棱两可。

（2）分析题干的内涵与外延规定性，确定选择的范围与对象。

（3）当不确定答案时，采取淘汰法、比较法、去同存异法、印象认定法、大胆猜测法等方法，提高准确率。

2. 判断题的答题技巧

判断题通常只能检测记忆、理解、分析一类低层次的认识能力。判断题的命题通常是一些比较重要的或有意义的概念、事实、原理或结论。由于只有“正确”和“错误”两种选择，因此猜对概率高达 50%。一般判断题只有一个误点，最多两个，要求考生做出正误判断的内容常常是易混淆和易误解的概念、原理、事实、结论等，解题时要把注意力集中在这些方面。解答判断题的关键在于能否正确地找出或辨析出试题的设错方式，对不能做出准确判断的试题，考生也应在作答处大胆画上一个对或错的符号，但对倒扣分的题目还必须经过慎重考虑再作决定。判断题答题时也需要一定的技巧，这些技巧主要包括以下几方面。

（1）注意“负负得正”的表述方式，不要被误导。

（2）看清题目说明，如果答错了要倒扣分的，对于把握性不大的题目最好留空。

（3）书写认真仔细，绝不能因漫不经心、粗心大意在本来想打“√”的地方打成了“×”，或者在打“×”的地方打成“√”而失分。

（4）对不能做出准确判断的试题，也应在作答处大胆画上一个对或错的符号，但对倒扣分的题目还必须经过慎重考虑再作决定。

3. 填空题的答题技巧

填空题考查的内容往往是易忘、易混、易错的重点内容，答案一般是唯一的。答题时需看清题目要求，碰上连续设空的填空题时，应试者应更加仔细。填空题答题时也需要如下的技巧。

（1）利用前后逻辑关系推理作答。

（2）利用熟记的基本事实、数据、公式、原理、基本概念作答。

（3）解答时要仔细阅读题目，特别注意要点、易混淆点。

（4）填空题的结果必须是数值准确，形式规范。

4. 论述题的答题技巧

论述题所占的分数比重较大，往往能够使学生之间的成绩拉开差距。解答论述题落笔前要先审清题意，理顺思路，按题目要求答题。解答论述题应抓住试题的中心议题，按照“是什么、为什么、怎么办”，即“提出问题、分析问题、解决问题”的思路逐渐深入地进行阐述。论述题答题时也需要一定的技巧，主要包括以下几方面。

（1）确立中心议题。明确试题的主旨是解答论述题的首要环节，也是整个解答过程最为关键的一步。求职者应使全文的论述紧紧围绕中心议题而展开。

（2）确立论点。论点是论文结构的支柱，就其内容来说，它实际上是对中心议题的分解，目的是对这一议题更深入、全面地阐述。

（3）选择论据。论据是为说明论点服务的，没有论据的支撑，论点就难以成立和存在，论据的选择是论述题的一项重要内容。有时可通过正反两方面论据对照使用来增加说服力。论据要有针对性和代表性。

5. 材料解析题的答题技巧

材料解析题通常是向考生提供一段背景材料，让考生根据给出的案例情节，综合运用所学的理论知识和自身所掌握的技能，对某一专题进行诊断和剖析，以达到检测考生的专业技能水平和解决实际问题的能力。在解答材料解析题时，考生必须紧扣案例事实来选择相应的原理或理论，要抓住材料中的实质问题，有重点、有层次地分别展开论述，以免被一些细枝末节的事情或现象所困扰。材料解析题答题时也需要一定的技巧，这些技巧主要包括以下几方面。

（1）理论结合实际，有理有据。

（2）扣紧案例，以点带面。

（3）结论明确，切中“要害”，切忌面面俱到。

（4）考虑需要运用哪些理论知识或原理来进行分析。

（5）考生在答题过程中必须摆正自己的位置，不能将自己置身于当事人的位置，而应以一个局外人的身份对此进行客观的分析或评价。

6. 作文题的答题技巧

作文题是一道分值较高的题，所以绝不能空着。作文题包括条件作文和命题作文两种类型。前者是让考生根据提供的文字背景资料或图画自拟题目写一篇自成体系的文章；后者是只提供写作题目，不附加任何背景资料和信息，要求考生根据对题目的理解写一篇文章。作文题答题时也需要一定的技巧，这些技巧主要包括以下几方面。

（1）选材精当，论证科学。

（2）先弄清题意，以免写作中出现偏差或失误。

（3）论点新颖独特，构思独特。

对于以上各种笔试题型，用人单位可能只用其中的一种，也可能是综合使用各种题型，但不管出题形式怎样，应聘者都要掌握一定的应试技巧，以提高笔试的成功率。

第四节　调整求职心理

一、大学生求职心理的影响因素

大学生求职心理的影响因素概括来说主要包括客观因素和主观因素两个方面。

（一）客观因素

影响大学生求职心理的客观因素主要有以下几方面。

1. 家庭因素

父母的价值观、家庭经济情况等直接影响大学生的择业观，如下岗职工希望子女大学毕业后能获得一份报酬优厚、风险性较小的工作。多数家长希望子女毕业后能在政府机关、国有企事业单位或收入高、工作条件好的单位谋到一份职业；而有的学生来自偏僻落后的农村，父母把改变自己人生的希望全部寄托在子女身上，希望孩子能够在一个远远好于自己的生活环境中生存发展。因此，这些学生在择业时多会考虑物质利益，更重视社会地位和工作环境。

2. 学校因素

当前学校对大学生的就业指导工作还存在一些问题，具体表现在缺乏必要的求职心理指导和必要的技巧训练上。

学校的大学生心理辅导明显滞后于学生求职心理发展的需要。尽管现在许多高校对大学生就业普遍重视，也做了一些工作，但就整体情况来看，对毕业生的就业还缺乏系统的技巧训练，导致大学生产生的一系列择业心理问题没有得到相应的指导。

3. 社会因素

影响大学生求职心理的社会因素，又具体分为以下几点。

1）社会导向

社会上不少人把职业待遇的高低作为衡量大学生人生价值的尺度，使大学生在择业过程中出现了个人主义和功利主义的倾向。

2）人才供求状况不平衡

近年来，劳动力市场供求发生巨大变化。我国经济稳步增长，可提供的职位增速平稳，但大学毕业生人数的激增无疑使已经供大于求的就业市场的供求关系更加失衡，使大学生产生就业危机感。

3）双向选择中的不良风气

目前，由于新的就业制度还不完善，社会中的很多不正之风仍然在就业领域盛行，很多不是很优秀的学生凭借着各种“关系”找到了好的工作岗位，而一些比较优秀但是没有“关系”的毕业生却找不到合适的工作，这严重影响了大学毕业生之间的公平竞争，从而导致一些学生出现心理不平衡的现象。

（二）主观因素

影响大学生求职心理的主观因素主要有以下几方面。

1. 大学生的价值观存在偏差

很多大学生追求独立的人格，认为自己具有极大的价值，应该有良好的就业机会。然而，面对激烈的就业竞争和复杂的就业环境，很多大学生遇到了种种挫折和压力，面对这些挫折和压力，他们又不善于自我调整，从而导致各种求职心理问题的出现。

2. 大学生的生理和心理发展不同步

当前，很多大学生都存在着生理成熟而心理不成熟的现象，这使其在求职择业中经常表现出心理特征的复杂性和矛盾性。

3. 大学生对就业情况的了解不够全面

由于年龄和社会阅历的限制，大学毕业生缺少社会体验，在对社会的认识上存在着较多的想象成分，对其复杂程度了解的非常少，所以他们的就业期望值比较高，一旦受到挫折很多大学生就容易出现各种问题。

二、大学生求职心理的调整策略

（一）正确认识就业市场现状

（1）可通过网络和各种新闻媒体渠道及时了解国家关于就业方面的方针、政策。

(2)充分了解用人单位对毕业生的基本要求。用人单位大多希望招收基础知识扎实、专业精通、通识多能、特色突出的高素质复合型人才，因此大学生应该提高自身的素质，缩小与用人单位所提要求之间的差距。

(3)可以通过向学校有关部门咨询、查询有关报刊和网上搜索等多种途径，及时了解毕业生市场的特点与发展动态，搜集有关人才市场的供求信息，尤其是与自己所学专业有关的部门或地区的工作条件和发展前景。

(二)树立正确的职业价值观

职业价值观是个人职业价值观的直接反映，是个人对某一职业的价值判断。大学毕业生应树立合理的职业价值观，具体来说包括以下几个方面。

1. 适合的就是最好的

什么是好工作？有些大学生认为稳定的工作是好工作，也有些大学生认为收入高的是好工作，其实适合自己的就是好工作。好工作首先得适合自己，其次得符合自己的长处。每个人都有自己的特长，做最适合自己的工作，发挥特长才能成才。因此，大学生在选择时，不一定必须是政府机关或大的企业或收入很高的工作，而应该是选择适合自己发展的并且是具有发展潜力的工作。

2. 与社会需求相符合

大学生就业是一个和社会互动的过程，受到社会需求的制约。当前，大学生的就业政策是双向选择、自主择业，但自主择业是相对的、有条件的，它必须符合社会的现实需要，不能单凭毕业生的自我设计，否则就很难成功。因此，大学生在选择工作时要将自己放在某一招聘单位的某一职业岗位上，拿自己去适应用人单位的需要，去为用人单位创造新的价值才有可能获得成功。

3. 在实践中不断调整自己的就业观念

人所从事的职业活动是社会的职业活动，必须满足社会的需求。社会需求促成了职业的分工，从而使职业岗位的选择成为现实。我们生活在一个充满竞争的社会，处在一个充满机遇和挑战的变革时代。有的人因为能力、机遇或利用社会关系等找到适合于自身发展的称心工作，有的人却无法主动地选择职业而是被动地接受职业；有的人的工作现在看来是好工作、好单位，将来有可能面临下岗。因此，明智的职业选择应当是一个在发展变化中不断完善、不断补充、随时调整的动态目标系统。大学生在求职择业的过程中要及时、主动地调整自己的职业目标，提高求职择业的灵活性，并在社会实践中找到既适应社会生活的现实需要又适合自己事业发展的位置，以提高求职的成功率。

(三)正确面对求职失败

在求职过程中有很多求职者屡屡去尝试，但往往事与愿违。几次失败后，他们便开始抱怨这个世界不公平，怀疑自己的能力，一再地降低求职的标准，而且不敢再去尝试。

因此，如何正确地面对求职失败对于大学生来讲尤其重要。

1. 正确看待求职中遇到的困难和暂时失利

在求职竞争日趋激烈、有些领域专业人才相对过剩、就业形势不容乐观的今天，毕业生在求职中遇到挫折和困难是再正常不过的现象，暂时的挫折并不是人生的“滑铁卢”，更不是人生的败笔。目前的招聘求职是一种双向选择，用人单位要选择合适的人才，求职者也要找到适合自己的行业、职务，双方谁也没有把握一步到位，一下子就能找到适合的人才或理想的企业。因此，对于求职的暂时困难，毕业生应该正确看待，不要耿耿于怀，更不要感到心理压抑或者不平衡。

2. 消除求职失败后的心理阴影

在整个应聘过程中，大学生会忐忑不安，期待着有一天这份工作会属于自己，然而求职不是一帆风顺的。当失败时，情绪低落是每个人都会有的正常反应，但不要沉溺于其中，要积极消除求职失败后的心理阴影，要重整旗鼓、再次汇聚能量。如果你确实看重某一公司，想在那里工作，不妨给他们写一封信，再次表明你的想法以及对胜任此工作所具有的能力；让他们知道，一旦有变故或机会再来，你仍然有兴趣为他们工作。或者，如果你感到还有机会的话，可以打电话和面试你的人谈一谈，也可以找到愿意同你谈话的人，谈谈你的面试情况以及面试失败的原因。

3. 求职失败后应采取的措施

面对求职失败，大学毕业生应采取相应对策，使应聘求职“柳暗花明”，最终获得成功。

当供求双方的条件距离相差太大或求职屡屡失败时，作为求职者要有自知之明，当机立断，并应该考虑一下改变求职应聘的策略。作为求职初遇“红灯”的高校毕业生，在求职应聘时，采取以退为进，从基层做起的策略，不失为明智之举。

（四）适时调整职业期望值

职业期望值指的是要获取的工作岗位在物质上、精神上的需要满足的程度，如工资收入、福利待遇如何，能力抱负、特长能否得以施展等。能否就业，个人的才能、机遇等因素固然重要，但职业期望值的高低也会产生一定影响。每个大学生都想实现理想的最大化，以获得更好的物质生活，更充分地实现人生价值，但是如果职业期望值过高、实现的难度较大，或者与客观现实和自身实际相矛盾，就需要对原有的职业目标进行灵活的调整，拓宽职业选择的范围，降低择业标准，以更好地适应现实。

通常来说，调整职业期望值的方法主要有两个，一是分阶段设目标，即确定一个总的奋斗目标，再将总的期望值分解成几个阶段性的目标，并逐步付诸实施，而在实践过程中，如果发现自己所选阶段期望过高，就把它移到下一阶段，作为下一阶段的目标。二是自我调整，即把自己工作岗位的期望按主次分成不同层次，首先满足主要的需求，然后根据实际情况进行必要的调整，直到个人的意愿与社会的需要相互协调、吻合为止。

（五）保持心理健康

大学生可以通过以下几种途径来保持自己的心理健康。

1. 接受心理健康教育

接受心理健康教育可以帮助大学生提高对心理健康意义的全面认识，建立科学的心理防御机制，更好地适应学习、生活、身心、地位、角色、人际关系等的变化。创建有中国特色的大学生心理健康教育模式，并与德育、体育、智育、美育、传统文化教育和成才教育有机地、充分地结合起来，相互促进，相辅相成，是我国高校心理健康教育的目标之一。目前，很多高校已经开设了大学生心理健康教育课程，为大学生提供了关于心理健康的系统知识。

2. 积极参加心理咨询和心理辅导

由于现实环境的多变性，大学生难免会出现这样或那样的问题。在解决问题时，如果进行自我调节时出现障碍，大学生就应该去寻找其他的解决途径，其中参加心理咨询与心理辅导就是一条很好的解决问题的途径。通过心理咨询和心理辅导，相关的教师可以为大学生在学习、人际关系、成才、情感、择业、心理等方面出现的烦恼、忧虑和困惑提供帮助，使其能够明确问题，找出原因，缓解压力，化解矛盾冲突，矫正错误认识与不良行为，矫治轻度的心理障碍，有效地预防不良行为的发生，从而促进大学生身心健康和全面素质的发展。

3. 进行自助与互助

心理健康的关键在于学会调控和把握自己，同学之间要相互理解，相互关心。这种同学之间的宽容、接纳、支持、鼓励、帮助、尊重是学生满足心理上的温暖感、安全感、归属感、力量感、尊重感的重要途径。为此，大学生应该做到以下几方面。

（1）大学生自身应该对外来劣性刺激学会自我认识，科学思考，正确对待内心冲突，学会自我化解。

（2）正确对待心理压力，学会自我缓解。

（3）对自身的不足、缺陷应勇于进行自我矫治。

（4）大学生之间应该学会沟通。

（5）对自己解决不了的心理疾病，不讳疾忌医，敢于主动求助。

第五节　培养职场情商

一、职场情商的内涵

职场情商是职场中人的信心、恒心、毅力、责任感、合作精神等一系列素质方面的反映，是职场成功的一切必需的、适当的非智力因素，包括协同力、沟通力、抗挫力、应变力、自我管理力、持久力等一系列职场提升力。职场情商是一个职业人士不可或缺的素质，是我们在职场获得成功的关键。

二、提高职场情商的策略

初入职场的大学毕业生由于缺乏职场情商，经常在各方面“碰钉子”，犯错误。想避免这些错误，需要掌握提高职场情商的一些策略，为成为一名成功职业人做好积极准备。概括来说，这些策略主要包括以下几方面。

1. 认识自我

职场情商，既然关系到人际关系，就必然存在一个角色定位问题，即面对什么人，自己处于什么样的一个角色，这也是通常所说的认识自我。如果对自我认识不清，那么极有可能对人际关系的把握和处理不到位，对待领导不像对待领导，对待同事不像对待同事，有时候甚至会影响到客户对自己单位的形象认知。

2. 识别他人情绪

懂得去识别对方的情绪，才能保证自己不会鲁莽行事。大学毕业生在走进职场之后，学会观察同事、领导以及客户言行，根据这些言行判断他们的情绪再去说话做事，这能够对其职场情商的培养起到良好的提升作用。

3. 驾驭情绪

职场情商中，最重要的原则就是如何管理自己的情绪，如何洞悉人心，揣摩别人的心理，调整自己的心理，做到管理好情绪、控制坏情绪，从而赢得别人的认可和尊重。职场上的成功往往来源于职场人能对自己情绪有很好的管理，尤其是对自己失败情绪的管理。

4. 学会沟通

几乎所有招聘广告中，都会强调应聘者应具有善于沟通的性格特点，这正说明了沟通是职场中、工作中必不可少的一部分。很多单位有时候宁可招一个能力一般但沟通较为出色的员工，也不愿招来一个“独行侠”，整日独来独往、我行我素。能否跟同事、领导、客户顺畅地沟通，可以体现出一个员工职场情商的高低程度，学会沟通也是培养职场情商的重要原则之一。

5. 保持和谐

一个成功的团队，必然是在一个和谐的工作环境里奋斗。与领导、同事保持和谐是支持一个人晋升的必要条件。而如何妥善处理职场中的各种关系，往往取决于职场情商的高低，有时一个想法的转变，就可能让职场人在职场中找到应付自如的感觉。

6. 注重细节

在人际关系的处理上，细节的作用非常微妙，也非常重要，能体现出一个人的职场情商如何。注重细节，会体现出大学生在人际关系中对他人的一种关心和重视。而每个人都是希望得到关心和重视的，所以注重细节，能够增进人和人之间的感情。

第六节　保护就业权益

一、大学生就业权益的内容

大学生就业权益的内容主要包括以下几方面。

（一）自主择业权

根据国家有关规定，实行招生并轨改革后的高校毕业生，可以在国家就业方针、政策指导下自主择业，即毕业生只要符合国家的就业方针、政策，就可以结合自身情况自主与用人单位协商，要求学校予以推荐，直至签订就业协议，学校、其他单位和个人均不得干涉。任何将个人意志强加给毕业生，强令毕业生到某单位的行为是侵犯毕业生选择权行为。

（二）接受学校的就业指导权

大学毕业生有权从学校接受就业指导。《中华人民共和国高等教育法》第五十九条规定："高等学校应当为毕业生、结业生提供就业指导和服务。国家鼓励高等学校毕业生到边远、艰苦地区工作。"由此可以看出，接受就业指导和服务是大学生的一项重要权益。各高校应成立专门的大学生就业指导服务机构，配备专员对大学生进行就业指导与服务，包括向毕业生宣传国家关于毕业生就业的有关方针、政策；对毕业生进行求职技巧的指导；引导毕业生根据国家、社会需要，结合个人实际情况进行择业，使毕业生通过接受就业指导，准确定位，合理择业。

（三）被推荐权

高等学校在就业工作中的一个重要职责就是向用人单位推荐毕业生。学校的推荐往往在较大程度上影响到用人单位对毕业生的取舍。被推荐权包括以下几方面内容。

1. 如实推荐

高校在对毕业生进行推荐时，应实事求是，根据毕业生本人的实际情况向用人单位进行介绍、推荐，不能故意贬低或随意抬高对毕业生在校表现的评价。

2. 公正推荐

学校对毕业生进行推荐应做到公平、公正，应给每一位毕业生以就业推荐的机会，不能厚此薄彼。公正推荐是学校的基本责任，也是毕业生享有的最基本的权益。

3. 择优推荐

学校根据毕业生的在校表现，在公正、公开的基础上，择优推荐，用人单位录用毕业生也应坚持择优标准，真正体现优生优分、学以致用、人尽其才，只有这样才能调动广大毕业生和在校生学习的积极性。

（四）获取信息权

就业信息是毕业生择业成功的前提和关键，只有在获得充分的就业信息的基础上，毕业生才能结合自身情况选择适合自己发展的用人单位。毕业生获取信息权，应包括以下几方面的含义。

（1）信息公开，即所有用人信息向全体毕业生公开。

（2）信息全面，即毕业生有权获得准确、全面的就业信息，以便对用人单位有全面的了解，从而做出符合自身要求的选择，而不是盲目的选择。

（3）信息及时，即毕业生获取的信息必须是及时、有效的，学校不能将过时、无利用价值的就业信息传递给毕业生。

（五）隐私保护权

毕业生在求职过程中，不可避免地将个人的部分信息提供给用人单位。一般来说，用人单位要求求职者提供可与其自身简历互为佐证的材料，如联系方式、证书复印件等，这也有助于求职毕业生更有效地向用人单位推荐自己。但是，毕业生提供的信息应仅限于在应聘岗位招聘条件密切相关的范围之内，如果毕业生不是自愿的，任何单位和个人都不得将毕业生的个人信息随意发布和使用。毕业生有权要求用人单位对自己的个人隐私给予保密，用人单位无权以招聘考核为名侵犯毕业生的隐私权。

（六）签订正式劳动合同的权利

劳动合同是确立劳动关系最基本的法律形式。作为我国第一部在法律层面独立调整劳动合同关系的法律，《中华人民共和国劳动合同法》从劳动合同的订立、履行、变更、解除及终止等多个方面，进一步完善了劳动合同制度，明确了劳动合同双方当事人的权利和义务。劳动合同的签订，不仅事关个人在薪酬、福利、保险等方面的物质利益，还涉及诸如培训、晋升等个人长远发展问题，因此必须慎重对待。毕业生在被录用时，要认真签订劳动合同。

（七）享受公平待遇的权利

用人单位录用毕业生的过程中，也应公平、公正，一视同仁。但由于各项配套措施滞后，完全开放公平的就业市场尚未真正形成，用人单位录用毕业生仍存在不同程度的不公平、不公正的现象，如女生就业难仍然是困扰女毕业生就业的一大问题，招聘过程中其他不公正的条件也时常出现。

（八）依法享有社会保险的权利

社会保险是法定的职工基本权利，用人单位应当依法为职工办理社会保险手续，为其缴纳社会保险费。按照《中华人民共和国劳动合同法》规定，社会保险是劳动合同的必备条款，对于未依法为劳动者缴纳社会保险费的用人单位，劳动者可以与其解除劳动合同。

（九）依法获得劳动报酬的权利

在劳动关系中，对劳动者来说，最主要的权利是工资和福利，其中最直接的是工资。毕业生在工资问题上应当注意以下问题。

（1）劳动者在依法享受婚假、丧假、探亲假等假期期间，用人单位应当按国家规定支付其假期工资。

（2）用人单位应当书面记载支付劳动者工资的数额、项目、时间、本人姓名等，并按有关规定保存备查。单位不管以何种形式发放工资，都应当向劳动者提供一份本人的工资清单。

（3）用人单位根据实际需要安排劳动者在法定标准工作时间以外工作的，应给其支付加班工资。

（4）劳动者与用人单位形成劳动关系后，在试用、实习期间应提供正常劳动，用人单位支付的工资不得低于本市规定的最低工资标准。

（5）用人单位应当每月至少支付一次工资。支付工资的具体日期，由用人单位与劳动者约定。如遇法定休假节日或休息日，通过银行发放工资的，不得推迟支付工资；直接发放工资的，应提前支付工资。

（十）依法享有劳动保护的权利

1. 享受《中华人民共和国职业病防治法》保护

不管用人单位属于什么性质、什么经济类型，是否与劳动者签订了劳动合同（含聘用合同），只要用人单位与劳动者存在事实雇佣关系，其劳动者即受《中华人民共和国职业病防治法》保护。《中华人民共和国职业病防治法》规定，劳动者依法享有的职业卫生保护权利有以下几个方面。

（1）获得职业卫生教育、培训。

（2）获得职业健康检查、职业病诊疗、康复等职业病防治服务。

（3）了解工作场所产生或者可能产生的职业病危害因素、危害后果和应当采取的职业病防护措施。

（4）要求用人单位提供符合防治职业病要求的职业病防护设施和个人使用的职业病防护用品，改善工作条件。

（5）对违反职业病防治法律、法规以及危及生命健康的行为提出批评、检举和控告。

（6）拒绝违章指挥和强令进行没有职业病防护措施的作业。

（7）参与用人单位职业卫生工作的民主管理，对职业病防治工作提出意见和建议。

用人单位应当保障劳动者行使前款所列权利。因劳动者依法行使正当权利而降低其工资、福利等待遇或者解除、终止与其订立的劳动合同的行为无效。

2. 女性劳动者享有的劳动保护权利

女性从业者，除享有一般的劳动安全保护以外，还依法享有一些特殊的劳动保护权利。《中华人民共和国劳动法》和《女职工劳动保护规定》等法律法规规定：单位禁止安排女工从事矿山井下、森林伐木、登高架设和拆除、特别繁重的体力劳动、有毒有害岗位劳动以及连续的大强度的负重作业等。同时，对女工“四期”的保护也作了相应的规定。所谓女工的“四期”，是指女工的经期、孕期、产期和哺乳期。

（十一）依法享有解除劳动合同的权利

根据《中华人民共和国劳动法》和《中华人民共和国劳动合同法》的规定，劳动者享有解除劳动合同的权利。有以下情形之一的，劳动者可以解除劳动合同：

（1）未按照劳动合同约定提供劳动保护或者劳动条件的。

（2）未及时足额支付劳动报酬的。

（3）未依法为劳动者缴纳社会保险费的。

（4）用人单位的规章制度违反法律、法规的规定，损害劳动者权益的。

（5）因以欺诈、胁迫的手段或者乘人之危，使对方在违背真实意思的情况下订立或者变更劳动合同致使劳动合同无效的。

（6）法律、行政法规规定劳动者可以解除劳动合同的其他情形。

用人单位以暴力、威胁或者非法限制人身自由的手段强迫劳动者劳动的，或者用人单位违章指挥、强令冒险作业危及劳动者人身安全的，劳动者可以立即解除劳动合同，不需事先告知用人单位。

二、大学生就业权益的法律保障

毕业生的权益是通过与用人单位签订就业协议书和劳动合同的方式确定下来的，所以毕业生也要通过此种途径保护自己的合法权益。

（一）毕业生就业协议书

1. 就业协议书的性质和作用

就业协议书是明确毕业生、用人单位、学校三方在毕业生就业中的权利和义务的书面表现形式。就业协议书一般由国家教育部或省、市、自治区就业主管部门统一制表。其主要作用有以下两点。

（1）它是毕业生落实用人单位、用人单位同意接收毕业生的主要依据，也是毕业生就业主管部门编制毕业生就业计划、学校制订毕业生就业方案的重要依据之一。

（2）毕业生落实用人单位后，与用人单位订立就业协议可以杜绝用人单位和毕业生在双向选择过程中的随意性，以保护双方的权益，避免给高校制订毕业生就业计划带来混乱。

毕业生就业协议书具有一定的法律效力，如果毕业生和用人单位任何一方违反了，就会根据协议规定受到一定的处罚。每位毕业生只能拥有一套（一式三份），每套协议书都有编号对应相应的毕业生，故其不得转让、不得自制、不得复印。

2. 就业协议书的内容与填写注意事项

就业协议书的内容主要是毕业生如实介绍自身情况，并表示愿意到用人单位就业，用人单位表示愿意接收毕业生，学校同意推荐毕业生并列入就业计划进行派遣等。填写就业协议书的注意事项包括学生项目、单位项目以及一些补充条款，如表 4-1 所示。

表 4-1 毕业生就业协议书填写注意事项

项目	注意事项
学生	1. 专业名称应为学生现在的专业名称，务必与学校登记的专业名称完全一致，不得简写、误写，以免造成不必要的麻烦 2. 落户地址应填写毕业生在毕业后，户口将迁往的地址
单位	1. 用人单位名称与单位公章一致，不要简写、误写或写别名 2. 用人单位性质填写单位的经济类型，如国有、独资、合资、民营、私营等 3. 档案接收（单位名称、邮政编码、详细地址），填写清楚用人单位的人事档案保管单位的全称和地址，用于学校邮寄毕业生档案材料。有人事档案保管权的单位（如国家机关、国有企业、高校、省直属单位等）可写单位地址。无人事档案保管权的单位（如外资、私营、民营等）应填写其委托保管档案的地址，如某人才市场等
甲乙双方协商达成补充条款注意事项	1. 服务期、见习期等条款，必须明确填写 2. 各项福利、违约金等最好注明多少，若不注明，易引起纠纷 3. 甲乙双方可就有关事项协商达成附加条款，如乙方就读本科或研究生，或乙方未获得毕业证书（学位证书），或甲方有何特殊的体检要求等均可在协议中写明

（二）劳动合同

劳动合同的内容即应该具备的条款项目，主要包括合同主体、劳动合同期限、工作内容、劳动保护和劳动条件、劳动报酬、合同终止的条件、违反劳动合同的责任、劳动纪律。劳动合同的合法条件应具体包括以下几方面。

（1）订立劳动合同的主体必须合法，作为用人单位，必须是依法成立的企业单位、事业单位、国家机关、社会团体和个体经济组织等用人单位；作为劳动者，必须是具有劳动权利能力和劳动能力的自然人。

（2）合同主体为劳动者和用人单位，劳动者应年满 16 周岁。某些特殊行业（如文艺、体育和特种工艺单位）需要招收未满 16 周岁的人员，需经劳动行政部门的审批。对于年满 16 周岁未满 18 周岁的未成年工，国家对其进行特殊保护，如不得安排从事矿山井下、有毒有害、国家规定的第四级体力劳动强度的劳动和其他禁忌从事的劳动。除了必须达到法定的最低劳动年龄外，还必须具备用人单位根据工作需要规定的其他素质要求和身体条件，只有这样，才能成为劳动合同要求的一方当事人——劳动者。作为劳动合同另一方当事人的用人单位，必须是企业、个体经济组织、民办非企业单位、国家机关、事业单位和社会团体。

（3）劳动合同的内容必须合法，劳动合同的所有条款都不能违反国家法律、法规的规定，不得分割国家利益和社会公共利益。

（4）劳动合同订立的形式和程序必须合法。

（5）当事人双方在签订劳动合同时的法律地位平等，没有任何隶属、服从关系，用人单位与劳动者是以平等的身份订立劳动合同。

（6）劳动合同当事人要公平地确定合同权利义务，使双方的权利义务安排大致相当，合同当事人不得利用自己的优势地位或对方的不利地位，而订立有失公平的合同。

（7）合同的双方当事人对合同的各项条款，只有在双方充分表达自己意志基础上，经过平等协商，取得一致意见的情况下，劳动合同才能成立。

（8）订立劳动合同完全出于当事人自己的意志，任何一方不得将自己的意志强加给对方，也不允许第三者干涉劳动合同的订立。

第五章　弹性就业：大学生自主创业

在目前就业压力比较大的情况下，对大学生来说自主创业成为其一个不错的选择，因而，创业教育已然成为当代高等教育的一个重要内容。在高等学校开展创业教育，积极鼓励高校学生自主创业，是深化高等教育教学改革，培养学生创新精神和实践能力的重要途径，对提高人才培养质量和培养创新型人才具有重大意义。

第一节　创业与大学生职业生涯发展

一、创业对大学生的意义

1. 有利于实现自我价值

实现自我价值可以说是大学生创业的主要原动力。大学生通过自主创业，可以把兴趣与职业紧密结合，最大限度地发挥自己的才能。大学生创业与在社会供职不同，他可以做自己最感兴趣、最愿意做和自己认为最值得做的事情。这样有助于最大限度地发挥才能，实现自己的人生价值。

2. 有利于发挥个人潜能

创业可以激发人的想象力、思维力、创新力和创造力，可以充分展现一个人的能力。一个人的能力究竟有多大，谁也不清楚。大部分人就是在这种不清楚中度过了自己的一生，可是创业者却能在创业中使自己的能力得到最大的展现。创业培养了创业者的策划力、执行力，创业增强了创业者的团结力、领导力。这些能力在创业者创业以前都不是很强大，但是在创业者创业的过程中却能得到充分的激发。正是这些能力成就了他们的事业，使这些创业者成为一位成功者。

3. 有利于培养优良作风

大学生在创业的过程中，不可避免地会遇到困难和挫折，甚至失败，在此过程中可以培养大学生顽强的意志和良好的品格，以及勇于承担风险、自立自强、艰苦拼搏的作风。

4. 有利于积累个人财富

享受优越的物质生活是人们追求的人生目标之一，也是创业的原动力。工薪阶层的收入高低不等，不一定都有太多的提升空间。创业者可以通过创业开创一份完全属于自己的事业，获得事业的成功，从而实现提高物质条件的目标。

5. 有利于锤炼自身意志

创业有成功也有失败，但无论是成功还是失败，经过创业实践活动的锤炼，都能够培养出具有管理经验、实践经验的创新型人才，为社会的发展造就一支高素质的企业家队伍。在与困难挫折做斗争的过程中，创业者能经受锤炼，使自己更加成熟干练，使自己的意识和品格得到磨炼与升华。

6. 有利于培养创新精神

创新是一个民族的灵魂，是一个国家兴旺发达的不竭动力。大学生的创业活动，有利于培养其勇于开拓创新的精神，使大学生把就业压力转化为创业动力，从而培养出越来越多的各行各业的创业者。

二、创业能力对大学生职业生涯发展的作用

创业能力的培养和提高对个人职业发展有重要的意义。

1. 有利于实现职业发展目标

在创业能力培育过程中，大学生通过了解商业运作的基本规律和过程，能掌握一定的创业技能和市场分析方法，更加深入地理解市场需求和职业环境，为未来的职业选择提供方向和正确引导，从而增强其职业生涯规划的科学性和可行性。

2. 有利于确定职业发展目标

创业能力的提高是一个不断发展的过程，有什么样的创业能力，就可以规划什么样的职业发展目标。创业能力发展到一个新层次，职业发展目标就可以发展到一个更新的层次。

3. 有利于为职业发展奠定基础

创业能力的培育有效地增强了大学生重要的职业素质，如机会识别能力、团队合作能力、沟通能力、创新能力、管理能力、资源获取与整合能力等，从而提高大学生毕业后的职场适应能力和竞争力，有助于提升个体职业生涯发展空间的高度和广度。创业能力提高了，创业者才可能从容地选择理想的职业，为个人职业发展奠定基础。

第二节　大学生创业过程和其应具备的素质及面临的风险

一、创业的一般过程

创业过程一般包含识别与评估市场机会、准备并撰写经营计划、确定并获取创业所需资源和管理新创企业四个阶段。下面，笔者主要以制造业为例提出如下的创业过程模式。

（1）由技术与市场两个主要方面而形成创业构思。

（2）认真思索初步形成的创业构思；进行竞争因素分析并做出战略选择；对技术进行必要的研究、试验或补充实验，进行工业化初步设计等。

（3）在确定创业并已形成创业构思后，创业者需要一小笔创业启动资金或称为公司

开办费，主要用于必要的研究与开发、工艺与设备设计、技术与市场调研、可行性研究及创业计划、市场营销策划、公关策划及广告策划等。

（4）由创业者组织形成小组，进行项目可行性研究，进一步形成创业计划。

（5）在创业计划完成的同时，要进行创业前的准备。

（6）一切准备好后，开始注册公司，领取营业执照，办理银行开户、税务登记手续等。等到主要管理人员到位后，建立健全公司的各种规章制度。

（7）进行员工招募与员工培训，同时进行设备安装、技术与工艺调试，生产出工业产品，作为工业品大样送检，或送到用户手中进行检测与确认。

（8）签订销售合同，购入原材料，按计划进入生产。

（9）完善质量管理系统。

（10）开业典礼。

（11）对新创企业进行管理。

二、大学生创业者应具备的素质与能力

大学生创业者相对于普通创业者是一个特殊的群体，是指那些具有创新精神、创意思维、创造能力和创业本领的在校或毕业大学生，运用所学知识和才能，发现创业机会、组建团队、创立企业、创造价值的个人或群体。

（一）应具备的素质

1. 创新精神

创新是创业精神的核心，是由创业活动的开创性决定的。由于创业是一种创造性的活动，本身就是对现实的超越，就是一种创新，因此创业离不开创新，创新是创业的源泉。每个成功的创业者都注重创新，可能是开发出新的产品，如苹果手机；可能是新的服务，如百度公司开发的百度搜索引擎；可能是技术创新，如英特尔芯片；可能是商业模式创新，如亚马逊公司的网络图书销售；也可能是探索出新的制度和管理方式，从而获得成功。著名经济学家熊彼特曾经把创新作为创业者与创业精神的重要特征，管理大师德鲁克 1985 年出版的名著《创新与企业家精神》也将创新与创业精神放在一起讨论，从中可以看到两者紧密相关，很难割裂。

2. 冒险精神

创业是一个艰辛的过程，同时又是一个充满风险的过程。创业者面临的外部环境是不确定的，既有竞争对手带来的市场威胁，也有潜在进入者带来的潜在风险，还有替代品提供者形成的威胁，同时政策的不确定性、自然环境的不可预期性等，也都给创业者带来一定的风险，没有风险的创业是很少见的。没有敢冒风险的精神和承担风险的魄力，就不能成为创业者。中外无数创业者虽然生长环境、成长背景和创业机缘各不相同，但大多都是在条件不太成熟和外部环境不太明晰的情况下，敢为人先，勇于第一个跳出来“吃螃蟹”。但是，这里的冒险绝对不是盲目冒险，而是一种理性的

冒险行为。在创业者能够界定风险的前提下，尽可能寻求规避风险的策略，以获得和风险相适应的收益。

3. 诚实守信

在创业过程中，诚信是第一品质，诚信能使交易成本大大降低，提高市场效率，对每一个市场主体都有帮助。

4. 敢于担当

创业就是敢想、敢做、敢担当，既对自己前途负责，又对员工的未来负责，还要对社会负责。对自己负责就是对自己所做的每一项决策、每一件事、每一个行为负全责，承担全部责任，责无旁贷；对员工负责就是对员工的工资奖金、福利待遇、教育培训、晋升发展等方面负责，让员工工作有责任感、归属感、荣誉感；对社会负责就是为社会创造财富，为消费者创造价值，为社会提供工作岗位，为政府交纳税收。只有对自己负责，才能在工作中有责任，有担当；只有对员工负责，员工才能把企业的事情当作自己的事情来做；只有对社会负责，社会才能为企业提供良好的经营环境。

5. 思维敏捷

创业者要思维活跃、直觉敏锐，才能准确解读国家大政方针政策，才能准确抓住商机，才能从竞争激烈的“红海”中找到自己的一片“蓝海”。在市场竞争中要比别人思考得多一点，深一点，才能在危机中找到商业机会。思维敏捷意味着差异化思考，思考问题和解决问题与众不同。经济学中有一个词叫合成谬误，也就是说每个人的思考和行为都是正确的，当把这些单个正确的行为合在一起则会产生错误的结果。比如，商家都想通过降价来实现薄利多销，结果每个商家都降价，就会形成价格战。在市场规模不变的情况下，降价只能使所有参与价格战的商家收入下降。

（二）应具备的能力

创业能力指拥有发现或创造一个新的领域，致力于理解创造新事物（新产品、新市场、新生产过程或原材料、组织现有技术的新方法）的能力。创业能力分为硬件能力和软件能力。硬件能力就是人力、物力和财力；软件能力就是创业者的个人能力，包括专业技能和创业素质。创业能力作为创业者应该具备的工作能力，一般可以通过教育、培训或通过工作经验的积累获得。创业是一项非常具有挑战性的经济活动，是对创业者综合能力的全方位考验。创业能力的高低是决定创业成败的关键因素。

1. 个人内在能力

（1）领导能力。创业者应具有主人翁意识，愿意承担企业管理责任；具有牺牲精神，对企业、员工和利益相关者负责；具有领导者的气质和魅力；具有激励、沟通、协调的能力；具有诚实可靠、令人信服、积极主动、不怕失败的品质。

（2）分析决策能力。创业者应掌握分析问题的方法，对问题进行客观、全面、系统、准确地分析，能够把握问题的实质和关键，善于归纳总结和演绎推理。在问题决策过程中，能够把握方向，不拘泥细节，抓住问题核心，善于取舍，敢于决策。

（3）人际交往能力。创业者须为人随和，乐于交际，善于公关，对内能够与下级、同级和上级保持好密切关系，对外能够妥善处理与股东、消费者、政府部门、媒体部门、社会团体、供应商等利益相关者之间的各种关系。

2. 创业实践能力

（1）市场洞察能力。该能力要求创业者要善于观察，勤于思考，见微知著，对市场环境变化非常敏感，对政策变动反应非常迅速，对产品问题和消费者反馈意见处理非常及时，对自身优势和劣势非常了解，能够敏锐地捕捉到市场机会。因为对市场的解读深刻，不但能发现市场需求，更能根据市场未来发展的趋势，创造需求，引领需求。

（2）评价创业机会能力。该能力要求创业者能够理性地评价创业机会，并根据企业实际情况，决定进入市场和退出市场的时机。评价创业机会需要创业者有政策解读能力、科技发展趋势预测能力、消费者特点感知能力。

（3）创造性解决问题能力。创业需具有开放的思维能力和逆向的思考能力，使创业者不受既有固定模式和传统习惯的束缚，敢于突破思维定式，大胆创新，运用新理念、新思维、新工具、新方法主动解决问题，从而提出创造性的解决方案。

（4）建立企业发展愿景能力。该能力要求创业者能够描绘企业未来发展的蓝图，制订企业发展规划，明确企业发展目标，把企业发展愿景和员工的个人发展有机地结合起来，把员工行为和工作积极性统一到企业的发展愿景上来。

（5）应对不确定性能力。创业者经常面对创业团队、创业政策变化，科学技术变化，消费者态度变化，竞争对手策略变化，环境变化等的不确定性，这就需要创业者灵活多变，审时度势，快速调整解决方案。

（6）评估和防范创业风险能力。该能力要求创业者能够预测创业可能发生的财务风险、投资风险、政策风险等，对上述风险进行科学地评估，寻求规避风险的解决方法，探索出使风险损失最小化的应对方案，并尝试转移风险。

（7）团队合作能力。该能力要求创业者能够组建团结协作、高效、和谐的学习型创业团队，掌握团队沟通、团队激励、团队协调、团队领导、团队控制，从而发挥团队效果。

（8）营销创意能力。该能力要求创业者要善于运用营销新思维、新理念，制订相应的营销策略，把市场营销的科学性和艺术性有机结合起来，通过使用营销工具和营销方法，提高企业的市场开拓力、市场竞争力、客户服务力及品牌影响力。

（9）资源整合能力。该能力要求创业者具有综合组织协调能力，善于整合政策资源、资金资源、人脉资源、环境资源、客户资源等，在整合资源过程中，不求所有，但求所用。

三、创业的风险

（一）创业风险的特征

在当代社会中，大学生创业者必须要充分了解创业风险，尤其是创业风险的特征，才能更好地规避创业风险。具体来说，创业风险的特征主要表现在以下几个方面。

1. 客观性和普遍性

在创业过程中，风险是客观存在的，不以人的意志为转移。也就是说，不管创业者是否意识到，创业风险都会客观地存在于市场环境中。例如，在创业过程中遇到的自然灾害，如地震、洪涝灾害等，都是客观存在的，人们无法左右它。再如，企业产品的每个生命周期都存在着风险，只要产品的结构、质量、更新换代速度等某一方面与市场需求脱节，就会影响产品的竞争力，甚至影响企业的正常运营。创业风险的客观性要求创业者一定要采取正确的态度，承认和正视风险，尽可能采取一定的规避风险的办法，以降低风险发生的频率和损失幅度。

人类在发展的过程中总是会不可避免地面临各种风险，而且随着生产力的发展、科学技术的进步，风险的种类也在不断增加。市场经济从微观角度来说是一种风险经济。因此，创业过程中存在各种各样的风险是较为普遍的。一般市场经济越开放发达，其中隐藏的风险越大。

2. 不确定性和可变性

不确定性可以说是创业风险的最大特点。由于创业风险形成的过程非常复杂，又是随机的，因而创业主体对其何时何地发生、如何发生、损失程度如何等不能全面掌握和确定。具体而言，创业风险的不确定性主要表现在以下几个方面：一是风险发生的概率不确定；二是风险发生的时间和空间不确定；三是风险最终形成的后果不确定。这些方面的不确定让创业者很难把握风险。它不仅会给企业带来过高的防范成本，有时还会让创业者产生无措感。

一般来说，创业风险会随着环境的变化而产生，也会随着环境的变化而消失。因此，创业风险具有可变性。世界上任何事物都是绝对运动和相对静止的统一，而事物之间又存在着普遍的联系，运动变化的事物必然会引起与之相联系的事物的变化。人类社会的不断发展，当然也创造和推动风险的变化和发展。例如，国际形势的变化、金融危机的产生、科学技术的变革等，都可能使创业风险因素发生变动，给创业过程带来影响。

3. 相关性和损益双重性

创业风险虽然是客观存在的，但是创业风险的大小却是与创业者的创业行为及决策息息相关。创业者的决策直接影响着创业者面临的风险及其程度。不同的创业者采用同样的决策会面临不同的风险，即使是同一个创业者在不同的创业阶段做出的不同决策也会有不同的风险。这种相关性就要求创业者一定要规范自己的创业行为，尽量做出正确的决策，以规避风险或是降低风险带来的损害。

创业风险就像一把双刃剑，它给创业者带来消极影响的同时，也会给创业者带来积极的影响。因此，创业者需要正确认识并利用创业风险。风险与机会并存，风险未必就会造成不好的结果，它只是存在造成不良结果的可能。当产生风险时，创业者如果能够将风险充分利用起来，反而会使风险在很大程度上受到控制，并转化为良好的创业机会。

4. 可测性与测不准性

虽然创业风险具有不确定性，但是创业者可以根据详细的分析来推断风险，可以通过一些量化的指标来评估风险，从而及时采取措施，将某种风险发生的概率及其造成的损失程度的系数降到最低。因此，创业风险具有可测性。当然，创业风险的测定又不可能完全是准确的，它也会存在一定的误差，这是创业投资的测不准、创业产品周期的测不准与创业产品市场的测不准等造成的。

（二）创业风险的类型

创业风险依据不同的标准，可以分成不同的类型，具体如下。

1. 以创业风险产生的原因为标准进行划分

以创业风险产生的原因为标准，可以将其细分为客观创业风险和主观创业风险两种类型。

所谓客观创业风险，就是市场变动、政策变化、创业资金缺乏等客观因素导致创业失败的风险。

所谓主观创业风险，就是创业者的身心状况、创业团队的人员状况等主观因素导致创业失败的风险。

2. 以创业风险产生的内容为标准进行划分

以创业风险产生的内容为标准，可以将其细分为创业技术风险、创业生产风险、创业市场风险、创业经济风险、创业管理风险和创业政治风险。

所谓创业技术风险，就是创业企业因技术而可能面临的创业失败风险。

所谓创业生产风险，就是创业企业提供的产品从小批试制到大批生产的过程中所面临的风险。

所谓创业市场风险，就是创业企业因市场的变化而可能面临的创业失败或是出现创业损失的风险。

所谓创业经济风险，就是创业企业因宏观经济环境的变化而可能面临的创业失败风险或是使创业投资者蒙受损失的风险。

所谓创业管理风险，就是创业企业因管理不善而产生的风险。

所谓创业政治风险，就是创业企业因战争、国际关系变化或有关国家政权更迭、政策改变而产生的使创业者蒙受损失甚至是创业失败的风险。

3. 以创业风险对创业资金的影响程度为标准进行划分

以创业风险对创业资金的影响程度为标准，可以将其细分为收益性风险、流动性风险和安全性风险。

所谓收益性风险，就是创业投资的投资方的资本和其他财产不会蒙受损失，但预期实际收益有损失的可能性。

所谓流动性风险，就是创业投资的投资方的资本、其他财产以及预期实际收益会得到有效保障，但其资金可能会因无法按期转移或支付而遭受一定的损失。

所谓安全性风险，就是创业投资的投资方不仅在资本和其他财产方面有蒙受损失的可能性，而且在预期实际收益方面也可能会蒙受一定的损失。

（三）创业风险的来源

创业风险的来源主要包括以下几方面。

1. 资源匮乏

所谓"巧妇难为无米之炊"，因此，想办法聚集创业资源对大学生创业者来说非常关键。否则，企业出现严重的资源缺口，要么受制于人，要么很难起步。

2. 资金不足

创业者在创业初期一直伴随的一个问题的就是资金问题。如果企业没有充足的资金，将很难正常地运作和维持企业的发展。因此，大学生创业者在创业初期就一定要解决好这一问题，否则可能会导致企业运作停止，给企业带来重创。

3. 管理缺口

大学生进行创业活动，有可能是因为自己是某一技术方面的专业人才，利用某一新技术进行创业；也有可能是他们头脑中形成了一些新的商业点子，希望付诸行动而创业。在这两种情况下，虽然大学生步入了创业道路，但往往不具备出色的管理能力，而管理方面出现缺口，很容易让企业面临较大风险。

4. 恶意竞争

如果大学生创业者选择创业的领域竞争非常激烈，那么他们从创业一开始就很可能受到同行的强烈排挤。一些行业内的大企业为了形成垄断，会采用低价销售的手段排挤行业内的小企业。对于大企业来说，其规模效益大，实力雄厚，降低产品价格并不会让他们在短期内消耗"元气"，但对新创企业而言，低价销售很可能会使其走向灭亡。因此，为了更好地应对来自同行的残酷竞争，大学生创业者必须提前做好充分的考虑。

5. 团队分歧

大学生新创企业在诞生和成长过程中最主要的力量一般都源自创业团队。如果创业团队的核心成员在某些问题上产生分歧且不能达到统一时，就很有可能给企业带来较大的风险。

6. 信息和信任危机

在创业过程中，信息和信任危机主要存在于管理型人员和技术型人员之间。这两类人员拥有的知识背景不同，对企业的预测和发展的思考方式也不同。管理型人员对产品流通的市场、渠道比较熟悉，往往更善于整个公司的管理；技术型人员精通技术层面的内容，知道哪些内容在科学上是正确的，哪些内容在技术层面上是可行的。在这种情况下，管理型人员和技术型人员彼此之间如果没有足够的信任和交流，那么将会给企业带来巨大的风险。

7. 业务骨干流失

新创企业在发展的过程中必然要面向市场，要想使企业在市场中立于不败之地，就要拥有一定数量的业务骨干和业务精英。他们常常是企业发展的重要前提和基础。如果企业的业务骨干大量流失，很容易给企业带来较大风险。

第三节　我国大学生的创业概况与特征

一、我国大学生的创业概况

（一）大学生自主创业的现状

1. 创业文化得到倡导，但基础薄弱

随着市场经济的发展，积极的创业文化在全社会范围得到倡导，形成了一定的氛围。创业文化的基本内涵包括鼓励创新、开拓进取、团队精神和兼容、宽容的态度等，符合整个社会发展的潮流。近年来，为支持大学生创业，国家和各级政府出台了许多优惠政策，涉及融资、开业、税收、创业培训、创业指导等诸多方面。鼓励大学生创业，既可以增加经济总量，也可以以创业促进就业，缓解大学生就业压力。学生自主创业已成为越来越重要的择业方式。大学毕业生在社会各行各业中找到了自己的位置，他们在自食其力的同时，也创造了更多的社会价值。即便如此，大学生创业没有赢得社会、家庭的完全认可和支持，明确鼓励大学生创业的高校、家长并不多。无论是向社会宣传创业的大学生还是向高校宣传创业的企业家都比较少，使得创业的舆论氛围不浓厚。大学生仍然把政府部门、大型国有企业和外资企业作为择业的首选目标，自主创业发展步伐缓慢。

2. 创业意识强烈，但实际创业比例低

改革开放以来，中国的体制、政策、市场、技术等条件发生了翻天覆地的变化，也产生了无数的商机，吸引了全世界范围内的创业者和投资者。创业热潮已成为当今中国社会经济生活中一个十分重要而且活跃的现象，是中国经济持续快速发展的强大推动力。进入 21 世纪，社会大众，尤其是大学生就业的巨大压力推动了大学生创业的风潮。

找岗位不如创造岗位，许多大学生选择用创业代替就业，不仅能解决自身的就业问题，而且还能不同程度地为社会提供就业机会。“创业”一词在大学生中流行开来，大学生的创业意识越来越强烈，高校学生涌现出的创业激情和不少毕业生毅然走上自主创业之路的现象成为大学生价值取向和择业的新动向。但是应该看到，虽然有些大学生创业欲望强烈，但其实际参与创业的比例还是很低的。良好的创业能力和素质是大学生自主创业成功的关键，但如今，有些大学生对于创业所需要的能力和素质几乎是一无所知。他们没有意识到，激情不等同于能力，仅靠激情，不可能克服创业路上的所有难题。

3. 创业空间不断拓展

创业发展的潜力很大，空间广阔，同时经济的发展和政策的优化，为创业带来了更多的商机和更适合的市场环境。创业教育的推进，也将不断提高创业者的素质和能力。国家“以创业带动就业”政策的提出和创业计划竞赛的开展，鼓励着越来越多的大学生参与自主创业。

4. 科技转化率低，经营范围窄

据了解，大部分创业学生所从事的行业与自己所学专业无关，他们忽视了技术创新能力，没有发挥出专业特长。在国内创业学生中，有很大一部分学生是从事家教、零售、服务业等技术含量较低的行业，即使涉及网络的创业者也都集中于一些不必进行产品设计、开发、生产的网站维护。而且由于大学生在校读书，不能脱离学校专门从事创业，他们所进行的创业地点都局限在学校内或学校周围，要把创业地点扩展到其他地方有一定的难度。

5. 创业能力不足

作为新时代的大学生，在相对开放的文化和信息环境下，他们思维活跃，不受传统观念制约，有着较强的创新意识。但这些优势并不能掩盖当代大学生创业能力不足的问题，也正是这一问题，使得我国大学生创业明显低于一些发达国家的大学生创业。

大学生创业能力不足除了上面所说的缺乏创业经验之外，还在于他们缺少创业的基本知识和能力。在很大一部分大学生的观念中，创业就是拿一些资金租一个门面，进行食物、物品或服务的交易。殊不知，创业是一门十分庞杂的学科，包含财务管理、市场分析与影响、人力资源管理、技术研发与创新等多门学科，而大学生对这些学科的了解显然存在较大缺口，这就使得他们本身就存在创业知识匮乏的问题。另外，虽然当前高等教育改革开展得如火如荼，但由于这项改革还在初期阶段，其所取得的效果也是十分有限的。

6. 创业失败率高

虽然高校大学生创业有取得成功的，但失败的却相对更多。据统计，大部分的大学生创业最后都以失败而告终。失败的原因很多，如只凭一股热情而缺少创业策划、不熟悉市场、选择项目不合理、年轻浮躁过于理想化、不懂人际交往规则、不善于管理、合伙人不团结、资金不足、家庭变故、要考研而中途退出等。

（二）大学生创业易进入的误区

由于缺少社会实践经验，大学生在创业中主要存在以下几个误区。

1. 趋利误区

企业的发展应该有一个长期的发展战略规划，否则这个企业就失去了灵魂，任凭外部环境有再大的改善，企业也不可能得到发展。如果企业目光短浅，今天看到网络很火便想做网站，明天看到广告业挣钱便想投入去做广告，为了赢利而“东一锤头西一棒子”，没有自己坚定的目标和核心业务，其结果是可想而知的。赢利是创业生存的基础，对于企业来说，赢利是第一位的，但是赢利应该是建立在企业长远发展、规划落实的基础上的。

2. 求大误区

许多大学生对自身经验和能力认识不足，对创业的期望值过高。创业时，选择高成本、高风险的大项目，其结果是创业风险和压力远远超出自身所能承受的范围，最终导致创业失败。因此，大学生创业应调整心态，选择一些低成本、低风险的小项目入手，或从第三产业的项目做起，“先站稳脚跟，然后再展翅高飞”。

3. 技术误区

在创业的过程中，许多大学生把注意力集中于技术的研发，强调技术领先、独特。认为有了好的技术，就能生产出好的产品，就有了一切，却很少考虑这些技术或产品究竟会有多大的市场空间，对产品的市场定位、营销手段组合这些重要方面全然不知。实际上，创业成功与否是受多种因素影响的，技术含量对其固然很重要，但它只是其中一个影响因素而已，除此之外还有营销、管理等影响因素。

4. 受挫误区

创业难免遇到挫折，不能因为遇到一点挫折就放弃。保持一颗平常心，将挫折当作人生的风景线，不怕失败，坦然面对成功，是每个创业者应始终保持的心态。大学生社会经验少，对风险的承受能力较差，遇到挫折往往容易心理负担过重，患得患失。所以，大学生应正确对待创业中出现的挫折，并善于从失败中吸取教训，争取更大的发展。

（三）大学生创业的注意事项

大学生创业是实现自我的一种途径，要想减少创业中存在的风险，必须要注意以下几方面的问题。

1. 要重视市场调查

缺乏经验是目前大学生创业中普遍存在的问题，不少大学生创业者不习惯对其产品或项目做市场调查，而是进行理想化的推断。过于理想化的推断往往站不住脚，而且常常起到误导作用。所以，大学生在创业初期一定要重视市场调查。只有在了解市场的前提下进行创业活动，企业才有可能健康、持续地发展。

2. 确定自己是否适合创业及是否做好了创业准备

当代社会中，大学生走创业之路不应是感情或利益诱惑下的冲动，而应是理性人格的智慧选择。从客观角度来说，不是所有的大学生都具备创业的素质和潜能。因此，大学生在创业之前一定要考虑自己是否适合创业以及是否做好了自主创业的准备。概括来说，大学生可以从以下几方面来考虑。

（1）要考虑自己创业的欲望是否强烈。

（2）要考虑自己有没有创业的资源和能力，创业的胜算有多大。

（3）要考虑自己能否在创业后仍然坚持学习，逐渐了解市场，不断提高自己的能力。

3. 要善于发挥自己的长处

创业成功的大学生或者其他的成功创业者，并不全都是什么“全才”“通才”而是因为其知道要充分发挥自己的长处。具体来说，大学生创业者要想充分发挥自己的长处，应该做到以下几方面。

1）认识、发现自己的最佳智能

现代科学证明，一个人至少存在语言能力、数学能力、思维能力、空间想象能力、音乐能力和情感能力六个方面的能力。这些能力是在实践中得到增长的，往往也是在实践中得到认识的。具体来说，就是大学生创业者应该在实践的过程中去正确认识和发现自己的最佳智能。另外，通过他人对自己的评价也是认识自己的重要途径。马克思说：“人起初是以别人来反映自己的。”心理学家将通过他人对本人的反映而产生的自我称为“镜我”。从社会这面镜子里可以照出许多自己难以看到的东西。当然，认识自己往往不是一次可以完成的，有时会对所选最佳才能产生怀疑、否定并重新调整。这一点对创业成功至关重要。“商场如战场”，知己知彼，才能百战不殆。“知己”的一个重要方面就是知道自己能力的优势。

2）不要太在意自己在其他方面的缺点

正如每个人都有优点一样，每个人也都有缺点，假如自己的这些缺点不碍大局，那么就不要对其太过在意。如果实在是不喜欢自己的这些缺点，可以想办法进行弥补。比如，可以利用自己的优势补偿这些不足，使其变得更加无关紧要，也可以找一个与自己缺点能够进行互补的合作者一起创业。

3）锻炼、强化自己的最佳才能并在创业实践中充分发挥

大学生创业者要想取得成功，光靠拥有美好的愿望是不可能实现的，还必须磨炼自己的意志、强化自己的才能，让自己的优势在实践中得到加强。可以说，能否在创业实践中充分发挥自己的才能，是创业能否取得成功的关键。

4. 不要过度追求个人利益

创业的根本是谋求对社会的意义。凡是将企业做的较大的创业者，当其企业经营到一定规模时，他们先考虑的往往是企业的发展战略问题，因为企业发展的重要性大于个人利益的重要性。同时，我们也应当认识到，只有企业发展了，才会有个人的利益所得。

5. 要避免眼高手低

大学生创业时往往幻想一夜暴富，比如专注于高科技行业，以致不少大学生不屑于服务行业或者技术含量较低的行业。其实，高科技行业需要的资金往往较多，创业风险和难度都比较大，大学生如果对自身认识不足、缺乏经验，很容易失败。因此，大学生在创业时一定要对自身和市场有一个充分的认识，避免眼高手低导致创业失败。

6. 要善于获得他人的帮助

常言道，“一个好汉三个帮”。大学生要创业光靠自己跑“单帮”，搞“个体户”是“不成气候”的。因此，对于打算创业的大学生来说，不要一个人奋斗，创业需要一个团队，团队中每一个人都有所长，也有所短，将合适的人团结在一起才更有战斗力。大学生可以通过以下几方面的技巧来获得他人的帮助。

1）让对方认为帮助自己是有意义的

对于提供帮助的人来说，他们往往会存在一种心理，即自己所帮助的人值不值得帮助。通常来说，人们都比较喜欢帮助那些具有发展前景的、让人信得过的人。所以，大学生要想获得他人的帮助，必须要给人留下良好的印象，让帮助自己的人认为自己是值得帮助的。

2）请求他人帮助时要真心诚意，态度谦虚

在请求他人帮助时，越是真心诚意、态度谦虚，就越能感动对方，大学生在请求别人帮助时一定要认识到这一点。

7. 抗挫折能力要强

有的大学生心理素质比较差，在创业初期一旦遇到挫折就会轻易放弃，其实，创业不仅是一种人生理想，更是一种人生责任。大学生创业者只有将这种责任转化为一种人生动力，才能实现自己的梦想，成就辉煌的人生。

8. 要善于把握创业机遇

机遇是可遇也可求的。既有“不期而至”的机遇，又有经过锲而不舍地追求而赢得的机遇。要把握创业机遇，一般可从以下几方面入手。

1）自创机遇

居里夫人曾说：“弱者等待时机，强者创造时机。”所以，大学生要想取得创业的成功，就要学好创业应具有的知识，拥有一技之长，从而为自己的成功创造条件。

2）要掌握适当的时机

常言道：“机不可失，时不再来。”机遇具有客观性和易逝性的特点，所以需要创业者看准时机，抓住机遇，迅速做出决断并且行动。否则就会和机遇失之交臂。《孙子兵法》曰：“始如处女，敌人开户，后如脱兔，敌不及拒。”讲的就是这个道理。在商场上，如果能够抓住机遇、迅速行动，就很有可能会为企业创造巨大的利益。

3）敢于竞争和冒险

创业中存在着一定的困难和挫折，大学生必须努力战胜这些困难和挫折才能取得创业的成功。在创业过程中，大学生所遇到的机遇也是存在风险的。现代社会是自由、竞争的社会，它在为创业者提供巨大成功机遇的同时，也可能蕴含巨大的风险。一个人如果想取得事业上的成功，不敢竞争和冒险是不行的。当然，竞争和冒险并不是盲目蛮干，而应该是经过一番调查之后的大胆闯拼。

二、大学生创业的特征

创业具有显著的特征，概括来说主要包括以下几方面。

（一）创新性

创业的本质是创新，是变革。创业应该是具有创业精神的个体与有价值的商业机会的结合，是开创新的事业，其本质在于把握机会，创造性地整合资源、创新和超前行动。从企业制度的角度分析，创新既可以是产品（服务）创新，也可以是营销模式创新，还可能是企业组织制度的创新。在这三个层面上的创新中，产品创新和营销模式创新都有可能在已有的企业组织框架内进行。

对于创业者来说，光有创新是不够的，但没有创新的创业活动难有后劲。创新与变革紧密关联，如果创业者不改变自己长期形成的思维模式，就难以识别创业机会，也无法做到创新。对于创业者及其所创建的企业来说，创业与发展的过程永远是不断变革的过程。

（二）利益性

创业的目的多数是为利益，也就是创业的动力，这是创业者的共同心愿。没有利益驱动，人们就不会冒着风险、花很大的成本去创业。创业过程中获利的多少，也是人们衡量创业者创业成功与否的重要参考标准。

（三）现实性

创业必须要从现实出发，不能停留在幻想之中，否则就只能是空中楼阁。所以，要想开辟新的天地，必须冷静、理性、客观地分析一切可能的现实因素，而且，创业机遇往往就隐藏在平凡的现实之中。

（四）风险性

创业是在没有前人思维痕迹的路上去努力创新，既没有成功的经验可供借鉴，也没有所谓的类似“万金油”的方法可套用。因此，创业是有很大风险的。创业成功固然带来喜悦和利润，而创业失败给创业者带来的不仅是沮丧，信心的丧失，还有财产的损失，甚至使其负债累累。在风起云涌、变幻莫测的商海之中，若缺乏相应的分析判断能力，那么，即使是一个百万富翁，也可能在一夜之间沦为乞丐。但是，如果只考虑创业风险不去创业，那就永远不会成为一个成功的创业者。那些细心大胆、勇于面对风险的勇敢者更合适创业。

（五）艰难性

创业之路绝不是笔直的、宽阔的、畅通无阻的，它注定充满了艰难险阻。选择了创业，就等于选择了挑战。任何一个人在创业过程中，都会体验到创业的艰难，尤其是白手起家的创业者，往往需要经过很多年的艰苦奋斗，甚至倾注大量的心血，但是创业也未必成功。所以创业者要有吃苦耐劳的精神，要有接受最糟糕结果的思想准备。正所谓“商场如战场”，战场是很残酷的，短兵相接，商场更是如此。有时候，创业者即使做出了牺牲，也不一定取得胜利，但只要勇往直前，不怕艰难险阻并善于谋略，胜利和成功的希望就会更多一些。

总而言之，创业是创新的过程，是艰苦奋斗的过程，是勇于冒风险的过程，也是财富创造的过程。

第六章　创业基石：培养大学生创业能力

创业的成功有内在因素和外在因素，外部的创业环境和机遇只是创业成功的外因，对成功创业起到催化作用，而真正起到决定性因素的是创业者的内在素质和能力。

创业能力是指创业者要成功创业，需要具备解决和处理创业活动中各种挑战和问题的知识和能力，它可以通过创业理论能力和实践能力的培养来实现。

第一节　凝聚创业人脉

人脉，即人际关系、人际网络，体现人的人缘、社会关系，通过各种渠道所达到的领域。要想做成大事，必定要有做成大事的人际网络和人脉支持系统，积累和经营人脉对于创业的成功具有积极意义。

一、做好人脉规划

合理规划自己的人脉，一段时间后，你将会发现身边到处是可随时协助你的专业人士。在制订人脉规划时，应注意以下几个问题。

1. 人脉资源的结构要科学合理

人脉资源的结构要科学合理，主要表现在年龄结构、性别结构、行业结构、学历与知识素养结构、内外结构、高低层次结构、现在和未来的结构等方面。不少人的人脉圈子结构太单一，导致人脉资源的质量不高。比如，有的人只重视眼前的人脉资源，而忽视了未来的人脉资源，结果，随着职业和事业的发展以及环境的变化，造成关键时刻人脉资源缺位断档，“临时抱佛脚”往往效果不佳。有的人只重视公司内部的人脉资源，而忽视了公司外部的人脉资源，造成圈子狭窄，信息闭塞。

2. 人脉资源要平衡物质和精神方面的需要

对于人脉资源的积累一定要平衡物质和精神方面的需要，千万不可一味地追求物质方面的人脉资源而忽视精神方面的需要，缺少了精神人脉，人就会失去重要的支撑。

二、拓展人脉的途径

1. 通过熟人介绍

熟人介绍是一种事半功倍的人脉资源扩展方法。通过熟人介绍，可以更快地熟悉其他人，对他人有足够的了解，从而为彼此间后期的相处打下良好的基础。

2. 通过参与社团

参与社团可在自然状态下与他人互动建立关系，从中学习服务人群进而创造商机并扩展自己的人脉。在参与社团时，人与人的交往在“自然”的情况下将会更顺利。因为人与人的交往、互动在自然的情况下发生，更有助于建立情感和信任，同时透过社团里面的公益活动、休闲活动，产生人际互动和联系。如果你参加了某个社团，最好能谋到一个组织者的角色，因为，这样你就得到了一个服务他人的机会，在为他人服务的过程中，自然就增加了与他人联系、交流、了解的时间，你的人脉之路也就在自然而然中不断延伸。

3. 善用名片

善于利用名片也是拓展人脉的一个重要途径，为此，一定要注意对名片加强管理，具体应做到以下几方面。

（1）对名片进行分类管理。比如，可以按照地域，如省份、城市等对名片进行分类管理；也可以按人脉资源的性质，如同学、家人等对名片进行分类管理。

（2）当和他人在不同场合交换名片时，一定要详细记住这些名片主人的姓名、行业、联系方式等，过几天可以主动给对方打个电话问候一下或考发个邮件进行交流，这些举动可以让对方加深对你的了解。

（3）要养成经常翻看名片的习惯，趁着工作的间隙，可以主动给对方打个电话或者发个祝福邮件等，以让对方感到你对他的关心和尊重。

（4）要定期对名片进行整理，可以根据自己的常用程度将其分为三类，第一类是需要经常联系的人，对其名片一定要妥善保存；第二类是不太确定的人，这类人名片要暂时先保留；第三类是确定不需要联系的人，这类人的名片可以去除。

第二节　捕捉创业信息

一、捕捉创业信息的渠道

（一）捕捉创业信息的一般渠道

一般而言，创业者在捕捉创业信息时可以借助以下几个渠道。

（1）通过社交群体捕捉创业信息。通过社交群体捕捉创业信息，就是通过亲戚、朋友、同学、同事、邻居、客户等群体捕捉相关的创业信息。

（2）通过政府或是政府服务机构捕捉创业信息。对于创业者来说，其创业能否成功，与当地政府的相关政策有着一定的联系。因此，政府或是政府服务机构也应成为创业者捕捉创业信息的一个重要渠道。

（3）通过现代传媒捕捉创业信息。当前，广播、电视、报纸、杂志、计算机网络等现代传媒的发展十分迅速，且载有很多有价值的信息。因此，创业者在捕捉创业信息时，也可以借助现代传媒这一渠道。

（4）通过民间商业组织和群众团体捕捉创业信息。对于创业者来说，无论其是否参加了各类商会、协会和群众团体，都可以通过这些组织和团体获得一些有偿或无偿的商业信息。

此外，创业者还可以通过图书馆、书店、专利情报所、档案馆、交易会、展览会等来捕捉创业信息。

（二）大学生创业信息捕捉的主要渠道

对于大学生来说，除了可以借助以上几个渠道来捕捉创业信息外，还可以运用以下几个渠道。

（1）通过课堂学习来捕捉创业信息。

（2）通过阅读大学图书馆中与创业指导相关的报刊和图书来捕捉创业信息。

（3）通过参加大学生社团活动来积累创业经验，同时捕捉一些可用的创业信息。

（4）通过大学生创业实践来捕捉创业信息。

（5）通过到实体单位就业来捕捉创业信息。

（6）通过拜访商界人士来捕捉创业信息。

（7）通过咨询与自己创业项目有密切联系的商业团体来捕捉创业信息。

二、捕捉创业信息的程序

创业者在捕捉创业信息时应按照以下程序进行。

1. 明确研究的目的

对创业者来说，开始捕捉市场信息的最有效方式是准备一份信息捕捉的清单。例如，创业者可能会认为他们的产品或服务存在一个市场，但他们不能确定产品或服务如果以某种形式出现，谁将是顾客。这样，一个明确的目标便是向消费者询问他们如何看待该产品或服务，是否愿意购买，并了解有关人口统计的背景资料和消费者个人的态度。

2. 从二手资料中捕捉信息

对创业者来说，最明显的信息来源是已有数据或二手资料。所谓二手资料是指经过编排、加工处理的数据，这些数据可能存在于企业信息系统内，可能存在于经销商、广告代理商和行业协会的信息系统内，也可能出现于政府出版物或商业、贸易刊物上，还可能从提供营销信息的企业购进。由于二手资料是在过去出于不同目的或在不同条件下捕捉来的，其对创业者的实用性自然会受到限制，因此，必须从公正性、有效性和可靠性三个方面对二手资料进行审查和考评。

由于互联网可以提供有关竞争者和行业的深层信息，因此，创业者可以基于互联网获得有关的信息，并可以对其加以拓展作为捕捉一手资料以及购买二手商业资料的一种方式。在考虑一手资料和商业信息资料之前，创业者应该尽其所能获取所有免费的二手资料。

3. 从一手资料中捕捉信息

捕捉一手资料包括一个数据捕捉过程，如观察、上网、访谈、集中小组试验以及问卷等。这种信息的获得一般来说成本都比较高，但却能够获得更有意义的信息，可以更好地识别创业机会。

4. 信息捕捉结果的分析和汇总

在获取了足够的资料之后，创业者就可以着手进行有关的分析研究。如果在分析研究中发现资料仍不充分，就有必要进一步采集所需的有关事实状况的数据资料。

第三节　筛选创业项目

一、创业项目的分类与信息收集

（一）创业项目的分类

按照不同的标准，可以将创业项目划分为不同的类别。弄清楚创业项目的分类，是为了创业者在选择项目时能更清楚、更明确地选择目标，能更好地帮助创业者理清创业思路，对创业项目做出准确选择。

1. 按照行业行为主体划分

按照行业行为主体的不同，可以将创业项目划分为以下几种。

（1）生产行业类，包括农业、畜牧业、养殖业、渔业、采矿业、制造业、加工业、建筑业等。

（2）销售行业类，包括衣、食、住、行、文化、科技、医药卫生等所涉及的各类用品的商业流通行业。

（3）服务行业类，包括旅游业、咨询业、租赁业、房地产管理业、医疗保健业、文化业、餐饮业、酒店业、交通运输业、邮电通信业、金融保险业、广告业、信息服务业、中介服务业以及科学教育、文化卫生等服务业。

2. 按照产业角度划分

按照产业角度的不同，可以将创业项目划分为以下几种。

（1）第一产业类，包括农业种植业、畜牧养殖业、水产养殖业、经济林种植业、果树种植业、种子培植业、休闲农业、观光养殖业等。

（2）第二产业类，包括制造业、采掘业和矿业、建筑业、公用事业等。

（3）第三产业类，包括运输业、旅游餐饮业、网络服务业、休闲娱乐业、信息咨询业、美容健身业、教育培训业、经营贸易业、包装储藏业、维修业、各类生产和生活服务业等。

（二）创业项目的信息收集

大学生在进行创业项目选择之前要做好创业项目信息的收集工作，只有收集更多的创业项目以及相关的信息才能够做出选择，寻找到适合自己的创业项目。

1. 收集信息要敏感

信息无时不有，无处不在。对所有人来说，获取或使用信息的机会都是均等的。然而，不同的是，同样的信息，有的人视而不见，听而不闻，置身于信息的海洋之中却不停地埋怨缺乏信息；有的人则能从一鳞半爪的迹象里获得新的创业思路。出现上述不同结果是因为每个个体对信息的敏感程度不同。敏感程度高的人善于小中见大、触类旁通、举一反三；敏感程度差的人反应迟钝，见大不见小，心无“灵犀”自然 “点”也不通。由此可见，收集信息首先要提高对信息的敏感程度，而提高敏感程度的关键是要转变观念，同时，还要不断拓宽知识面，锻炼和提高对信息的感知能力。

2. 要注意收集边缘信息

边缘信息是指那些表面上看起来与就业关系不大或者没有关系，而实际上却能够对创业起到间接作用，有时甚至是非常重要的间接作用的信息。不能用孤立的、静止的眼光去看待这类信息，而是要把它置于动态发展过程中进行分析。无数的事实告诉我们，许多边缘信息也能够对经济发展、对创业过程产生较大影响。所以，在创业实践过程中，不能忽视对边缘信息的收集和利用，只有这样，才能增加创业的机会。

3. 要拓宽信息收集的途径

可以通过以下几种渠道来收集创业项目信息。

（1）从互联网中收集信息。互联网有大量的信息，是丰富的信息库。

（2）从新出版的书籍中收集信息。新出版的书籍往往能给人带来新的思路，拓展人们对原有事物的看法，从而提高人的创新意识。

（3）从具有权威性的报刊中收集信息。权威性的报刊中发布的信息具有一定的代表性，可以为大学生创业者提供一些参考。

（4）从市场中收集信息。市场的需求是创业项目生存的根本，因此，可以密切关注市场变化，从中寻找创业项目。

（5）从人际交往中收集信息。不同的人会有不同的熟悉领域，可以为大学生创业者提供更多的信息。

（6）从广播、电视节目中收集信息。广播、电视节目中也会提供一些创业项目的相关信息，大学生创业者可以多加注意。

（7）从各种集体活动中收集信息。集体活动中信息会相互碰撞，从而会出现一些新的创业项目。

二、创业项目的考量因素

选择创业项目时，要在对创业者自身条件有了充分认识的基础上，对各种创业项目因素进行考量，主要包括以下几方面。

1. 市场前景

市场前景如何不能只靠直觉，也不能只看一点统计资料和市场预测就下决心，应到市场中去调查研究并加以分析，到商业网点中去了解销售情况。

2. 技术要求

在有技术产品的创业项目中，必须先进行产品技术分析。创业者需要了解该技术创新程度、技术难度、质量规范、市场反应等方面，选择符合市场需求、操作具有可行度并具有发展潜力的技术，避免难度过大、不利于操作实施的技术。

3. 市场空间

市场空间是指某一项目在市场上的参与企业数量。在项目选择时，应通过充分调研项目相关市场信息，包括项目所在地的经济发展水平、居民消费水平、当地风俗习惯等，进而估算出创业项目的市场空间。一般而言，市场空间大的项目当前企业参与的较少，创业者进入容易抢占一定市场份额。

4. 市场竞争程度

一个参与企业多的市场，对新进企业并不友好，创业企业在其中必然面临各方同行业的竞争压力，这大大增加了创业者的创业难度。因此，在项目选择时，创业者应充分考虑市场竞争因素，选择竞争对手较少的项目领域，规避创业风险，减少创业压力，增加创业成功率。

5. 行业发展环境

行业发展环境主要是指创业者对选择创业项目的所属行业进行深入分析，了解该行业发展现状及趋势，明确该行业是处于上升期、成熟期还是下降期，明确所选创业项目是朝阳产业还是夕阳产业。一般来说，朝阳产业创新性强，容易获得政府或投资方支持，一旦成功则后期发展潜力巨大，但项目推进往往也伴随着一定的技术困难。夕阳产业大多技术成熟，项目前期推进较为容易，但市场竞争激烈，后期发展较为困难。

三、筛选创业项目的原则

大学生在筛选创业项目时，一定要遵循以下几条原则。

1. 效益原则和市场原则

大学生创业的目标一方面是为社会创造财富，另一方面也是为了自己能够通过创业获得利益，从而过上更好的生活。所以，大学生在选择创业项目时一定要考虑效益原则。

大学生在选择创业项目时，一定要考虑市场的需求，尽量选择那些市场需求量大、具有广阔发展前景的创业项目。急市场之所急，供市场之所求，只有这样，市场才会支持创业者的创业行为，创业才可能取得成功。

2. 符合国家产业政策原则

大学生在选择创业项目时，一定要选择国家产业政策鼓励、支持的项目，回避国家产业投资明确限制和压产的项目，同时还要考虑其所选项目是否需要特别资格特许经营，自己是否具备相应资格或有能力申请到相应的资格。

3. 充分利用自身优势的原则

不同行业因其性质、特点的不同，对创业者的能力要求也不同，精于此而疏于彼的现象在日常生活中随处可见。因此，大学生创业一定要认清自己的能力倾向以及优势所在，力求与创业的具体要求相匹配。

四、筛选创业项目的方法

创业就是经营自己的事业，最终实现创业者的目标。创业者都希望自己的企业发达兴旺，从而实现自己的创业理想。但是，创业过程中有不少失败者，创业失败的原因很多，项目选择方法错误，也许就是其中一个关键问题。概括来说，筛选创业项目的方法主要有以下几种。

1. 市场热点追踪法

市场是创业者的生命。创业项目投资要注意把握市场商机，寻找热点市场。市场经济规律告诉我们，经济发展总有某个重点阶段，行业发展总有高潮和低谷，大众消费总有某个热点时段。所以创业者开公司、开店，势必有一个热点时期、热点市场，这个时候如果创业项目做得早、下手准、抓得紧、控制好投资规模，创业者大都可以成功获利。

2. 行业分析法

行业不同，行业的特征、经营要求、运行方法、运行原则也不相同。创业者选择创业项目的时候，如果看好某种行业，了解、分析和研究这个行业的操作方法、流程、技术、管理等都是非常有必要的。比如，生产行业中还有很多细小的生产行业，创业者对具体的小行业同样需要进行考察分析。只有行业分析准确了，才能顺势而为。

3. 商业盲点寻找法

创业者要善于从身边、从媒体信息或者自身爱好中发现商机。创业者要具有十分敏锐的“嗅觉”，看到每一个角落存在的商机，发现别人不能发现的商业盲点，这样的创业往往能够取得成功。但创业者需要注意的是，不能因为赚钱的欲望和盈利的驱动，就去追求那些利润高、投资回报短、热门畅销的行业和项目，而忽略了那些初期看似利润较低，创业又不费力，但有广阔发展空间的项目。创业者选择创业项目，就是要独具慧眼，去寻找这些盲点项目。

4. 销售利润分析法

利润是指企业销售产品的收入扣除成本价格和税金以后的余额。它是企业一定时期内获得的经营成果，是商业行为追求的核心，也是创业项目投资考察的重点。只有不断获得利润，企业才有可能存活；只有获得更大的利润，企业才有可能成长壮大。因此，选择创业项目时，创业者要考虑自己会不会获得利润。但在创业之初，不一定要追求利润的最大化，也不适合选择这样的行业，大学生创业应该从小处入手。

5. 经营环境评估法

经营环境评估对选择创业项目十分重要，因为项目成功与否往往是由经营环境决定的。创业者选择创业项目，首先要对这个项目所在的环境进行分析、研究、评估。小到企业生存的自然环境，大到社会环境，都要考虑进去，最好选择小环境优质、大环境优良的具有双重优势的经营环境进行创业，这样创业成功的概率就会大很多。

第四节　整合创业资源

资源基础理论模型的创始人沃纳菲尔特认为：企业是各种资源的集合体。企业具有不同的有形和无形的资源，这些资源可转变成独特的能力；资源在企业间是不可流动且难以复制的；这些独特的资源与能力是企业持久竞争优势的源泉。资源基础理论的主要代表人物巴尼认为，创业资源是指企业在创业的整个过程中先后投入和使用的企业内外各种有形的和无形的资源总和。综上所述，创业资源是指新创企业在创造价值的过程中所需要的特定资产，包括有形与无形资产，如创业人才、创业资本、创业机会、创业技术和创业管理等。

一、创业资源整合的内涵

创新创业资源整合就是指运用科学的方法将不同来源、不同效用的创新创业资源进行配置与优化，把有价值的资源融合起来，发挥最大效用，转化为创业者的竞争优势。大学生创业者往往面对的是一些零散的资源，因此必须要有资源整合的意识，同时努力提升自己的资源整合能力，以便突破自身资源不足的局限和障碍，充分利用好一切现有资源。

二、创业资源整合的原则

（一）渐进性原则

对于任何一个创业企业或者创业团队来说，对自己有利的创业资源往往是不容易完全发掘、支配和利用的。所以，我们只能根据自己对资源的需求程度，通过综合考虑资源开发和利用的成本、收益和不确定性，逐步地寻找和利用各种创业资源，这就是大学生在创业资源整合中需要遵循的渐进性原则。

需要注意的是，在贯彻这一原则的过程中，关键要选择一个适当的整合时机去整合资源，从而降低资源的维护成本。

（二）双赢原则

实际上，任何一种创业资源都是一个相对独立的利益体，尤其是外部资源。因此，大学生创业者在开发和使用创业资源的时候，不能只考虑自身利益，还要考虑创业团队与创业活动中的所有利益相关者的利益。这就是双赢原则。

资源整合围绕的核心就是创造价值。所有利益相关者都能从创业者的创业活动中获得各自期望的利益，那么合作起来彼此就更用心，合作就更能创造出新的价值。

（三）量力而行原则

量力而行原则，是指创业者不仅要对不同的创业资源进行渐进开发和使用，而且要对同一种创业资源进行逐步开发，不可冒进。尤其是对于大学生新创的企业来说，资源开发的能力和经验都还不够强，因此，按部就班地对所需要的创业资源进行开发和使用，是一种十分正确的选择。

（四）比选原则

这一原则是针对外部资源而言的。由于有助于大学生某一创业任务的外部资源有很多，使用不同的外部资源，会面临不同的收益、成本和不确定性，因此大学生创业者要根据创业项目发展的需要、自身的实力以及这些资源的特点，找到尽量多的能够满足某一具体创业目标的资源要素，进行细致的分析和比较，从而选择最适合自己的外部资源。

（五）提前原则

这一原则也是针对外部资源而言的。与内部资源相比，外部资源的整合难度更大、进展也较慢，尤其是外部资源的发现需要一定的过程，所以，大学生创业者在整合外部资源时，要具有超前眼光，要提前酝酿和运筹，不能等到需要的时候再去考虑。

（六）信用原则

大学生在创业过程中，与外部创业资源打交道时一个非常重要的因素就是信用。大学生只有遵循信用原则，在与相关人员打交道的过程中坚持履行诺言，博取信任，才能更好地长期地获得和利用其他一些资源。

三、创业资源整合的过程

创业资源整合的过程是一个复杂的动态循环的过程。在这一过程中，创业者需要对不同来源、不同层次、不同结构、不同内容的资源进行选择、汲取、配置、激活和有机融合，使之具有更大的效用和价值。归纳而言，创业资源整合的过程主要包括四个重要的环节，即资源扫描、资源控制、资源利用和资源拓展。这四个环节是相互影响、紧密衔接的。

（一）资源扫描

资源扫描也叫资源识别，是指创业者发现和认识自己已有的创业资源，同时对创业企业所需的资源进行分析和确认的过程。

首先，创业者要认清自己的资源禀赋以及企业现已拥有的资源，包括所有有价值的有形资产和无形资产，如人才、技术、设备、品牌等。在识别过程中，创业者还应当找到自己的资源优势和不足，同时认清哪些属于战略性资源、哪些属于一般性资源，还要确定资源的数量、质量、使用时间以及使用顺序。对自身资源的认识越深刻，创业者就越能够根据自己的状况来发现机会，就能够更为准确地定位资源的获取和开发。

其次，创业者也要对企业所需的资源进行扫描，要及时发现新创企业所需的资源，确定自己所缺的创业资源可以从哪些途径获得，以及谁拥有这些重要资源，并为获得各种资源渠道的难易程度进行排序，进而寻找利益交集，对资源拥有者的利益需求进行较为深入的分析，并与自己所拥有的资源进行比较，找到利益契合点。

资源扫描的方式主要有以下两种。

（1）自上而下的方式。这是指创业者首先勾勒出创业企业的组织愿景以及实现这一愿景的方式，然后向下发现和认识所需的资源和能力。

（2）自下而上的方式。这是指创业者先开发商业运作的概念模型，分析需要投入的资源，然后扫描现有资源，并把这些资源整合在一起，使其发挥最大效用。

（二）资源控制

在资源控制环节中，创业者应当明白已拥有的资源、可获取的资源和可控制的资源，在此基础上，要学会获取资源。获取资源，是指创业者在识别和确认现已拥有的和企业所需的资源之后，通过一定的途径和方式获取所需资源。在前文中，已经提到了一些资源的获取途径。这里笔者仅对资源购买、资源联盟和资源并购三种获取资源的方式进行简要阐述。

（1）资源购买。资源购买主要是通过市场购入所需的资源，这种方式不太容易获取到一些隐性知识资源。

（2）资源联盟。资源联盟主要是通过联合其他组织，获得一些难以获取的资源，开发一些自己无法开发的资源。这种方式不仅能够获得显性的知识资源，还能获得一些隐性的知识资源。只是需要注意的是，资源联盟必须在双方的资源和能力互补及具有共同利益的前提下进行。

（3）资源并购。资源并购主要是通过股权或资产收购，将企业外部资源内部化。采取这种方式时，一定要确定资源并购双方的资源具有较高的关联度。

对于很多新创企业来说，初始资源禀赋是不完整的，因此大学生创业者要注意取得资源供应商的信任，以获得所需的资源。具体来讲，大学生创业者可以通过一定的手段（如相对完美的商业计划和优良的设施）来展示企业形象，并借此鼓励供应商对企业进行资源投资。当然，创业者的声誉、能力、行为等都是吸引合作者和投资者的强有力因素，声誉好、能力强的创业者必然容易得到更多的支持，获得更多的资源。

（三）资源利用

资源利用，是指创业者在获取和控制大量资源的基础上，对这些资源进行配置和利用。

资源配置主要是对拥有的资源进行合理调整，使它们互相匹配、互相补充，成为一个资源体系。通过对各种资源进行合理配置，创业企业会获得新的资源，也会体现资源的整体价值。这会在很大程度上提升企业的竞争优势。在资源配置过程中，创业者一定要注意对资源做出合理的评价，包括资源的种类、特长、特质以及与其他资源的关系等。

资源利用主要是使用所获取并经过匹配的资源，通过发挥资源的作用生产出产品或服务，为企业创造价值。总之，在配置资源之后，新的资源或竞争优势就会形成，创业者必须利用这种优势来赢得市场。

（四）资源拓展

资源拓展，是指创业者在创业过程中，将以前没有建立起联系的资源联系起来，将新获取的资源与已有的资源进行链接融合，进一步开发潜在的资源为企业所用。拓展资源是企业获取持续竞争优势的根本来源，能够为新创企业带来新的能力，能够为创业者进一步扫描资源、控制资源和利用资源奠定坚实的基础。

四、创业资源整合的方法

一般情况下，许多创业者早期所能获取与利用的资源都相当匮乏，但是成功的创业者往往通过创造性地整合和运用资源，能够成功地寻找到机会，进而推动创业活动的向前发展。所以，大学生创业者一方面要借助自身的创造性利用有限的资源创造尽可能大的价值；另一方面大学生创业者更要设法获取和整合各类战略资源。

（一）善用资源整合技巧

为了确保新创企业的可持续发展，创业者在任何一个阶段都应当考虑如何用有限的资源获得更多的价值创造。资源整合自然是最为必要的选择。对于创业资源的整合，实际上也是有一定的技巧的，掌握了这些技巧，创业者则会更加游刃有余。以下是资源整合的两个重要技巧。

1. 步步为营

大学生创业资源整合的“步步为营”技巧，就是大学生创业在投入资源时要分阶段进行，而且每一阶段投入的资源都要是最有限的。大学生在采用这种创业资源整合技巧时，可具体从以下两方面着手。

（1）为了使企业的经营风险尽可能降低，并确保能够有效地控制所经营的企业，大学生创业者必须做到自力更生，即对外部资源的依赖性要尽可能低。在某些时候，采用“步步为营”的创业技巧，不仅是为了节省资源和成本，更是大学生创业者在资源有限的情况下，实施自己的创业构思，继而获得满意收益的一种重要途径。此外，大学生在实施“步步为营”的创业技巧的过程中，会形成审慎控制和严格管理的价值理念，而这样的价值理念能够在一定程度上确保新创企业得到健康成长。

（2）为了使企业的管理成本得到有效降低，大学生创业者必须设法降低对资源的使用量。不过，过分强调降低成本，可能使产品以及服务的质量受到影响，继而使企业的发展受到制约。因此，需要“有原则地保持节俭”。

2. 学会拼凑

很多创业者在进行资源整合时，会采用拼凑的技巧，即在已有元素的基础上增加一些新的元素，从而对资源进行创新性运用。创业者在开展创业活动时，通常会对自己身边所能寻找到的各种资源进行利用。对于他人来说，一些资源可能是没有用处的，但对于创业者来说却可以借助自己的经验与技巧对这些资源进行整合与创造。

为快速应对创业的新情况，有效整合、运用已有的资源，拼凑是行之有效的一种方法。创业资源的拼凑者必须具有敏锐的眼光，能够发现身边的各类资源并创造性地对它们进行整合与运用。绝大多数，这种情况是不能提前计划的，只能根据具体情况进行分析与处理。由此可以看出，创业具有不确定特征，需要创业者具有良好的资源整合能力。

（二）充分发挥资源杠杆效应

成功的创业者往往善于利用关键资源的杠杆效应，利用他人或者别的企业的资源来帮助自己实现创业理想。资源杠杆效应有其可行性，因为利用一种资源确实能够撬动和获得其他资源，用一种资源补足另一种资源也确实能够产生更高的复合价值。所以，大学生创业者也要注意学会更新和调整资源结构，积累战略性资源。

一般来说，容易产生杠杆效应的资源主要是非物质资源，包括人力资本、社会资本等。创业者的人力资本可以分为一般人力资本与特殊人力资本。一般人力资本包括一般教育背景下以往的工作经验及个性品质特征等；特殊人力资本包括与特定产业相关的知识技能和经验、先前的创业经验或创业背景等。调查显示，特殊人力资本能够帮助创业者更快地整合资源。

社会资本是社会成员从各种不同的社会结构中获得的利益，是一种根植于社会关系网络的优势。它有助于个体开展目的性行为，并为个体带来行为优势。比如，有着广泛社会交际的创业者往往能够掌握更多有利于自己创业的信息，当然也更容易获得相关的包括物质上的、财务上的创业资源。

第五节　实践创业梦想

一、筹备创建企业

（一）明确新创企业的相关组织类型

企业根据不同的属性划分有不同的分类方法。大致来看，新成立的企业通常有如下一些类型。

（1）根据企业和其他合作企业的资产连接方式可分为：独立企业、企业集团、连锁企业等。

（2）按企业的财产组织形式可分为：个体企业、合伙企业和公司制企业等。

（3）根据所有制形式可分为：全民所有制企业、集体企业、私营企业、混合所有制企业、外商投资企业（包括中外合资经营企业、中外合作经营企业和外商独资企业）。

（4）根据企业的生产经营领域可分为：工业企业、商业企业、生产型企业、流通型企业、服务型企业和金融型企业。

（5）根据企业规模可分为：大型企业、中型企业、小型企业。

大学生创建的新成立企业多为中小企业。如果是以一定的技术成果和技术产品作为创业项目，还可以归属为科技型中小企业。对于这类企业，国家相关法律政策是有扶助和支持政策的，地方政府也会有一定的政策倾斜。按照 2011 年修改的《中小企业划型标准规定》，工业从业人员 1000 人以下或营业收入 4 亿元以下的为中小微型企业；软件和信息技术服务业从业人员 300 人以下或营业收入 1 亿元以下的为中小微型企业。其中一些更小的企业可以进一步划为微型企业。微型企业按照行业的不同大致可以认为是人数在几十人左右，年营业收入在 200 万～300 万以下的企业。小型企业和微型企业是当前国家高度关注和大力支持的创业企业形式，这也为大学生开展创业活动提供了前所未有的良好契机。

（二）熟悉企业的法律形式

法人是法律上人格化，享有权利与承担义务的社会组织。企业具有独特属性且在市场经济中占主体地位，因此法律赋予它与自然人相似的独特地位。依照这一标准，最基本的企业划分方法有：个人独资企业（个体企业）、合伙企业、公司三类，其中公司又可分为有限责任公司和股份有限公司。而与大学生创业关系最密切的是个人独资企业、合伙企业。

个人独资企业是企业对外债务承担无限责任，尤其是个人独资企业解散后，原投资人对个人独资企业只依照《中华人民共和国个人独资企业法》在中国境内设立，由一个自然人投资，财产为投资人所有，投资人以其个人财产对企业债务承担无限责任的经营实体。相对而言，个人独资企业更能满足资金缺乏、又不愿与人合股或合伙的个人进行创业。但个人独资企业存续期间的债务仍应承担偿还责任。因此，如选择个人独资企业进行创业，更应注意加强控制企业的各类风险。

合伙企业是指依照《中华人民共和国合伙企业法》在中国境内设立的普通合伙企业和有限合伙企业。根据《中华人民共和国合伙企业法》的规定，合伙企业有两种形式：普通合伙企业和有限合伙企业。普通合伙企业由普通合伙人组成，合伙人对合伙企业债务承担无限连带责任。有限合伙企业由普通合伙人和有限合伙人组成，普通合伙人对合伙企业债务承担无限连带责任，有限合伙人以其认缴的出资额为限对合伙企业债务承担责任。

（三）了解选择新企业法律形式应考虑的因素

大学生创立自己的企业，要选择合理的企业法律形式，大致可以从以下几个方面进行考量。

1. 行业类型

选择何种企业组织形式，与创业者要进入的行业有很大关系。私营独资企业比较适合于零星分散的小规模经营，在个体农业、建筑手工业、零售业、服务行业和自由职业中所占比例较大。一些行业的创业者必须要有合作精神，要建立起合作的团队，就需要考虑私营合伙企业，如创办律师事务所、顾问公司、培训机构等。值得注意的是，原则上企业对于组织形式有选择的自由，但对于从事某些产业的企业，法律上会给予一定的组织形式的限制。例如，一些专门职业（律师等）要求以合伙方式组成。

2. 税收政策

不同的企业组织形式所适用的税收政策是不同的，而且税收政策对企业的影响是长期的。按照法律规定，个人独资企业和合伙企业在缴纳税收的时候只需要按企业所有人为自然人主体缴纳个人所得税。如果是合伙企业需要按合伙人分别缴纳，但如果是公司制企业，除了企业所有人需要缴纳个人所得税之外，还需要以企业为法人主体缴纳企业所得税。大学生创业开办企业，资金来源有限，这时如果能在税收上有一些便利条件，对于改善经营环境是很有利的。如果大学生创业开办公司是以个人的经营技能和经营活动为主，如个人工作室等，并且初步计划企业今后也不打算持续扩大再生产和进一步扩大经营规模，只是保持个人类似于“自由职业者”一般的经营特色，可以考虑个人独资企业；如果有几个志同道合的合作者，则可以考虑合伙企业。

3. 资本需求

不同企业形式在组建时的资本需求是不同的，创业者应根据自己的资金情况选择。同时，不同企业形式的融资能力也不相同，追加投资时的难易程度也不相同。私营独资企业的初创成本要求低，但未来的融资能力也较差；公司制企业的初始投资大，但未来能募集到的资本也更多。

4. 承担责任

按照权利和义务相一致的原则，不同的社会主体形式在与其他主体相比较时，在应尽义务上履行较少，那么相应地在享有的权利上也必定有所减少。不同的企业法律形式也是如此。自然人企业和法人企业在承担责任上有着极大的不同，主要体现在：自然人企业对企业债务承担的责任是无限的。而公司型企业对企业债务承担的责任是有限的。法人企业制度在建立之初就以法人这种独特形式规定了承担债务的有限性，从而有效地规避了企业经营者的个人风险。对于大学生创业者来说，经营风险也是必须要考虑的问题。

5. 创办与运营难易度

就大学生创业而言，万事开头难，企业刚刚成立就需要面临许多经营上的问题，企业的创办和运营的难易度也是大学生创业过程中不可小觑的因素。对于精力有限、人手不足，同时经验又极其匮乏的创业者来说，合伙企业是一个相对比较简便的选择形式。但是合伙企业在企业生命周期问题上存在一定缺陷，不易于企业发展壮大，难以使企业永续经营。

二、注册新创企业

按照现行法律法规，创业者注册新公司需要遵循一定的流程，并需要到相应的政府部门登记审批。相关登记审批项目包括：公司核名、经营项目审批、公司公章备案、验资、申领营业执照、银行开户、购买发票、税务登记、社会保险登记等。

1. 公司核名

注册公司第一步就是公司名称审核，即查名。创业者需要通过市工商行政管理局进行公司名称注册申请，由工商行政管理局三名工商查名科注册官进行综合审定，给予注册核准，并发放盖有市工商行政管理局名称登记专用章的“企业名称预先核准通知书”。

此过程中申办人需提供法人和股东的身份证复印件，并提供2～10 个公司名称，写明经营范围、出资比例。公司名称要符合规范，如北京（地区名）+ 某某（企业名）+ 贸易（行业名）+ 有限公司（类型）。

2. 经营项目审批

新创企业的经营范围中涉及特种行业许可经营项目，需报送相关部门报审盖章。特种许可项目涉及旅馆、印铸刻字、旧货、典当、拍卖、信托寄卖等行业，需要消防、治安、环保、科委等行政部门审批。特种行业许可证办理，根据行业情况及相应部门规定不同，分为前置审批和后置审批。

3. 公司公章备案

企业办理工商注册登记过程中，需要使用图章，由公安部门刻出。公司用章包括公章、财务章、法人章、全体股东章、公司名称章等。

4. 缴纳出资

创业者登记有限责任公司，股东应当按期足额缴纳公司章程规定的各自认缴的出资额。股东以货币出资的，应当将货币出资额存入有限责任公司在银行开设的账户；以非货币财产出资的，应当依法办理其财产权的转移手续。创业者登记股份有限公司，发起人应当书面认足公司章程规定其认购的股份。以非货币财产出资的，应当依法办理其财产权的转移手续。

5. 审查与核准

股东认定公司章程规定的出资后，由全体股东指定的代表或者共同委托的代理人向公司登记机关报送公司登记申请书、公司章程等文件，申请设立登记。

6. 颁发营业执照

2016 年 6 月 30 日，国务院办公厅发布了《国务院办公厅关于加快推进“五证合一、一照一码”登记制度改革的通知》国办发〔2016〕53 号，从 2016 年 10 月 1 日起，全国范围内实施“五证合一”“一照一码”登记，各地将在原有的工商营业执照、组织机构代码证、税务登记证"三证合一"改革基础上，整合社会保险登记证和统计登记证，推进"五证合一"改革。这标志着"温州瓯海模式"已在全面推行。

新的"五证合一"办证模式，采取"一表申请、一窗受理、并联审批、一份证照"的流程：首先，办证人持工商网报系统申请审核通过后打印的《新设企业五证合一登记申请表》，携带其他纸质资料，前往大厅多证合一窗口受理；窗口核对信息、资料无误后，将信息导入工商准入系统，生成工商注册号，并在"五证合一"打证平台生成各部门号码，补录相关信息，同时，窗口专人将企业材料扫描，与《工商企业注册登记联办流转申请表》传递至质监、国税、地税、社保、统计五部门，由五部门分别完成后台信息录入；最后打印出载有一个证号的营业执照。办证模式的创新，大幅度缩短了办证时限，企业只需等待 2 个工作日即可办理以往至少 15 个工作日才能够办结的所有证件，办事效率得到提高。

7. 新创企业办理印章与组织机构代码登记

新创企业领取工商营业执照后，还有一些手续需要办理，如办理印章、组织机构代码登记。

1）办理印章

新创企业一般是到企业所在地公安局特行科办理新创企业印章。办理时需要提交营业执照、法定代表人身份证明等文件、证件。公安局审批后到指定的印章刻制单位刻制新创企业印章。需要说明的是，企业的印章、企业牌匾、企业银行账户、企业信笺所使用的名称应与新创企业在工商行政管理机关登记注册的名称一致。

2）组织机构代码登记

我国实行组织机构代码管理制度，并发布了《全国组织机构代码编制规则》的强制性国家标准，每一个企业组织、事业单位、团体都需要一个唯一的、始终不变的法定代码标识。

创业者应到当地质量技术监督局申请办理组织机构代码证书，申请办理时需提交相关文件、证件，如企业法人营业执照或者营业执照及复印件，法定代表人、负责人身份证及复印件，经办人身份证件及复印件等。

8. 新创企业银行开户

银行是最基本的金融中介，在企业的投资和融资以及结算过程中发挥着不可替代的作用。企业是资金的需求者，不可避免地要和银行打交道。所以，创业者应该了解银行开户的相关手续。

1）银行账户的基本种类

银行账户的基本种类主要有：基本账户、专用账户和辅助账户（表 6-1）。

表 6-1　银行账户的基本种类

种类	相关表述
基本账户	是各企业日常办理转账资金收付和办理现金收付的账户。符合开户条件的企业可按照企业的性质，以及对不同资金管理的要求分别开设不同种类的基本账户

续表

种类	相关表述
专用账户	是指为加强资金管理，对各单位的专用资金所开设的账户，包括专用基金存款户、贷款户及其他种类的专用资金账户等
辅助账户	是基本账户的延伸和补充。辅助账户应与主管单位的基本账户发生资金收付外，一般只收不付或只付不收

2）单位银行结算账户的种类

单位银行结算账户按用途不同，分为基本存款账户、一般存款账户、专用存款账户、临时存款账户（表 6-2）。

表 6-2　单位银行结算账户的种类

种类	相关表述
基本存款账户	是企业办理日常结算和现金收付的账户。基本存款账户只能选择一家银行的一个营业机构开立
一般存款账户	是存款人因借款或其他结算需要，在基本存取款账户开户银行以外的银行营业机构开立的银行结算账户。该账户可以办理现金缴存，但不得办理现金支取。该账户开立数量没有限制
专用存款账户	是对特定用途资金进行专项管理和使用而开立的银行结算账户
临时存款账户	是企业因临时经营活动需要开立的账户，企业可以通过本账户输入或转出资金

3）开立银行账户的程序

开立银行账户的程序包括以下几个步骤。

（1）提交有关开户证明。新创企业开立银行账户时必须要提交有关开户证明，包括营业执照、企业法人代码证件正本、会计正本及开户申请书等。

（2）填写开户申请书。按照要求，开户申请书要填写申请开户企业名称、企业性质、工商行政管理部门批文号、企业地址、联系方式、资金来源、生产经营范围等。申请书由单位盖章后交由银行审查。

（3）填写印鉴卡片。印鉴是开户企业留给银行对鉴定支付款项凭证印章的底样。印鉴卡片应该有开户企业公章和财务主管及会计经办人员名单。开户企业由于人事变动或其他原因，要求更换印鉴时，应重新填写印鉴卡片。企业预留印鉴中的财务公章，必须与账户全称一致。

（4）获得银行编发的账户。填写印鉴卡片后，开户企业获得银行编发的账户。开户企业的账户，即为账户代号。

（5）确立账户的使用方法。银行设立的账户，从使用方法上分为支票户和存折户。开立支票户要求首付款业务频繁且数额较大，财务制度和财会人员健全等。同时还要经银行的严格审核。存折户适用于账面余额小，业务发生少，缺少专职财会人员的单位和个体经营户。

（6）缴存开户款项。开户申请获准后，开户企业应到银行缴存一定数额的资金。通常第一笔存款以转账的形式，个体经营户可持现金开户。

（7）领购业务凭证。企业开户后，为了能使用银行账户办理业务，要向银行购买各种业务所需的凭证，如现金存款证、进账单、转账支票等。

9. 新创企业办理税务登记

新创企业负责人应当自领取营业执照之日起 30 日内，向生产地、经营地或者纳税义务发生地的主管税务机关申报办理税务登记。纳税人开设银行基本账户，申请减税、免税、退税，领购发票，办理停业、歇业等事项时，必须持税务登记证件。办理税务登记的操作步骤如下。

第一，申请人直接向主管税务机关领取税务登记表并按要求填写。

第二，申请人提交相关材料。

第三，主管税务机关收齐申请人应当提交的相关材料后，做出核准登记或不予登记的决定。

第四，申请人到指定窗口领取税务登记证的正本、副本。

10. 新创企业社会保险登记

根据《中华人民共和国社会保险法》《社会保险登记管理暂行办法》《社会保险费征缴暂行条例》，新创企业注册后必须办理社会保险。新创企业应当自成立之日起 30 日内凭营业执照、登记证书或者单位印章向当地的社会保险经办机构申请办理保险登记。

三、为新创企业选址

（一）新创企业选址的影响因素

总体来说，新创企业选址的影响因素包括以下几方面。

1. 政治因素

大学生创业在选择经营地址时，应该要注意政府对市场发展、产业发展等方面做出的规定，出台的法律、法规对新创企业产品或服务、销售价格和营销策略等方面规定。大学生创业尤其是要了解政府就创业方面出台了哪些优惠政策和限制政策，以更好地抢占市场先机，使新创企业经营合法化。若要到国外设立公司时，更应该考虑不同国家的政治环境。

2. 经济因素

新创企业预选地区与社区的购买力取决于当地的经济因素，具体如目标顾客群体的银行存款、收入水平、家庭总收入等。创业者还应注意考察新创企业预选地区与社区的商业环境是否形成了具有竞争力的“团簇”（企业集群）。新创企业地址选在与自身产品或服务相关联企业和相关联机构相对集中的地区是比较容易取得成功的。另外，大学生创业者还应考虑自己的经济承受能力，考虑租金给付的能力和租约的条件。有些货品流通迅速、体积小而又不占空间的行业，如精品店、高级时装店、餐厅等，负担得起高房租，可以设置在高租金区；而家具店、旧货店等，因为需要较大的空间，最好设置在低租金区。在选择创业企业的地址时，由于大学生创业者的创业资本一般都不多，所以应本着节约开支的原则选择合适的经营场所，不能一味地选择好地段。

3. 人口因素

在选择创业企业的地址时，大学生创业者要考虑服务区域的人口情况，了解目标群体的消费状况。特别是要重点了解选址目标区的人口结构、人口数量以及人口稳定状况，消费者的职业与收入状况；还要了解消费者的购买习惯，消费能力等情况。人口因素往往反映该区域的市场需求及市场容量，一般情况下，新创企业地址附近的人口越多、越密集，对新创企业的经营发展就越好。人口聚集区通常为商业区、旅游区、高校区等。

4. 技术因素

以科学研发与生产为项目方向的新创企业，其选址更多的是考虑技术因素。为此，这种新创企业应该考虑将经营场所建在某地区与社区的技术研发中心附近，或建在新技术信息快速传递的地区与社区。这些地段可以让新创企业了解和掌握最新、最前沿的技术发展变化信息及新趋势。

5. 社会文化因素

大学生创业者选择新创企业地址时，要考虑新创企业地址所在地区的社区文化和商业文化，考虑目标顾客群体的文化品位与消费心理。例如，餐饮行业选址时，要考虑当地顾客群体的饮食口味，是偏辣，还是偏清甜，或者偏清淡。不同文化背景的消费者，生活态度与价值取向是有所差异的，因而具有不同的消费观，这直接影响新创企业产品或服务的市场需求与市场拓展。

6. 自然因素

新创企业选择地址，大学生创业者首先要关注所选地址的地质状况、水力资源的利用性、气候变化等，对新创企业生产与经营会产生哪些影响，同时应考虑周边的地理环境。一是交通便利与畅通的程度，大学生创业者要考虑交通条件是否便利，包括停车是否方便、货物运输是否方便、从其他地段到这里乘车是否方便等，对创业企业的销售有很大影响。二是所选地址周围的卫生与硬件设施状况，以及繁华的程度。繁华的程度通常取决于所在位置人口密集程度，这样会带来很大的客流量，如车站附近、码头附近、商业区或同行业集中的街区。

当然，上述各种因素对不同行业的新创企业选择地址而言，考虑的侧重点有所不同，这方面的内容笔者将在后文结合实例进行较为具体的分析。

（二）新创企业选址的技巧

新创企业要想顺利成长，进行科学且行之有效的选址是非常重要的。新创企业选址的技巧主要包括以下几方面。

1. 多方面收集与研究市场信息

市场信息也就是包括政治、经济、技术、社会认可、社会文化等因素的信息，毫无疑问，它们都对新创企业选址产生很大的影响，并决定创业者能否正确地做出选址决策。依据这些因素，创业者可自行进行市场调查或者借助调查公司及相关专业的中介机构，收集市场信息，对所收集的信息进行定性和定量的科学分析，并在此基础上进行科学合理选址。

2. 充分考察与评估备选地址

创业者通常会将几个条件相当的地方作为新创企业选址的备选项。创业者要对这些备选地址进行实地的考察，同时注意采用科学的分析方法评估备选地址。然后，依据新创企业“必需的”和“理想的”选址条件对被选地址再进行详细的比较分析，最终选出性价比最高的地址，也就是最佳的地址。

3. 咨询与听取多方建议

创业者在为新创企业选址时，应该善于咨询、听取多方的建议。咨询有经验的企业家或专业人士，将新创企业选址的备选方案和最佳地址给有经验的企业家或专业人士看，对他们提出的意见和建议进行斟酌、综合比较分析，获得对自己有利的信息。在此基础上，制订详细的备选地址优劣势对比表，依据将要进入的行业产业特点和新创企业市场定位特征，综合运用选址的评估方法，最终确定新创企业选址。

第六节 维护新创企业

新创企业成立初期应以生存为首要目标，其特征是主要依靠自有资金创造自由现金流，实行充分调动“所有的人做所有的事”的群体管理。新创企业成立初期易遭遇资金不足、制度不完善、因人设岗等问题。这些问题都需要通过生存管理来解决，具体的生存管理包括以下几方面。

一、新创企业的产品管理

新创企业的产品管理实际上就是产品的目标市场定位、产品的创新和定价三个方面的管理。

（一）产品的目标市场定位

面对激烈的市场竞争，企业应从实际出发，发挥优势，扬长避短，将自身优势与社会需求相结合，让产品与目标市场定位无缝对接。在这个过程中一般可分为目标市场细分和目标市场战略选择两个步骤。

1. 目标市场细分

目标市场细分对于企业产品定位具有重要意义，企业要想对市场进行细分就必须找到适当的、科学的依据。一般情况下，典型的因素主要有地理、人口统计、心理、行为。

2. 目标市场战略选择

一般地说，有三种目标市场战略可供选择：无差异性市场营销战略、差异性市场营销战略、集中性市场营销战略。无差异性市场营销战略的核心，是针对市场需求中的共性开展市场营销，舍去其中的差异性，这种战略优点是可以减少品种，扩大批量，易于达到规模效益。差异性市场营销战略的优点在于，一方面，可以更好地满足不同消费者的需要，有利于扩大销售；另一方面，企业可以同时在几个细分市场上占有优势。集中性市场营销战略的优点在于企业可以集中所有力量为一个或少数几个细分市场服务，从而能比较深入地了解一个或少数几个细分市场的需要及其他情况，便于采取有针对性的目标市场营销战略，使之在竞争中居于有利的地位，从而提高企业的知名度。

（二）产品的创新

现代企业所销售的产品概念与以往有很大不同，不再是传统的“物品”，而是涵盖了服务、产品、个性等多方面的内容。菲利普·科特勒提出“整体产品”的观点，认为整体产品分为五个层次：核心产品、形式产品、期望产品、附加产品、潜在产品，每个层次都增加了更多的顾客价值及创新性。创业者需要从“整体产品”的高度来看待企业生产的产品和提供的服务，以便清晰地看到自己产品满足客户需求的程度，并为产品创新提供方向指导。

（三）产品的定价

新产品定价主要考虑四个因素。

（1）消费者的价值认知，也就是消费者最高愿意花多少钱满足自身的需求或解决自身的问题，这是产品定价的上限。

（2）产品的成本，新产品的价格应该高于成本，这是定价的底线（注意成本的范围包括直接的成本与间接的成本）。

（3）竞争对手的价格，创业企业的新产品一般要以竞争对手的价格为参照，在其价格周围选择。

（4）考虑到未来的调整空间，包括对企业其他产品的影响，要基于产品的生命周期综合定价。

新产品定价的高低主要看其创新程度的高低，以及竞争对手模仿速度的快慢。如果新产品创新程度非常高，引领潮流，则定高价是完全可行、也是必要的，由此获得高额利润，补偿其高投入或高风险，并支撑其营销与服务体系、后续研发所需要的高投入。如果竞争对手能够快速模仿你的新产品，则宜定一个相对低一点的价格来迅速扩大市场份额，以此来打击竞争对手。

二、新创企业的营销管理

营销管理的实质是以实现企业或组织目标为宗旨，通过对销售的规划、实施、控制和评价，建立和保持与目标市场互利的交换关系，从而达到更好的营销效果。营销管理是企业管理的核心内容之一，对于新创企业来说更意味着生存。因此，创业者应该特别关注营销管理。具体来说应该做到以下几方面。

（一）构建营销渠道

产品制造商都会面临营销渠道的问题，但若企业本身是中间商或零售商，那么它自己就是渠道成员。新创企业的营销渠道建设需要从整体上来布局，对所有可能的渠道进行调研和综合评估，逐步构建渠道价值网络。

新创企业的营销管理者必须建立正确的渠道管理思维。

（1）营销渠道不仅要解决客户买得到产品的问题，更重要的是要与品牌定位和产品特点相匹配，相得益彰，发挥协同效应。品牌所定位的层次也要与营销渠道层次相吻合，建设渠道和打造品牌双管齐下。

（2）渠道是合作伙伴，而不是最终消费者，新创企业需要帮助渠道伙伴顺利分销产品，直至产品最终被客户购买和使用。

（3）要建立渠道影响力。要尽量成为渠道的领导者，通过建设品牌、掌握渠道核心工作和建立后备梯队等方式来获得渠道权力。

（二）渠道战略决策及渠道系统设计

企业要考虑营销渠道是自建还是借用现成渠道。绝大多数新企业都会考虑借用营销中介机构和零售机构的现成渠道，只有少数工业品企业会一开始就自建营销渠道。渠道系统设计分为三个步骤。

（1）分析顾客的服务需求，了解顾客对于批量大小、空间便利、产品品种、等候时间、服务支持等方面的需求水平。

（2）识别出主要的渠道选择方案。

（3）对渠道方案进行评估，从经济性、可控性和适应性三个方面来评价和选择最合适的方案。

（三）营销渠道管理

营销渠道建立之后需要进行长期的管理和维护，持续改进渠道绩效。

第一，对渠道成员进行培训，包括产品知识和营销技巧的培训。

第二，在渠道成员的选择上，需要对渠道成员的资源能力、合作意愿和行业口碑等方面进行综合评价，选择资源能力符合要求、合作意愿强烈和口碑不错的渠道合作伙伴。

第三，激励渠道成员，要制定一套激励措施，定期给予渠道成员一定的激励，如年终返点、销售竞赛等活动。

第四，对渠道成员的绩效进行评估，包括销售指标完成情况、合作水平、特别贡献等方面综合评估，对业绩优异的渠道成员进行奖励和对其经验进行推广，对于业绩不理想的渠道成员则应让其寻找原因甚至更换渠道成员。

新创企业在稳定了现有渠道的基础上，要适时关注渠道的发展趋势，保持对新兴渠道形式的密切关注，努力向新兴渠道延伸市场，如开辟网上渠道、增加专卖店等，扩大市场覆盖面。

三、新创企业的财务管理

（一）新创企业财务管理的目标

新创企业的首要目标是生存，其次是发展、获利。显然，无论是高校毕业生还是其他人，创办企业的目的就是要增加自己的财富，如果企业无法达成这个目标，那么其资金来源就成为问题。因此，企业必须要为企业创办人、股东创造价值。这就决定了企业的财务管理必须要完成筹措资金并有效地投放和使用资金的任务。因此，财务管理的目标就是实现企业创办人或者股东财富最大化或企业价值最大化。

（二）新创企业财务管理的原则

新创企业在进行财务管理时，要遵循以下几大原则。

1.“成本—效益”原则

新创企业在财务管理活动中，要始终坚持“成本—效益”原则，以实现企业价值最大化。要真正贯彻“成本—效益”原则，就必须处处讲求效益和节约成本，争取以最少的成本支出来获取最大的收益。

2. 价值最大化原则

实现价值最大化是企业的经营目标，同样是企业的财务管理目标，也是其必须遵循的基本原则之一。在新创企业的财务管理中，要做好严格控制企业的各项投入与产出、耗费与收入、盈利与亏损，实现企业资金的高效运行。

3. 风险与收益均衡的原则

实现企业价值最大化是财务管理的目标，然而，这种价值最大化与风险价值紧密相连，因此要遵循风险与收益均衡原则。高收益也就意味着高风险，这本身就是市场经济的基本规律。因此，财务管理要尽量在收益与风险之间取得均衡，应该做到既不盲目冒险也不过于保守，加强风险意识，做出正确的财务决策。

4. 资源合理配置原则

财务管理要遵循资源合理配置的原则，使财力资源得到最合理的优化，最大限度地发挥资源的整合效益，既不要使资源出现不足的现象，又要避免资源出现过剩和浪费的现象。

5. 利益关系协调原则

企业财务管理涉及企业各方面的利益关系，即财务关系。财务管理人员要对企业的财产资源有一个明确的认知，同时必须理清企业不同利益者之间的利益关系。遵循利益关系协调原则，应从以下几方面入手。

第一，通过建立一定的机制，以处理企业与经营者的财务关系，确保他们的利益相一致。

第二，在处理财务关系既涉及企业的利益，又涉及员工的切身利益时，应充分关心员工的利益，确保他们的工薪收入及各项相关的福利。

第三，在处理财务关系既涉及企业的利益，又关系国家的利益时，要在合法的前提下尽可能地维护企业利益。

（三）新创企业财务管理的职能

新创企业财务管理中的资金运动及其体现的经济关系，表现为筹资、用资、耗资、分配等，在此过程中所固有的管理职能即为企业财务管理的职能。企业财务管理的职能主要包括以下几方面。

1. 财务计划

为了落实既定决策、合理调节资源配置、明确某一时期内应完成的全部事项，应编制科学合理的财务计划。所谓财务计划，就是指财务人员以数量的形式预测企业未来一定时期内现金流量、经营成果和财务状况，其有短期的，也有长期的。财务计划包括资金需要量计划、成本和费用计划、材料采购计划、生产和销售计划、利润计划、财务收支计划等。

2. 财务决策

所谓财务决策，就是指企业财务人员根据财务管理目标的总体要求，通过合法的手段选择最佳资金筹措和使用方案，使企业的经济效益达到最大。它主要通过财务计划和财务控制为企业经济利益服务。财务决策具体表现为投资决策、筹资决策、营运资本管理决策。

3. 财务控制

所谓财务控制，就是指财务人员通过特定手段调节和指导企业的财务活动，如对比计划与执行的信息、评价下级的业绩等，是执行决策和计划的过程。财务控制的方式主要有防护性控制、前馈性控制（预先控制）、反馈性控制（事后控制）。其中，反馈性控制在财务管理中是最常用的。

（四）新创企业财务管理的具体内容

1. 成本管理

成本管理是企业生产经营管理的一个重要组成部分。成本管理是以成本为对象，借助管理会计的方法，以提供成本信息为主的一个会计分支。成本管理的内容涉及成本开支范围、成本管理的基础工作、划分各种费用界限。新创企业通过成本管理抵抗内外压力、求得生存和发展。

2. 资金管理

经营活动，实际上就是一个“钱进钱出”的过程，这个过程包括商品的购、销、调、存等一系列商业行动，会产生资金占用、流通费用、商业利润等财务问题，这就要求创业者既要懂经营，又要懂理财。作为创业者，创业起步阶段资金不足是普遍现象，要通过多种办法加强资金管理，使有限的资金发挥最大的效用。

3. 财务信息化管理

财务信息化管理是指在财务管理的各个环节，充分利用现代信息技术，建立信息系统，使财务信息得到集成和综合，从而提高财务管理水平和经济效益的过程。对于新创企业而言，财务信息化是一个普遍趋势，特别是在资源共享、信息共享、数据获取方面需要进一步提高。

4. 财务内部控制

财务内部控制制度是企业内部控制的基础。新创企业应当对会计机构的设置，会计人员的职权，凭证资料的签署、传递、汇集流程，会计记录和财务报告的编制与报送事项做出明确的规定。

（五）新创企业财务管理的注意事项

制定财务决策时，创业者应注重以下几个方面。

1. 掌握资金运动规律

注重从公司经济、市场经济、产业经济的角度出发，对财务问题进行多方面的考虑。

2. 更新方法

不但要注重质的分析，更要注重量的分析，通过专业的财务分析与管理工具，优化理财决策。

3. 收益与风险的权衡

要能够评价和计量经营风险和财务风险，避免公司承担超过收益限度的风险。在追加收益的同时，要努力分散风险和规避风险。

4. 充实内容

不能只管资金的收支，还要熟悉在资本市场上融通资金的业务，有效地进行资金预算的编制、现金计划的编制、有价证券以及应收账款和存货等营运资金的管理与控制、长期投资的可行性研究、投资收益的评估等。

5. 研究目标资本结构

要根据公司内外理财环境的变化，优化公司的资本结构，合理利用经营杠杆和财务杠杆，使公司在良好的财务状态下，获得最大的收益。

6. 注意通货膨胀对企业财务的影响

在进行投资融资决策和资产管理时，要注意分析通货膨胀对公司财务的影响，合理调整财务数据，以便正确地评价公司财务状况。

7. 研究资金成本

要注意探讨不同筹资方式下资金成本的计量方法，以及怎样以最低的代价筹集企业生产经营所必需的资金。

8. 关注理财所涉及的法律问题

有必要了解资本市场的交易规则、各类金融工具的权责关系、举债经营的法律责任等问题，要掌握税法。

9. 家庭财物与企业财物要分开

有些创业者认为，企业资源是自己筹措的，业务是自己经营的，企业就像自己的家庭一样，家庭成员就是企业职员，所以家庭钱款和企业经费不用清晰地界定。这种观念在小微企业创业者中比较常见，但这种观念存在很大的隐患，需要创业者特别注意。现金和资产管理在创业初期虽然难以像稳定运转的企业那样完善，但是必须做到账目边界明确，条目清晰。

10. 合理避税

合理避税是在法律允许的情况下，以合法的手段和方式来达到纳税人减少缴纳税款的经济行为。合理避税最基本的宗旨是企业生产经营过程中发生的各项费用要按一定的方法摊入成本。费用分摊就是指企业在保证费用必要支出的前提下，使费用尽可能地摊入成本，实现合理避税。中小企业私营业主在生产经营过程中，也可考虑在不超过计税工资的范畴内为员工办理医疗保险，建立职工养老基金、失业保险基金和职工教育基金等统筹基金，进行企业财产保险和运输保险等。这些方式不仅可以使企业减少税负，还能调动员工积极性。

四、新创企业的风险管理

风险是指可能带来损失的不确定性。新创企业在生存和成长中，将面临不同风险，这些风险随时可能导致企业的失败。新创企业不能因存在风险而放弃经营，正确应对风险的态度应该是全面分析可能存在风险的经营活动收益如何，考察风险爆发的前提、可能性高低、影响面大小等，权衡利弊得失，制订能够降低风险的最佳方案，并在行动中进行监控，一旦风险爆发，可以及时控制局面，尽量挽回损失。

（一）创业风险识别的方法

风险无处不在，只有掌握了识别的办法，才有可能顺利地化解风险。风险识别是指在损失的可能性变为现实性之前，管理者运用各种方法系统、连续地认识组织所面临的各种风险以及分析风险发生的概率、前提及后果。风险识别可以采用案例分析法、流程梳理法、专业调查法、经验数据法等方法。

（1）案例分析法，即搜索同行业、同类型、相同发展期的其他企业风险管理失败的案例，寻找导致失败的风险因素并分析其中关键因素以及因素之间的耦合关系，吸取其经验教训。

（2）流程梳理法，即借鉴行业龙头企业规范，梳理企业的业务活动和管理活动流程，明确所有流程及前提条件是否符合国家相关管理规定，是否符合行业运作常规，是否存在漏洞。

（3）专业调查法，即委托专业的管理咨询机构、行业委员会等专业组织，依靠他们的经验规避经营和管理活动中的风险。

（4）经验数据法，即搜集业内同类企业经营的多种数据，以其为参照比较企业的经营的同类数据，描绘企业常规运行动态曲线，从常规运行曲线外的突变点发现可能的风险。

以上这些方法还可以综合运用，它们的根本目的都是从小细节发现大风险，从而达到见微知著的效果。

（二）创业风险识别的步骤

在进行创业风险识别时，为了获得理想的效果，可以遵循一定的步骤，具体如下。

1. 收集并分析创业风险信息

收集创业风险信息可以说是识别创业风险的第一步，而在收集创业风险信息时可以借助调查、问讯、现场考察等途径。

在获得一定的创业风险信息后，还需要对其进行敏锐的观察和科学的分析，并得出一定的分析结果。

2. 识别创业风险

根据上一步骤中得出的分析结果，可以明确创业风险或是潜在的创业风险的范围。

3. 评估创业风险

借助定量分析、定性分析、假设、模拟等方法，对创业风险的影响进行重点评估，并预计可能发生的后果，提出方案选择。

4. 制订应对创业风险的计划

制订应对创业风险的计划，也就是明确处理创业风险的方法和行动方案。

（三）创业风险识别的意义

对于创业者来说，进行有效的创业风险识别具有十分重要的意义，具体表现在以下几个方面。

1. 能够推动创业管理向规范化方向发展

在创业阶段，管理的责任落在创业者身上，由于创业者精力与能力方面的限制，对各类风险的识别和管理往往是不到位的。建立一个合理的风险管理体系，使各类风险都有人分工负责，可使创业者在对创业风险进行管理的基础上逐渐形成相应的职能管理体系，加快内部管理的正规化。

2. 能够减轻创业的财务负担

创业资金是困扰创业者的主要问题之一，由于财经类大学生创业没有积累，创业往往资金实力薄弱，收入极为有限，现金流量不足。创业者们往往通过多种渠道争取对企业的投入，所以减少风险带来的财产损失就显得格外重要。

3. 能够不断提高创业者的综合素质

创业是一个从无到有的过程，各种因素都处于一种不确定的状态，这些不确定当然包括各种潜在的损失。系统识别和统筹管理这些风险是创业者能力的重要标志之一。

新创企业风险管理可以划分为风险事故发生前防范、风险事故中损失控制、风险事故后补救完善三个阶段。风险事故发生前，风险管理的主要目的是尽早识别风险，做到防患于未然。如果未能阻止风险事故发生，企业应保持积极负责的态度，迅速寻找控制风险扩散、减少损失的办法。风险事故发生后，企业必然受到一定创伤，甚至可能是毁灭性打击。对此，创业者就必须正视现实，不能仅仅沉浸在懊恼、自责、悲伤等情绪中，应该尽可能地全面清理引发风险事故的原因，深入分析究竟是哪些经营活动和管理制度存在漏洞，制定更科学的决策机制，优化相关业务流程，将未来的风险降到最低。

此外，创业者应该熟悉相关的法律法规政策，借力发展。同时，创业者也要适当调整经营方略，能够根据市场的需求，找到适合自己产品或服务的定位，防范市场风险，多方面收集市场中关于新创企业的产品或服务的信息，进而完善新创企业产品或服务的技术环节及工艺流程。

第七章　创新能力：提升大学生创新素养

创新能力是人类的一种高级能力，人类的创新能力是社会发展和人类进步的原动力。大学生作为社会发展的重要人才资源，创新能力不仅直接影响其未来的发展，而且会对国家和社会的发展产生十分重要的作用。因此，新时期，开发与培养大学生的创新能力已经成为国家和社会关注的焦点。

第一节　创新与创业的关系

一、创新与创业的内涵

（一）创新的内涵

1. 创新的概念

近年来，创新这一概念备受人们关注，但对其本质则众说纷纭。有人认为创新就是创造，而有人却认为，两者是两个不同的概念。下面，笔者就对创新这一概念进行具体阐述。

从词源来看，在我国古代《汉书·叙传下》中，就有“创，始造之也”之说。《辞海》将创造解释为“首创前所未有的事物”，它特别强调独创性和首创性。而创新是一个外来词，是在知识经济时代下大力弘扬的理念。由于创新活动首先是一种经济行为，所以对创新的理解，应从经济学范畴内探源。

创新是当代经济学的一个重要概念，首先提出这一概念的是经济学家熊彼特。他在《经济发展理论》一书中，首先使用了创新一词。他将创新定义为新的生产函数的建立，即企业家实行对生产要素的新的组合。它包括以下五种情况：一是引入一种新产品或提供一种新的产品质量；二是采用一种新的生产方法；三是开辟一个新的市场；四是获得一种原料或半成品的新的供给来源；五是实行一种新的企业组织形式。

通过经济学理论的分析可知，创新是指新的生产要素的重新组合或再次发现的知识被引入经济系统的过程。从这个角度来看，只有将创造成果引入经济系统产生效益才能称为创新。具体来说，其含义主要包括以下几个要点。

第一，创新是将新设想或新概念发展到实际应用和成功应用的阶段。当代国际知识管理专家艾米顿认为，创新是从新思想到行动，它首先关注的是现实效益的转化。这里所说的效益，不仅是指经济效益，而且包括社会效益、单位和部门利益及个人利益等。

第二，创新是运用知识或相关信息创造和引进某种有用新事物的过程。这个创造性过程从发现潜在的需要开始，经历新事物的可行性检验，到新事物的广泛应用为止。

第三，创新还可以通过对已有事物进行改进、完善、扩展以获取收益。也就是说，创新既可以是将创造成果推向市场的创造性活动，也可以是建立在已有事物的基础上，生产新成果、产生新效益的创造性活动。

在熊彼特创新概念的基础上，人们进一步提出了技术创新、过程创新、制度创新、体制创新、产品创新、市场创新、营销创新和金融创新等一系列概念，并将发生在企业的微观创新活动上升到国家宏观层面，将各种创新活动看成一个整体，进而提出国家创新体系的概念。

2. 创新的原则

创新的原则就是开展创新活动所依据的法则和判断创新构思所凭借的标准。

1）构思独特原则

兵法中一直强调“出奇制胜”，所谓“出奇”，就是“思维超常”和“构思独特”。创新贵在独特，创新也需要独特。在创新活动中，往往要从创新构思的新颖性、开创性和特色性几个角度进行系统的检查和思考。

2）科学原理原则

创新不得违反科学规律。在进行创新构思时，要注意以下几点：第一，应进行科学原理相容性检查，与科学原理是否相容，是检查创新设想是否具有旺盛生命力的根本标准；第二，必须进行技术方法可行性检查，如果设想所需要的条件超过现有技术方法的可行性范围，则该设想还只能是一种空想；第三，新设想的功能体系是否科学合理，关系到该设想是否具有推广应用的价值。因此，必须认真检查其是否具有科学合理性。

3）相对较优原则

创新不可盲目追求最优、最佳、最美、最先进。许多创新设想都各有各的长处和特色，这时，就需要按相对较优的原则，对设想进行正确的判断和合理的选择。要注意以下几点。

第一，可以从创新技术先进性上比较，看谁领先和超前。

第二，可以从创新经济合理性上比较，看谁合理和节省。

第三，可以从创新整体效果性上比较，看谁全面和优秀。

4）机理简单原则

在现有科学水平和技术条件下，如果不对实现创新方式和手段的复杂性进行限制，创业者所付出的代价可能远远超出合理程度，使得创新的设想或结果失去其本该具有的使用价值。因此，在创新的过程中，要注意以下几点。

第一，新事物所依据的原理是否重叠，超出应有范围。

第二，所拥有的结构是否复杂，超出应有程度。

第三，所具备的功能是否冗余，超出应有数量。

5）不轻易否定、不简单比较原则

在对各种创新方案进行分析评判时，应注意避免轻易否定的倾向。创新的广泛性和普遍性都源于创新的相融性。我们应在尽量避免对自己的设想进行盲目地、过高地估计的同时，也应注意珍惜别人的创意和构想。简单的否定与批评是容易的，难得的却是闪烁着希望的创新构想。

3. 创新的特点

创新的特点主要包括以下几方面。

1）永恒性和普遍性

创新是人的本能，只要有人类，就有创新。也就是说，创新这种活动受到人类自我实现本能的支配和控制。人类的其他活动有可能终止，但创新永远不会终止。创新存在于一切领域，任何学科、行业都会随着时间发生一定的变化。

2）超前性和社会性

由于创新就是相对于他人的首创行为，因此社会认识必然滞后于创新，创新总是超前的。完成一个创新，不但要想，还要做、要实施。创新实施过程中不可避免地会与社会发生联系，产生社会性。

3）艰巨性

创新的艰巨性主要取决于以下两个因素：其一是由于创新的超前性，因为超前，所以可能得不到他人的理解和支持，甚至遭到反对，给创新者造成很大的精神压力，并制造了艰难的创新环境；其二是由于创新本身，创新是做前人或他人没有做过的事情，实现创新的过程和方法都需要不断地经过探索，因此带有不确定性和技术上的难度。

（二）创业的内涵

1. 创业的概念

创业有广义和狭义之分。从广义上讲，创业泛指人类所从事的一切带有开拓意义的社会变革活动，它所涉及的范围十分广泛，无论是政治、经济，还是文化和艺术等，只要人们从事的是以前没有从事过的事业，都可以称之为创业。从狭义上讲，创业指的是社会上的个人或者团体为了创造财富所开展的社会活动。这种社会活动可能是其他个人或团体从事过的，但是对于创业者本身而言，这种社会活动则是其以往没有经历过的，是其从头开始的事业。笔者在本书中研究的创业就是这种狭义的创业。

2. 创业的特点

创业具有一定的特点，概括来说，这些特点主要包括以下几方面。

1）现实性

创业者如果只是拥有创业的热情和激情是远远不够的，创业者必须明白，创业必须以现实为基础，充分考虑现实中存在的一些问题，没有现实作为基础，创业只能是空中楼阁。所以，创业者要想创造出属于自己的事业，必须要对现实中存在的问题进行冷静、客观的分析，脚踏实地地去进行创业。

2）利益性

创业者的创业也许出自多种目的，但根本的动力是获得利益，尤其是经济利益，这也是创业者的共同心愿。创业者在创业的过程中获得利益的多少也是衡量创业成功与否的重要指标之一。

3）风险性

对于创业者而言，他们所从事的创业活动是自己以前从来都没有从事过的，所以，其在创业的过程中需要不断地进行探索和实践。因此，创业具有一定的风险性，这种风险是不以人的意志为转移的。但是创业者可以通过提高自身多方面的知识来有效应对在创业过程中存在的一些风险，趋利避害。

4）多样性

俗话说“三百六十行，行行出状元”。创业者在创业的过程中一定要注意创业的多样性特点，不拘泥于传统观念，不因循守旧，善于根据事业变化的具体情况，及时提出符合客观实际变化的正确思想、办法等，从而找到适合自己发展的正确道路。

5）艰难性

选择了创业，就意味着选择了挑战。对于每一个创业者而言，创业这条路都不是平坦的、笔直的，任何一个人在创业的过程中，都会遇到各种各样的困难和挑战，体验到创业的艰难。特别是白手起家的创业者，有些往往需要经过很多年艰苦的日子，甚至倾注大量的心血，艰苦奋斗，创业才能成功。所以，创业者要有吃苦的思想准备。

二、创新与创业的区别与联系

（一）创新与创业的区别

语言学定义可以帮助我们理解创新与创业的区别。《辞源》中“创”的主要含义是“破坏”，同时也有“开始”和“创立”之意。按照《现代汉语词典》的解释，创新是指抛开旧的、创造新的，也可以简要概括为破旧立新的过程。创新是“新的生产函数的建立”，即“企业家实行对生产要素的新的组合”。创业在《辞海》中的定义是“创立基业”，因此，就可以将创业定义为“事业心、开拓精神教育”或是“企业家精神教育”。为了进一步对创新与创业的关系有一个更加清晰、明确的认识，有学者对研究创新与创业的相关专家做了网上访谈，多位专家对创新与创业的区别给予了热情的解答，下面是一些专家的回答结果，见表 7-1。

表 7-1 国际知名创新创业研究专家的反馈意见

序号	姓名	创新与创业的区别
1	Andrew Zacharakis	创新是发展一项新产品或新生产过程，这一新产品或新生产过程或许有也或许没有商业潜力；而创业是利用这些创新获得商业潜力
2	Lars Kolvereid	创业更多指的是新创建企业的行为。假如你想着一个更宽些的定义，可以定义为个体或团体识别和开发风险机会的过程。创新则是给组织、产业或地区等介绍新的东西，创新一般发生于已有组织、产业或是地区中，分析的单位通常是组织、产业或是地区层面
3	Lowell Busenitz	创业通常是指基于创新主意的新企业创建活动。创新通常指一个大型组织内部的基于研发活动的行为
4	Won Gasse	创新是带给市场上新的东西，而创业是对市场需求的一种响应，不管新颖与否
5	Cheri Stahl	创新包含新技术的导入，而创业导致新财富的创造
6	Anders Stahl	创新主要是对产品或服务而言，而创业主要是对个体而言

创业与创新虽然都具有开创新东西之意，但两者的内涵具有十分显著的区别。创业可能涉及创新，创新也可能涉及创业，人们对创新概念的理解最主要是从经济与技术相结合的角度出发，对技术创新在经济发展过程中的作用进行探讨。创业是一个新的非生命市场参与者的创造过程（新商业的诞生），需要强调的是，“企业从何而来”“人们为什么创建新的商业”“商业是如何被创造的”等，而创新是对生产函数（包括生产力、科学技术、生产资料、生产工具及劳动力和生产关系）的建立等。

（二）创新与创业的内在联系

虽然创业与创新是两个不同的概念，但是两个范畴之间却存在着本质上的契合、内涵上的相互包容和实践过程中的互动发展。熊彼特认为，“创新是生产要素和生产条件的一种从未有过的新组合，这种新组合能够使原来的成本曲线不断更新，由此会产生超额利润或潜在的超额利润”[①]。创新活动的这些本质内涵，体现着它与创业活动性质上的一致性和关联性。

1. 创新是创业的本质

创业应该是具有创业精神的个体与有价值的商业机会的结合，即开创新的事业，其本质在于把握机会、创造性地整合资源、创新和超前行动。创新包括技术创新、制度创新和管理创新。对创业者及其所创建的企业而言，创新就是在创业的过程中具有持续不断的创新思维和创新意识，产生新的、富有创意的想法和方案，并且将这些新的想法和方案通过新产品、新流程、新市场需求以及新的服务方式有效地融入市场，进而创造新的价值或财富的过程。

2. 创新是创业的动力和源泉

创业通过创新拓宽商业视野、获取市场机遇、整合独特资源、推进企业成长。创新能力是最重要的创业资本，创业者在创业的过程中需要具有持续旺盛的创新精神、创新意识，以及独特、活跃、科学的思维方式，这样才可能不断寻求新的思路、新的方法、新的模式、新的出路，最终获得创业成功。

3. 创业推动并深化创新

创业可以推动新发明、新产品或是新服务的不断涌现，创造出新的市场需求，从而进一步推动和深化各方面的创新，因此有助于提高企业或是整个国家的创新能力，推动社会经济的发展。创业的关键在于创新，创新是创业的源泉，持续创新必然推动和成就创业。创新和创业相辅相成，二者的动态融合以及相互影响对于创业成功和企业成长具有不可忽视的作用。创业和创新的融合是一个动态整合、集成与优化的过程，在这一过程中，创新精神、创业能力和市场意识一直是创业成功和企业持续成长的内在动力。

综上所述，可以看出创新与创业虽然有一定的区别，但二者又存在相互的内在相关、密不可分。由于创新与创业的密切关系，创业与创新教育应该相互渗透融合，弘

---

① 陈奎庆，丁恒龙.大学生创新创业教程[M]. 北京：科学出版社，2014.

扬创新创业精神，健全创新创业机制，完善创新与创业的环境，加强产学研结合，加强创新与创业的交叉渗透和集成融合，并且不断地在实践中结合，从而推动社会的可持续发展。

第二节　21 世纪世界的创新变化

一、21 世纪是生命科学的世纪

21 世纪，世界将面临一场剧烈的“基因战”。谁拥有丰富的物种资源，谁就掌握了资源利用的新技术，谁就能在激烈的竞争中掌握主动权。从战略角度来看，信息技术开始向生物技术转移。

二、21 世纪是信息科学的世纪

信息技术是当今世界创新速度最快、通用性最广、渗透力最强的高新技术之一，也是对人类生产生活方式影响最为深远的大趋势之一。工业革命已经进行了 200 多年，但世界上还有很多地区没有实现工业化，而互联网问世只有 20 余年，却几乎覆盖了整个地球。信息科学主导的世界主要有三个定律。

（1）摩尔定律。主要强调计算机芯片的集成度每 18 个月提高一倍，芯片就是以这样的速度在进步，支撑当代所有文明，支撑当代所有系统。

（2）梅特卡夫定律。主要强调计算机价值等于其结点的平方，这是一个几何级数，结点越多，价值越大。

（3）盖茨定律。用比尔•盖茨的名字命名，主要强调创新者脑袋中每拥有一个新主意，将影响全世界每一个企业的心态。

21 世纪，人类已进入信息社会。现代通信网络和交通物流将全球连成整体，宽带、无线、传感、射频等技术创新使得信息获取、传播更快捷，机器感知、信息知识海量获取和存储能力空前提升，人类进入了大数据时代。宽带网络、全球定位、云计算、大数据成为最重要的基础设施。信息知识大数据成为可共创分享、永不枯竭、可无限创新增值的资源。信息化、网络化、智能化与工业化、城镇化、农业现代化深度融合、同步发展。信息等科技酝酿着新突破。

三、21 世纪是知识经济的世纪

知识经济的概念是在经济合作与发展组织（OECD）出版的《以知识为基础的经济》一书中提出的。该书认为，知识经济是以知识为基础的经济，与以资本为基础的工业经济是不同的。知识经济有以下四个特点。

第一，以知识为基础的产业，在产业结构中占主导地位。

第二，知识在经济增长中起主导作用。

第三，知识在生产力的构成中发挥关键性的作用。

第四，与知识有关的费用在成本中占有显著的比重。

从虚拟经济的观点看来，知识资本是一种虚拟资本，包括专利及专有技术、品牌、标准等。从许多国家的发展历程来看，大体上有四个层次：第一个层次是输出初级产品，如农产品、矿产品等；第二个层次是输出制成品；第三个层次是输出资本；第四个层次是输出知识。

21 世纪，世界多极化、经济全球化深入发展，世界经济格局正发生着深刻的变化，各国间综合国力的竞争更趋激烈，世界范围内生产力、生产方式、生活方式、经济社会发展格局正在发生着深刻的变革。创新成为国家竞争力的核心要素。在这种大背景下，世界各国为掌握国际竞争的主动权，纷纷把深度开发人力资源、实现创新驱动发展作为战略选择。

四、21 世纪是科学技术的世纪

21 世纪的科学技术日新月异，突飞猛进。当今世界科学技术发展呈现出多点、群发突破的态势，某些领域将会引发群发性、系统性突破，产生一批重大的理论和技术创新，涌现出一批新兴的交叉前沿方向和领域，进而引发新一轮科技革命。

目前，世界正处在第六次科技革命的前夜，科技革命是科学革命和技术革命的统称，是指引发科技范式、人类的思想观念、生活方式和生产方式的革命性变化的重大科技变革。新一次科技革命和产业革命，涉及科学和技术的深刻变革，为中国科技发展提供了难得的机遇，也带来了前所未有的挑战。有专家认为，第六次科技革命可能是一次新生物学和再生学的革命。在这次科技革命中，生命科学、信息科学、纳米科学、仿生工程和机器人学的结合，信息转换器、人格信息包、两性智能人、人体再生和互联网的结合，可能将使人类获得三种新的“生存形式”，即网络人、仿生人和再生人，加上自然人，人就有四条“命”。

第六次科技革命不但是生命科技、信息科技、纳米科技等三大科技的交叉融合，更是科学革命、技术革命和产业革命三大革命的交叉融合。这是一次“完整意义”的复合型科技革命。第六次科技革命蕴含更加巨大的经济利益和社会利益，掌握第六次科技革命核心技术的国家，在国际信息市场、人才市场和国际军事冲突中，将具有难以动摇的战略优势。同时，第六次科技革命将提供提高人类生活质量，满足精神生活需要，提高发展可持续性，适应宇航时代需要的最新科技。

2012 年 12 月 10 日，美国国家情报委员会（NIC）发布了《全球趋势 2030：多元化的世界（Global Trends 2030：Alternative Worlds）》研究报告，对 2030 年前可能出现的世界性趋势作了预判。报告中将新技术影响等六大因素视为改变世界未来的关键变量。报告认为：近 15～20 年内，人类能否取得科技突破以提高生产率并解决全球人口增长、迅速城市化和气候变化等问题，将深刻影响世界的发展走向。报告提出：到 2030 年，四个技术领域将深度影响着全球的经济、社会和军事发展，它们分别是信息技术、自动化和制造技术、资源技术以及医疗技术。

第三节　创新人才的素质与大学生的创新能力

一、创新人才的素质

（一）具有强烈的创新动机

创新动机是发明创造活动的内在动力，它首先来源于崇高的理想，只有这样才能具有无畏的勇气和为创新献身的精神。其次创新动机来源于对创新的浓厚兴趣。兴趣是人类求知识、探究某种事物或从事某种活动的心理倾向，浓厚的兴趣会使个体产生积极的学习态度，自觉克服困难，从而有所成就。创新者只要对某项创新活动产生了兴趣，他们往往就会不知疲倦地工作，不畏艰险地去闯。兴趣是发明创新活动的动力，强烈的求知欲和求知兴趣，能使人们获得广泛的知识。对学习和工作有兴趣的人往往观察敏锐，精力集中，思维深刻，想象丰富，有助于学习和工作效率的提高。兴趣是创新的起点，也是成才的起点，把兴趣、理想和事业融汇在一起，可以取得辉煌的成就。

（二）具有坚韧的毅力

坚韧的毅力是创新活动取得成功的重要保证。成功者与失败者在志向与毅力这两种非智力因素上存在巨大的反差。因而，在创新人才的性格储备中，应具有百折不挠、锲而不舍的毅力因素。毅力是人们勇往直前、顽强克服各种困难的必胜品质。毅力的强弱是与创新人才的自信程度及必胜信心紧密联系的，毅力具有坚持性与方向性两个基本特征。创新人才都具有“千磨万击还坚劲，任尔东西南北风”的坚韧性。

（三）具有必胜的自信心

自信心是人们相信自己并认为自己能够成功的一种心理状态。必胜的自信心是事业成功的基础，是创新行为的内驱动力，也是创新思维不竭的源泉。成功的创新者大都对自己的才能充满自信。

坚定自信之所以是成功的一大秘诀，在于当你有必胜的自信时，你会产生对事物与自我的超价值评价，即积极性幻想，从而不断地扬弃自我、超越自我。如果缺乏自信，那么就算天赋较高，也很难产生创新动机和行动。

自信是与独立思维、敢于挑战权威紧密联系在一起的。面对逆境，人往往会产生颓废或坚强两种情绪。此时的自信比以往的自信有更为浓厚的基础，这种自信会更加有力地推动你去解决成功道路上的艰难险阻。在成长过程中，环境的逆境与否尚在其次，重要的是要有成功的意志与自信。成功者之所以成功，也正是由于他们总是对自己所从事的事业的正确性深信不疑，永远乐观向上，即使在逆境中也表现出巨大的勇气和力量。创新人才成功的另一大因素，是他们能够从逆境中走出来，变逆境为顺境。逆境中的人的毅力往往能得到更大的召唤与发挥。

二、大学生的创新能力

创新能力是个人运用自己掌握的知识或具有的能力，突破旧认识、旧事物，探索和创造有价值的新知识、新事物的能力。

（一）大学生创新能力的特点

当前，大学生的创新能力主要表现出以下几大特点。

第一，大学生创新能力逐渐增强。大学生的创新能力主要体现在四个方面：批判性思维的能力、积极学习的能力、科学分析的能力、新产品构思的能力。虽然近年来大学生的创新能力呈现逐渐增强趋势，但创业活动对创新能力要求更高，所以尽管自主创业毕业生对创新能力的掌握程度相对较高，但其对创业需求的满足程度则相对偏低。大学生在科学分析、积极学习与批判性思维等方面的能力亟须进一步提高，以满足创业活动对大学生创新能力的要求。高校应积极改革培养模式，将大学生创新能力的培养与专业教育相融合，更加注重大学生综合创新能力的培养。

第二，自主创业大学生对创新能力的掌握程度更高。当前，自主创业的大学生比受雇全职工作的大学生对创新能力的掌握程度更高。

第三，大学生创新能力在性别上无明显差异。

（二）创新能力对大学生的意义

第一，创新能力是当代大学生内在素质的核心。大学生只有具备一定的创新意识和创新能力，才能学有所得、学有所用、学有创新，将大学时期的学习过程转化为真正吸收、转化、创造的过程。

第二，创新能力是当代大学生获取知识的关键。在知识经济时代，知识的增长率加快，陈旧周期不断缩短，转化速度迅速增加。这种情形下，知识的被动接受已逐渐变得不重要，重要的是知识的选择、整合、转换和应用，通过主动的“构建”和“再造”而获得新的知识。

第三，创新能力是当代大学生终身学习的动力。随着高等教育规模的不断扩大，高等教育职能已经完成了由精英教育向素质教育的转化，大学生在创新意识和能力的指引下，更有能力利用各种有利条件、有效资源，根据所从事的工作不断完善自身的知识和能力结构，走出一条创新之路，以更好地实现完善自我和适应社会的目的，进而激发自己终身学习、持续完善，为建设和谐社会打下坚实的智力基础。

（三）大学生的创新能力现状

调查显示，大学生创新能力呈现逐渐增强的趋势，这主要表现在大学生批判性思维的能力、积极学习的能力、科学分析的能力、新产品构思的能力都逐渐增强上。但是与此同时，大学生的创新能力还存在以下几方面的问题。

1. 创新愿望较强，但创新实践较弱

虽然近年来国家急需创新人才的呼声越来越高，但受长期传统文化的影响，我国社会还没有形成良好的创新文化环境，我国的教育体制、课程与教学，还没有形成良好的创新教育运作模式。

2. 逻辑思维能力较强，但创新性的形象思维与灵感思维能力较弱

创造力和智力是两个不同的范畴。大量研究表明，大学生的逻辑思维能力较强，但创新性的形象思维和灵感思维能力较弱。逻辑思维强并不是坏事，因为非创新过程与创新过程都要用到逻辑思维，关键是使用逻辑思维的过程中有无创新想法（创新灵感），是解决“教师”出的题，还是验证“自己”的创新想法。应试教育培养出来的大学生，已经习惯于教师出题他来解，习惯在非创新过程中进行再现思维。因此在高校的创新教育中，要设法引导学生产生创新思维，要自己发现问题，解决问题。

3. 科学知识掌握得较好，但技术素质较差

现在的大学生，经过寒窗苦读，考上了大学。他们能“吃苦”，有“耐力”，能“克制”。客观地说，这种刻苦学习的精神，如果在完成“别人”指定的某项任务中是一种好精神，但这项任务是别人所定，而不是自己的创新想法。在长期指定任务的压抑下，学生缺乏个性、好奇心、批判性和探究精神，缺乏创新性人才所具有的独创性、抗压性和自变性。而创新性人格的形成，只有亲历创新实践，在成功与失败中才能得到塑造。所以，大学要加强创新教育的实践。

第四节　大学生创新人才的培养

一、激发创新意识

所谓创新意识，就是“根据社会和个体生活发展的需要，在学习知识、解决学习和生活中所出现问题的实践过程中，对问题处理时表现出的意向、愿望和设想，并同时推动主体运用变化、组合等创新手段进行探索，获得创新知识与创新能力的一种特定心理状态”①。

对于大学生来说，其在进行创新活动时，最根本的出发点和内在动力就是创新意识。大学生只有具有了创新意识，才能使自己的潜在本质力量得到激发，使自己的能力得到有效发挥进而使其自身获得更好的发展。

（一）创新意识的内容

通常来说，创新意识主要包括创造动机、创造兴趣、创造情感和创造意志。

创造动机：在创造活动中，创造动机是不可或缺的动力因素，它对于人们发动、维

① 沈琴.当代大学生创新意识培养研究[D].西北民族大学硕士学位论文，2014.

持创造性活动具有重要的推动和激励作用。

创造兴趣：所谓创造兴趣，就是促使人们对新奇事物进行积极探求的心理倾向。在创造活动中，创造兴趣的存在能够促使其获得成功。

创造情感：所谓创造情感，就是引起或推进人们完成创造活动的一种心理因素。只有真正具备了正确的创造情感，才能促使创造活动获得成功。

创造意志：所谓创造意志，就是帮助人们在创造活动中克服困难、冲破阻碍的一种心理因素。人们在创造活动中，不可避免地会遇到一些困难与挫折，这时具有良好的创造意志就显得尤为重要。

（二）创新意识激发的方法

1. 提供良好的创新环境

创新意识的激发靠内在的动力，也靠外在的条件。良好的创新环境非常有助于激发大学生的创新意识。所以，应当为大学生提供良好的创新环境。主要包括家庭环境、学校环境、群体环境、国家体制、社会风气等。

第一，家庭环境。家庭生活环境是一个人孕育创新力的最早的环境。诸多资料表明，凡是有创新成就的人，都在早年受到过良好的家庭生活的熏陶。好的家庭生活是严格和民主并重的家庭生活。生活在这样家庭环境的大学生，往往既受过较为严格的训练，又经常自由地发表自己的见解，因而容易拥有创新意识。

第二，学校环境。好的学校不仅教给学生知识，而且教给学生运用和更新知识的能力，鼓励学生独立思考、全面发展。这样，学生既能够在知识的海洋里自由地航行，还能够不断增强自己的创新意识和创新能力。

第三，群体环境。人们在进行创新活动的时候，都是以团体的形式进行。好的团体往往能够挖掘团体中存在的创新潜力，培养出创新人才。好的团体往往善于解决冲突和矛盾，并把团体内的紧张转化为一种公平竞争的意识，转化为一种激发力，而不是破坏力。所以，在良好的群体环境中，个人的创新力更容易发挥出来。

第四，国家体制。历史证明，专制和昏庸的统治会泯灭人民的创新力，而开明和民主的体制则会激发人民的创新力。因为在好的体制下，既要有庄严的法律，又要有丰富的多样化的政治经济和文化生活；既要求有统一的国家意志，又注意发展个人的独立人格。

第五，社会风气。社会中，如果每个人都对创新活动表示热爱与尊敬，对创新者表示羡慕与支持，那么就会激发整个民族的创新力，从而出现人人乐于推陈出新的局面。在拥有这种风气的社会中，创新人才也必然会大量涌现。

从上述可见，不管哪一层次、哪一领域的社会环境，都会对人们创新力的发挥产生一定的影响。所以，想要激发大学生的创新意识，首先应当注重提供良好的创新环境。

2. 拓宽知识视野，完善智能结构

完善的知识和能力结构与开阔的知识视野是大学生自主创新意识形成的根基，能够为大学生创新意识的培养奠定深厚基础，同时也是创新型人才培养的直接动力与源泉。因此，要努力拓宽大学生的知识视野，使其智能结构得到不断完善。

3. 鼓励大学生充分发挥想象力

创新意识作为一种复杂的心理活动，来源于想象力。想象是创新的基础。大胆的创造想象，能够为科学的向前发展和突破提供可能，拥有丰富的想象力，才能促进时代的不断发展。所以，善于创造的人往往是善于想象的人。在人类历史发展的长河里，许多伟大的科学家、发明家、思想家和艺术家都具有丰富的想象力，许多伟大的科学理论和发明创造都萌芽于想象。

在知识和科技快速发展的今天，要想让大学生发挥自己的想象力，就应当针对想象的特点，培养大学生丰富的想象力。具体来说，可以通过扩大大学生的视野，使其获得丰富的感性知识和生活经验来增强想象力，也可以通过借助相关的艺术活动拓宽大学生的想象力。

4. 打破定式思维，培养怀疑精神

定式思维是人们学习和实际生活过程中长期积累而形成的一种思维活动、经验教训和思维习惯，往往是个人经验思维、从众思维或权威思维。定式思维会使人们获得的知识和经验难以得到迁移，无法有新突破。因此，当代大学生要培养自身的创新意识，就要打破墨守成规、千篇一律的定式思维，采取科学的、实事求是的态度对待一些习惯性的思维，培养自己的怀疑精神与批判性意识。美国社会学创始人默顿把怀疑精神概括为科学研究主体的“精神气质”。怀疑精神是指人类不迷信传统、权威，不相信终极真理存在，反对教条主义和权威主义的理性批判精神；是敢于向旧思想、旧理论挑战的一种实证精神和创新品质。它是创新意识形成和发展的思想源泉。因此，大学生一定要正确看待怀疑精神，并努力拥有怀疑精神。

5. 增加生活与工作阅历

激发大学生的创新意识，可以从身边做起，从大学生已知的一切入手，如街边的路牌、途中的风景、吃饭的餐具、工作的桌椅，等等。大学生在生活中经历的事情越多，阅历越丰富，创新意识也就越容易激发。在工作中，当找不出一个好的创意解决方案时，若从日常工作、生活中的所见所闻出发，找到一个点或一个表现，借鉴其成功之处，也能够达到拓宽创意思路的目的。

6. 提高大学生的人文素质

提高大学生的人文素养也是培养大学生创新意识的一个重要方式。从当前来看，在素质教育被大力倡导的背景下，大学生的人文素质培养受到了极大的关注，但从整体水平来看，他们的人文素质还比较低，还有待进一步提升。人文素质包括的内容比较多，如爱国精神、艺术素养、文学素养、荣辱感、责任心、事业心等。高校可以将这些内容设置为一些课程，将其作为选修课让学生学习。在当今的新媒体环境中，高校更要充分发挥网络、多媒体的作用，努力拓宽人文素质教育的空间。对于大学生来说，应当抓住课余时间，积极主动地参加各种丰富多彩的课外人文素质教育活动，来提升自己的人文素养。在提高的人文素质过程中，大学生的创新意识也非常容易被激发。

（三）激发创新意识的意义

创新意识的价值集中体现在以下几方面。

1. 创新意识能够提升人的本质力量

创新实质上确定了一种新的人才标准，它代表人才素质变化的性质和方向，它输出一种重要的信息：社会需要充满生机和活力的人、有开拓精神的人、有新思想道德素质和现代科学文化素质的人。它客观上引导人们朝这个目标提高自己的素质，使人的本质力量在更高的层次上得以确认。它激发人们进一步发挥主体性、能动性、创造性，从而使人自身的内涵获得极大的丰富和扩展。

2. 创新意识能够推动社会的全面进步

创新意识根源于社会生产方式。因此，在创新意识的推动之下，社会生产方式必然会获得进一步发展，进而带动社会经济的发展。与此同时，在创新意识的引导下，人们的思想会进一步获得解放，继而形成先进的思想观念。也就是说，创新意识在促进社会全面发展方面具有重要的作用。

3. 创新意识是决定一个国家、一个民族创新能力最直接的精神力量

创新意识推动社会生产力的发展。科学的本质就是创新，科学技术的每一次进步都是通过创新实现的。科学技术的迅猛发展对人类社会各个方面都产生了深刻而广泛的影响。创新更新了人们的生产工具和生产技术，提高了劳动者的素质，开辟了更广阔的劳动对象，推动了社会生产力的发展。

二、训练创新思维

所谓创新思维，就是“在一定知识、经验和智力基础上，为解决某种问题，运用逻辑思维和非逻辑思维，突破旧的思维模式，以新的思考方式产生新设想并获得成功实施的思维系统”[①]。

（一）创新思维的特征

创新思维的特征，具体来说有以下几个。

1. 风险性

创新、突破是创新思维的核心，但由于没有可借鉴的成功经验、没有可套用的成功方法，创新思维的结果并不都是成功的。因此，创新思维具有风险性特征。

这里需要特别指出的一点是，创新思维的结果不论如何，都能给人们带来新的启示，并能为后人的再次创新提供有益的借鉴。

---

① 周延波，王正洪. 高校创新教育[M]. 北京：科学出版社，2011.

2. 独特性

对于创新思维来说，其最本质的特征便是独特性。创新思维是创新思维者提出的不同寻常的或从未有过的新观念，而且不论在思路的探索、思维的方式、方法和结论上，创新思维都是独具卓识、与他人不同的。这就是创新思维独特性的鲜明表现。

3. 敏感性

通常来说，创新思维者往往能够把握住常规思维者容易忽略的信息，并能够在时空中对新颖且有价值的信息进行有效捕捉。从这一角度来说，创新思维具有敏感性特征。

4. 超越性

通常而言，创新思维能够超越时空、超越物质、超越现象、超越一切传统的东西、超越过去、超越现在，进而创造美好的未来。从这一角度来说，创新思维具有超越性特征。

5. 灵活性

创新思维的灵活性特征，指的是创新思维不会被某种固定的思维模式、思维程序、思维方法等局限，而是会因时、因事而异，表现出明显的多样性。

6. 流畅性

创新思维往往是多向的、多维的，会从多个角度对事物的功能以及会产生的结果进行思考，并对可能导致的结果进行预测。但是，创新思维并不是在时间的压力下产生的，且不须迅速产生结果，而是创新思维者在适合的条件下，在短时间内产生的大量有意义的观念，这便是创新思维的流畅性特征。

7. 综合性

创新思维是将知识信息因素、智力因素、个性因素、身体因素等多种因素进行有机融合的综合性思维活动，因而具有鲜明的综合性特征。

（二）创新思维的障碍

创新思维的障碍是多种多样的，其中最常见的有以下几个。

1. 依赖经验

人们在长期的实践活动中，取得并积累了一定的经验，而这些经验对后世人们的实践活动，具有重要的启发、指导意义。但是，经验是人们初步的感性认识，是表面性的东西，未能将事物的本质和规律充分反映出来。而且，有很多经验具有较大的偶然性，或是只在某一时期或范围内适用。因此，创新思维者要注意对经验的适用性进行有效判别，不可仅仅依赖经验。

2. 盲目从众

所谓盲目从众，就是不进行独立思考，对大众的说法、做法等盲目跟从。在现实生活中，每个人都或多或少地存在从众心理，但是在从众时需要理性，不可盲目，并要始终保持独立思考的意识，以防走弯路。

3. 受缚权威

在一些专业领域中，一些有建树的专家、学者等往往被称为权威。而人们在进入这些专业领域时，会对权威的观点十分看重。可是，权威的观点并不总是正确的、全面的。因此，对于权威的观点，要客观、公正地对待，不可盲目相信，以免影响创新思维的进行。

4. 屈从习惯

所谓屈从习惯，简单来说就是在对待问题时，总是按习惯进行思考。由于习惯是难以改变的，而且在其影响下，人们的思维会被限制，从而无法进行创新。因此，切实打破习惯性思维、主动寻求新的思维方法是极其重要的。

5. 简单刻板

所谓简单刻板，就是在进行思考时不懂得变通。在这种情况下，人们无法有效地对思维活动中出现的新情况进行把握，继而难以做出迅速有效的反应。因此，在日常的生活、工作和学习中要积极打破简单刻板的思维。

6. 迷信书本

在人类知识的传播和文明的传承过程中，书本起了极其重要的作用，而且在很多时候，书被等同于知识。因此，有不少人认为，一个人拥有了较多的书本知识，其创新能力会较强；书本上的知识都是正确的，若是自己的发现与书本不一致，则一定是错的等。在这种认识的影响下，人们不会去做书上没说或明确说不能做的事情，他们完全相信所谓的比自己读书多的人的话。这种过分相信书本知识而不能突破和创新的思维方式，便是迷信书本，对创新思维的产生是极其不利的。因此，要积极破除书本迷信，客观、科学地对待书本知识。

7. 僵化麻木

在现实生活中，很多人都存在僵化麻木的情感，对待任何事情都是见怪不怪的态度。之所以会这样，主要是因为人们对事物缺乏好奇心。好奇心是创新意识的诱发剂，对于创新思维的产生具有十分重要的作用。因此，积极克服僵化麻木的情感是十分重要的。

（三）大学生创新思维培养的途径

大学生的创新思维，主要是通过学校教育实现的。高校在对大学生的创新思维进行培养时，可以借助以下几个途径。

1. 要适当增加实践性教学的比重

创新是在理论与实际相结合的基础上进行的，因此，在培养大学生的创新思维时，适当提高实践性教学的比重是十分重要的。为此，高校要尽可能地增加校内试验、模拟实习等实践课程，并适当增加这些实践课程的课时。与此同时，高校还要积极进行校企合作，使大学生的实习由校内延伸到校外。同时在这一过程中，高校要积极帮助大学生提出具有新意的问题。

2. 要切实认识到培养大学生创新思维的重要性

高校作为对社会所需高素质人才进行培养的重要基地，要切实认识到培养大学生创新思维的重要性，并在日常教育教学工作中注意对大学生的创新思维进行培养。只有这样，大学生创新思维的培养工作才可能落到实处。

3. 要促使大学生不断积累知识

创新思维的产生，离不开知识这一重要的条件。因此，高校在对大学生进行教育时，要尽可能多地将知识传授给大学生，并帮助大学生有效地消化、吸收这种知识。与此同时，高校还应帮助大学生不断对其自身的知识结构进行调整和更新，使其能够更好地适应多元变化的客观世界。

4. 要积极对教学过程进行改进

教学过程的条件、环境和手段等，都会对大学生创新思维的培养产生直接的影响。因此，高校要培养大学生的创新思维，就要尽可能地对教学过程进行改进，使其与大学生的思维规律相符合。

5. 要切实提高教师的创新意识和创新能力

大学生创新思维和创新能力的培养，与教师有着十分密切的关系。高校创新思维教育的实施，离不开具有创新意识和创新能力的教师。因此，切实提高教师的创新意识和创新能力，确保教师将创新体现在教育教学的过程之中，能有效地对大学生的创新意识和创新思维进行培养。

（四）大学生创新思维培养的意义

积极培养大学生的创新思维具有十分重要的意义，具体来说表现在以下几个方面。

1. 能够促使大学生成为创新型的人才

创新思维是高度发展的最可贵的思维形式，只有具备了创新思维，才能进行创新活动、产生创新成果。通过对大学生的创新思维进行培养，可以使大学生形成积极创新的习惯，并时刻保持创新的冲动，进而在日后的工作中产生创新成果，成长为创新型的人才。

2. 能够推进全面素质教育的实施

全面素质教育注重对学生的创新能力进行培养，目标是培养创新型人才。这就要求高校在注重对大学生进行知识教育的同时，也要注重对大学生的创新能力进行培养。要培养大学生的创新能力，十分重要的一项内容就是促使大学生形成创新思维。对大学生创新思维的培养，会使大学生成长为创新型人才，从而推动全面素质教育获得进一步发展。

3. 能够促进经济、科技和社会的发展

当前，经济的增长、科技的进步以及社会的发展，越来越受制于知识、人才、民族素质和创造能力。通过对大学生的创新思维进行培养，可以使其形成良好的创新精神和创新能力，为国家生产出众多的创新成果，从而推动国家经济、科技和社会的发展。

三、开发创新能力

（一）大学生创新能力开发的方法

大学生创新能力开发的方法主要包括以下几种。

1. 学习

任何创新，都是在前人已有知识和经验的基础上进行的。离开已有的知识和经验，就不可能创造出新的知识。这就要求我们必须继承和学习前人留下的宝贵知识财富。学习能够保持头脑活跃，能够为大脑产生突破性思维提供营养。

在知识成为最重要资本的时代，重要的是“学习怎样学习和怎样思考”，即学会学习，特别是学会自学和快速学习。自学能力是学习中最重要的一种能力，当代创新人才靠勤奋自学获得成功的比比皆是。人的一生中大部分知识是通过自学完成的，因此培养自学能力，是提高创新能力的重要方式。在社会竞争日趋激烈的今天，任何人都只能边干边学，即通过实践学习，把学习变成工作的一部分，把工作变成学习的过程。只有既善于通过学习继承前人财富，又善于培养运用知识的能力，才能真正成为创新人才。只有创新式的学习，才能有学习后的创新。

2. 实践

马克思根据对人的实践的唯物主义的理解，提出了“劳动是积极的、创造性的活动”的论断。实践既是创新活动的出发点，也是创新活动的实现过程和归宿点。创新需要和创新问题的提出来自实践，创新以实践为手段，创新的价值由实践来检验。

人类的一切实践活动都是一个过程。整个实践过程都需要主体发挥其创新能力，实践是促进主体创新能力提高的最有效手段。通过实践获得创新所需的各种知识准备与科学材料的积累，通过实践掌握创新的各种思维方法和实践方法。创新必须具备相关实践活动的知识和达到一定水平的实践技能。如果一个人缺乏相关实践活动的实际参与，缺乏相关实践活动的知识和技能，要发挥其创新能力是不可能的。在知识经济时代，个人应掌握的基本实践技能和能力有：掌握处理信息的技能、实践操作技能、交流表达能力和决断能力等。

3. 善于从平凡中创新

创新不是凭空而来的，伟大的创新常常产生于看似平常的旧事物。创新的起点在于发现问题，而在日常生活、工作中最容易发现问题，我们身边创新的机会无处不在，关键在于你是否去寻找并注意它。同样的事物，从不同的角度去观察会有不同的结果。现实世界中一些看似复杂的表象却是由一些简单的要素组合而成的。例如，所有的声音都是由五种基本音所组合而成的，所有的画都是由三种原色的变化方式所构成的，所有的算术表达式都是以十种符号所构成的等。

所以，不要认为创新很难，关键就在于谁善于去发掘，谁能把握住机会，谁就能采撷到闪光的“金子”。经常换一个角度去思考看似平凡的事物，用心去思考，从日常小事做起，可能会获得意想不到的创新。

（二）大学生创新能力开发的途径

1. 加强情感智力修养

一般来讲，人的性格决定人适合做什么，不适合做什么，创新社会性强，难度大，人的性格往往决定了一个人能不能创新成功，但性格是可以通过训练、锻炼重新塑造的。有关人格品质和情感智力的科学培育方法，就是塑造良好性格的重要途径。创新活动社会性强，创新能力含有善于处理个人与社会关系的能力。从实践情况来看，即使性格很内向的人只要认真坚持锻炼、实践，是能够重塑良好性格，增强创新能力的，当然，不能仅从性格内向外向上来区别谁更适合做创新工作，比如诚信、追求卓越等品质远比内向、外向的品质重要。因此，无论原有性格具有什么特点，都应注意人格品质和情感智力的修养与锻炼。

2. 努力营建先进文化环境

要培养开发培育大学生的创新能力，除了大学生要努力提高先进文化的修养外，更要注意营建周围环境的先进文化氛围。从利于创新的角度看，营建先进的文化氛围的内容应有以下几方面内容。

第一，创建努力学习运用创新思维、创新技能的氛围。

第二，结识有助于创新的朋友、导师和专家。

第三，积极进行合作、自信、活力、自我激励、追求卓越等创新个性品质锻炼，学习运用情感智力。

3. 尽快普及创新教育

长期以来，创造创新教育在我国各级各类学校教育中并未受到应有的重视，这影响着受教育者创造创新能力的培育和开发，也影响着我国创造创新教育本身的研究与发展。当前，各级各类教育应尽快增设创造创新教育的有关课程，将创造创新教育从无到有普及开来。企业、单位也应通过培训，个人可通过自学，掌握运用有关基本内容。随着创造创新教育水平的不断提高和师资队伍建设的加强，应根据各级各类教育的不同特点，开展多层次的创造创新教育。

4. 建立创新运作系统

创新运作系统是指了解前沿和市场情况，学习掌握运用新的技术，与高校专家学者合作，寻找需求，探索新技术、新想法与满足市场需求的各环节链接点有机结合，高效运转的机制。简言之，就是要建立和完善将新技术、新发明成功应用的运作系统。根据个人、单位的情况和环境，建立适合自身的创新模式。

四、倡导创新精神

创新精神是指人们在创新活动中所具有的较为稳定的心理倾向，它是创新人才发展的动力保证和精神品格。也就是说，一个人要想进行创新活动，必须具备创新精神。

（一）大学生创新精神的特点

大学生的创新精神具有显著的特点，概括来说，这些特点主要包括以下几方面。

1. 现实性

大学生的创新精神相比中学生来说，虚幻的、超脱现实的色彩越来越淡，现实性则越来越强。也就是说，大学生的创新精神主要是由现实中遇到的问题和困难情境激发出来的。

2. 主体性

大学生随着自身知识的增长、身心发展的不断完善，日益成为创新活动的主体。他们在创新意识上，能够按照自己的计划和喜好，进行各种自己设计的创新活动；在创新情意上，创新的意志力增强，形成了一种坚强的毅力和韧性，不怕失败，并能从失败中走出来，找到经验教训，继续努力；在创新思维上，精密性和独创性品质水平更高；在创新个性上，想象性和挑战性更强，并具有自主性的特点等。

（二）大学生创新精神的内涵

大学生创新精神具有丰富的内涵，主要包括以下几项内容。

1. 批判和怀疑精神

对于创新精神来说，其能源与动力是勇于批判、大胆怀疑；对于创新活动来说，勇于批判、大胆怀疑则是其得以开展的前提与基础。没有批判和怀疑，就无从发现问题，科技进步、社会发展就会欠缺能源和动力。因此，大学生必须注重培养自己的批判和怀疑精神。

2. 独立思考精神

对于创新精神来说，独立思考是其灵魂。在面对一个问题时，只有进行独立且深入的思考，才能得出自己的意见。若是自己的意见和别人意见不一致，但自己经过缜密思考坚信其是正确的，那就要敢于坚持。一个人能否做好这一点，深刻影响着其独立能力的发展。

3. 坚韧不拔精神

大学生要想做出比较大的创新贡献，必须具有坚韧不拔的毅力。俗语说，有志者事竟成。立志固然重要，但坚持毅力更为重要。如果只立不行，或是行而不坚，那么“事竟成”是不可能的。因此，大学生一定要注意培养自己坚韧不拔的精神。

4. 勤奋刻苦精神

创新是靠勤奋“锤炼”出来的，创新者虽然在个人经历方面有较大的不同，但他们有一个共同点，即勤奋刻苦。一个人缺乏勤奋刻苦的精神，即使有了创新机会也难以把握，更谈不上产生创新成果。因此，大学生在日常的生活与学习中，要注意培养自己勤奋刻苦的精神。

5. 团结协作精神

创新是一种群体行为，创新活动往往需要由多个人共同完成。因此，对于创新者来说，拥有团结协作精神也是十分重要的。创新者之间只有进行真诚的合作，才能确保创新活动取得成功，并促使创新成果得以升华。对大学生而言，团结协作精神的实质就是学会做人、学会做事。

6. 勇于探索精神

大学生的创新精神要想得到贯彻实施，必须要具有一定的保障，其中最为重要的保障是具有勇于探索的精神。一般而言，重大的创新成果，都是以怀疑、突破前人或同时代的权威性见解为基础的，创新本身就是一种冒险。而冒险总是面临未定风险，其失败的概率自然就大，往往要经历许多挫折，失败和反复，然后才能一步步走向成功。在这一过程中，必须不断修正错误，探索客观规律。

勇于探索精神从某一角度来说，也反映出一个人是否具有自信。自信是一种积极情感，是发自内心的自我肯定，也是一个人自立自强的精神支柱。有自信的人，才会有勇气和力量，才会在困难面前永不屈服，执着坚持，坚定不移。

由此可知，大学生要想开展创新活动，还必须具备勇于探索的精神。

（三）大学生创新精神的培养

在培养大学生的创新精神时，可具体从以下几方面着手。

1. 注重开拓大学生的思维

高校教师在开展教学活动中，要尽可能地跳出书本的限制，注重开拓大学生的思维，使其思维不再局限于固定的范围或固定的模式。在这一过程中，高校教师还要注意激发大学生的创新思维，如反向思维、换位思考等。这样一来，大学生更容易形成创新精神和独立思考的能力，产生更多具有独到见解的观点。长此以往，大学生的创新精神和创新能力都将得到很大提升。

2. 充分尊重大学生的个性

培养大学生的创新精神，是历史赋予高校的重要任务。高校在完成这一任务时，必须充分尊重大学生的个性。这是因为，大学生的个性发展是培养创新性人才的必要条件，是其获得新知识、新能力的开始和前提。只有充分尊重大学生的个性，大学生才有可能产生与众不同、别出心裁的思想。而这样的思想，是引发大学生创新活动的重要来源。因此，培养大学生的创新精神，必须在充分尊重大学生个性的基础上进行。

3. 不断增强教师的创新精神

大学生能否形成良好的创新精神，与高校教师是否具备创新精神有着密切的关系。因此，高校要注意培养创新型的师资队伍，并要求教师要有创新精神，要注重提高自己，不断地加强学习，不断地钻研业务，不断地提高自身的业务水平和对教育事业献身精神，把最先进的思想和知识传授给学生。

4. 引导大学生进行创新精神的自我培养

对于大学生来说，进行创新精神的自我培养可具体从以下几方面着手。

第一，大学生要积极主动、勤奋刻苦、坚持不懈地进行学习，形成坚实的知识储备。这既是大学生进行创新的重要基础，也是大学生培养创新精神的重要途径。

第二，大学生在日常生活和学习中，要积极培养自己的怀疑与求实精神，并不断增强自己的自信心和好奇心，这对于大学生创新精神的培养来说是十分重要的。

第三，大学生要树立无畏的、敢想敢做的精神。只有具有了这一精神，大学生才能在创新活动中勇于探索、坚持不懈。

第四，大学生要养成随时记录自己产生的思想火花的习惯。创新都源于思想火花，而人的思想火花的产生具有随机性、突发性，把它随时记录下来，则会对创新思维能力的提高产生极大的促进作用。长期坚持下去，会形成一整套自己独特的见解。

第八章　创业实践：创新创业案例

第一节　电商的兴起：阿里巴巴

【案例分享】

马云一直有一个伟大的理想："我们要创造一个中国人自己的、最伟大的公司。"相较于拿破仑，马云更善于激励团队。阿里巴巴的创业元老犹记得马云在创业初始对大家兜售的"期货"——"在未来三五年内，阿里巴巴一旦成为上市公司，我们每一个人所付出的所有代价都会得到回报，那时候我们得到的不仅是湖畔花园的这套房子，而是30套这样的房子。"当时湖畔花园小区每平方米2800元，买下这样一套房子至少也得二三十万，对于他们来说，湖畔花园看起来是个遥不可及的梦。

为了自己的理想，马云带领着自己的创业"十八罗汉"团队，鼓动着自己的全体员工，对互联网的经营概念进行了彻底的革新，把握住了属于梦想者的巨大机会。在他的鼓动和激励下，阿里巴巴、淘宝网、支付宝、中国雅虎、口碑网、阿里软件、阿里妈妈横空出世，构成了拉动阿里巴巴集团高速向前的七架"马车"。阿里巴巴的B2B模式，已成为除了以Google为代表的搜索、雅虎为代表的门户、eBay为代表的C2C和亚马逊为代表的B2C四大互联网模式之外的第五种模式。

作为全球最大的企业电子商务网站阿里巴巴的创始人，马云拥有自己独特的商业直觉、前瞻的战略眼光和过人的管理才能。在他的带领下，阿里巴巴管理团队有着优异的表现，其两度被收录为哈佛大学MBA案例。马云也成为中国大陆第一位登上《福布斯》封面的企业家。2000年《福布斯》评价马云说："凸出的颧骨，卷曲的头发，淘气地露齿而笑，拥有一副五英尺高、一百磅重的顽童模样。他，有着拿破仑一样的身材，更有着拿破仑一样的伟大志向。"

2007年11月6日，阿里巴巴B2B业务正式在香港交易所挂牌上市，开盘价30港元，比发行价高出122.2%，创下中国互联网公司融资规模之最。5年内成为全球5大互联网公司、10年成为3大互联网公司、做世界500强、做一个102岁的公司……这一切曾经在众人眼里是多么可笑的梦想，如今却开始让越来越多的人开始慢慢当真。

2003年7月，阿里巴巴宣布投资1亿元人民币，欲打造成中国最大的个人网上交易平台淘宝网。当时，易趣占了中国C2C市场份额的80%以上。易趣是1999年8月开通的中国第一个真正意义上的个人物品竞标网站，在网上交易尤其是C2C领域，2004年以前易趣一直执国内电子商务之牛耳。

2002年3月，经营口号为"希望能帮助地球上任意人完成任意商品的买卖交易"的eBay斥资3000万美元，购得易趣33%的股份。2003年7月，eBay以1.5亿美元的高价买下余下67%的股份，对易趣实现控股。eBay女CEO惠特曼对华尔街分析师们说，eBay

在中国市场“必须赢”，因为中国有可能是eBay在网络市场取得成功的决定性因素。

与如此强大的竞争对手抗衡，大家以为马云又一次疯了。事实证明，马云的梦想又一次成真。

在eBay易趣，开店卖家需要付出登录费、网店月租费、交易佣金、第三图片发布费、粗体显示费、仓储物品费，等等。名目繁多的收费使eBay在创业之初就一直盈利。在收购易趣后，eBay坚持收费模式，并且宣称“免费不是商业模式”。

在中国，淘宝证明了免费作为目前的商业模式非常成功，迅速崛起，且风头盖过易趣。2005年10月，马云宣布淘宝网继续免费三年。紧接着，另一个互联网巨头腾讯QQ正式推出了自己的电子拍卖网站拍拍网。2005年10月，此前一直坚持B2C模式的当当网挺进C2C电子拍卖交易领域。它们共同的特色就是免费。

中国社会科学院互联网研究发展中心《2005年中国电子商务市场调查报告》数据显示，易趣已逐步落后，市场占有率缩水近六成，仅占26.7%的市场份额，被淘宝挑下第一宝座，排名第二。

2006年起，淘宝网在中国C2C网上零售市场一家独大的局面已然形成，2007～2008年，淘宝网的领先优势逐步拉大，市场的竞争将主要体现在拍拍网和易趣网的第二名之争上。

2008年，淘宝网前三季度的成交金额分别为176.2亿元、220.3亿元、260.5亿元，截至9月30日，淘宝网所拥有总注册账户数达到7640万个，淘宝网上的卖家数已达到351万个。而易趣网前三季度的交易金额分别为13.4亿元、17.8亿元、21亿元。截至9月30日，易趣网总注册账号数3345万个，在线商品数1015万个。拍拍网前三季度的交易金额分别为15.1亿元、18.6亿元、22.6亿元。截至9月30日，拍拍网总注册账号数2160万个，在线商品数1588万个，卖家数61万个。

到2012年年底，淘宝集市在C2C平台网络交易市场的份额已达到96.4%，淘宝与天猫的总销售额突破10000亿；排第二名的是拍拍网占市场份额的3.4%，昔日霸主易趣网的市场份额已退至0.2%。至此，中国C2C网络购物市场的格局已相对稳定，各网站占比趋于稳定。

由此可见，淘宝网将继续保持并逐步拉大自己的优势，不断增加自己的市场份额，保持自己一家独大的局面。

资料来源：任荣伟，梁西章，余雷，等.创新创业案例教程.北京：清华大学出版社，2014：168-170，有改动

【案例分析】

阿里巴巴是马云和他的团队的一个伟大的创新，阿里巴巴的模式来自于马云的灵感和直觉，也是来自他五年的互联网商业实践，来自他与团队的激烈思想碰撞。马云创造的是一种独特的中国式的B2B网站。

第一，阿里巴巴是冲着中小企业去的。用马云的话说就是，“不抓鲸鱼只抓虾米”。欧美B2B都是对着大企业的，马云反其道而行之，声称阿里巴巴是中小企业的“解放者”。

第二，阿里巴巴不做电子商务全过程（即交易前、交易中、交易后），只做交易前及信息流。也就是说，阿里巴巴放弃眼下还不成熟的网上交易、结算和网下配送，只做网上信息交流；让客户网上交流信息网下交易；阿里巴巴实际上是一个开放的网络平台，一个虚拟电子市场和全球商人社区。

第二节　雷军的再创业神话：小米手机

【案例分享】

小米，在大众眼中是普通得不能再普通的粮食作物，今天却是一个时代产品的另类标志——北京小米科技有限责任公司的简称。它是一个代表了移动互联网创业时代的再创业公司，它的神奇注定要从创造神奇的创始人雷军说起。

雷军，1969 年出生于湖北仙桃，1987 年考上了武汉大学计算机系，仅用了两年时间，他就修完了大学所有学分，甚至完成了大学的毕业设计。受《硅谷之火》中苹果公司创业故事的影响，在大学四年级的时候，雷军开始和同学王全国、李儒雄等人创办三色公司，其间还与王全国合作编写了雷军的第一个正式作品——BITLOK 加密软件并且组建了黄玫瑰小组；除此之外，他们还用 PASCAL 编写了免疫 90，该产品获得了湖北省大学生科技成果一等奖。当时的产品是一种仿制金山汉卡，可是随后出现一家规模比他们更大的公司，抄袭了他们的产品，量大价优最终把他们拖垮了。

1992 年雷军与同事合著了《深入 DOS 编程》一书。同年，雷军加盟金山公司，先后出任金山公司北京开发部经理、珠海公司副总经理、北京金山软件公司总经理等职。1998 年 8 月，他开始担任金山公司总经理；2000 年年底，金山公司股份制改组后，他出任北京金山软件股份有限公司总裁。

雷军 22 岁进入金山公司，一直工作到 38 岁，在金山公司工作了整整 16 个年头，其间完成了金山的 IPC 上市工作。2007 年 12 月 20 日下午，雷军辞去了金山公司 CEO 职务。2011 年 7 月 11 日，金山软件董事会提名委员会提名雷军出任董事长一职，这一提议获得了董事会一致通过，雷军正式接掌金山软件。

作为一个天使投资人，雷军热情地投资了诸多项目，这包括：卓越网和逍遥网、尚品网、乐讯社区（移动互联社区）、UC 优视、多玩游戏网、拉卡拉、凡客诚品、乐淘、可牛、好大夫、长城会等 20 多家新创企业。投资这些新创企业为他今后的二次创业奠定了商业新模式基础。

2009 年第四季度，苹果公司的 iPhone 手机正式在中国市场上市。面对这一重大创新给予人们的惊喜，雷军很快发现了契机，觉得自己可能比苹果公司做得更好。2010 年 4 月，雷军与原 Google 中国工程研究院副院长林斌（曾参与微软亚洲工程院创建并任工程总监）、原摩托罗拉北京研发中心高级总监周光平（主持设计“明”系列手机）、原北京科技大学工业设计系主任刘德、原金山词霸总经理黎万强、原微软中国工程院开发总监黄江吉和原 Google 中国高级产品经理洪峰六人联合创办小米科技并于 2011 年 8 月公布其自有品牌手机。

小米公司毫不犹豫地将自己定位于一家专注于高端智能手机自主研发的移动互联网公司。目前，小米公司旗下三大核心业务分别是MIUI、米聊和小米手机。MIUI是小米科技旗下基于Android进行深度优化、定制、开发的第三方手机操作系统，极受“手机发烧友”欢迎的Android ROM，支持小米手机的所有机型以及合作手机。它的首发时间为2010年8月16日，是小米公司最早的产品。而米聊则是一款支持跨手机操作系统平台，跨通信运营商的手机端免费即时通信工具，它的出现比微信要早，但现在的用户数量以及市场份额已经是远远落在微信之后了。小米手机，无疑是小米公司最主打的一个产品，在2013年9月份的时候刚刚推出了第三代，延续着一如既往的低价格：16G内存机仅售1999元。小米的延伸产品还包括小米盒子（网络机顶盒）、手机配件等。

2013年8月底，小米公司完成了第四轮融资，目前整体估值已经达到了100亿美元。这次小米公司融资之后市值已经超过了许多老牌的手机厂商，照此计算，小米科技将成为位列阿里集团、腾讯、百度之后的中国第四大互联网公司，在中国的硬件公司中，仅次于联想集团。从初创到估值超过100亿美元，小米公司仅仅花了34个月的时间，大大低于新创企业46个月的时间周期，创造了小企业成长的国际速度。

2014年元旦，雷军表示，2013年小米公司总计售出了1870万台手机，比上年增长160%，含税收入316亿元，比上年增长150%。其中，仅12月当月，小米手机就售出了322.5万台，含税收入53亿元。据雷军介绍，2013年里，小米公司的产品线开始逐步丰富，发布了旗舰机型小米手机3，推出了“红米”子品牌，成功发布了小米电视、小米盒子、小米路由器等产品，进入了多产品领域。同时，MIUI用户数突破了3000万，12月当月向开发者分成就超过了1800万元，小米生态链已初步形成，小米的配件生态也有出色表现，小米配件及周边产品全年营收超过了10亿元，米兔玩偶售出了50多万只。此外，小米公司还建成了6大仓储中心、18家顶尖水准的小米之家旗舰店、436家维修网点，其售后、物流体系也变得更加完善。同时，小米公司在我国香港、台湾地区的初步试水获得成功，Hugo Barra加盟后小米的国际化进程正式开启。

如今小米手机已有产品一代小米手机、小米1S、小米2、小米2S、小米2A、红米手机、小米盒子、小米3、小米电视、小米路由器、小米移动电源等多款数码产品及配件产品。

资料来源：任荣伟，梁西章，余雷.创新创业案例教程.北京：清华大学出版社，2014：52-53，有改动

【案例分析】

小米采用的主要是电子渠道加物流支持的模式。电子渠道是指小米手机的官网是小米手机的唯一官方销售渠道；由于小米的销售是官网订购这样一个形式，所以必须解决送货的问题，因而小米采用“凡客”物流作为配送渠道，从而完成了整个网上购物流程。另外小米也与中国联通以及中国电信进行了广泛的合作，这又拓宽了其线下销售渠道。

总结小米的营销策略主要包括以下几个：网络事件营销、社区及论坛建立宣传营销、微博营销、口碑营销及饥渴营销。其中，网络事件营销主要是指小米手机通过一些事件的炒作，将小米推到了公众议论的热点话题中，通过讨论扩大了小米品牌的知名度；通

过建立社区以及论坛，小米手机将自己置身于用户群中，不仅提升了忠诚度和知名度，而且在万众用户中建立了更加有力的黏合度。微博、微信营销更是一种最为现代化的传播手段，小米公司通过在最为流行宽广的官方微博、微信中发布小米的最新信息，使得小米手机不断得到社会的关注；口碑营销是小米手机的一大“撒手锏”，如果按照传统的营销方式，大规模、大资金的广告投入是必不可少的，然而，小米公司很好地利用了移动互联网的特点，将品牌建立在用户口碑相传的基础上，这比一般的广告宣传效果更加直接和精准，具有更好的说服力和市场可信度。小米的最后一个鲜明的营销特点是饥渴营销。作为一种电子产品，其制造成本是以每四个月降价 18%的速度，所以如果小米预购的定价与真正拿到手机时手机的实际价格就可以存在因为时间推移产生的成本的下降，小米正是利用这一种规律进行定价，多数用户在正式发布后要等 10 个月的时间才能真正花钱买到小米手机，而且小米手机的前 4 个月发货量仅仅是 10 万部。另外，无论是在官方网站还是在诸如淘宝、天猫等互联网电商购物平台，这一策略都被用到了极致。

第三节　找准定位：艾洛手绘的创新之路

【案例分享】

创业之梦，源于感动

2008 年，大学生刘琳的一个同学送给她一份生日礼物，那是一块手绘的布。刘琳被同学亲手制作的礼物所感动，她很珍惜朋友的这份礼物，想把它留在身边陪伴左右，于是将布做成包。

将布制成包后，刘琳时常欣赏自己的作品。这时刘琳脑海里产生了想法，为什么不能用同样的包来感动其他人，从而以此创业呢？

大学期间，刘琳开始制作能感动他人的手绘包，并试图在网上销售。没想到竟然有买家，这极大地鼓舞了刘琳制包的干劲。2008 年下半年，刘琳成立了艾洛手绘工作室。

创业之初，产能受限

2008 年，网络市场的手绘产品，主要是手绘鞋子、衣服，图案以卡通人物为主。而刘琳则在画面中做了一些文字、图案的处理，有感情、有故事，受到年轻人的喜爱。但随着销量的上升，纯手工慢慢地跟不上量的需求。为了应对销量的增加，刘琳对产品进行分类，分为精品和普通品，将两种产品分别外包给他人生产，实现了产量的突破，自己主要负责管理和督促新品的设计。

2009 年年初，实体店和网络市场均涌现出大量的手绘产品，手绘鞋、手绘 T 恤、手绘包等应接不暇，手绘产品成为时尚。艾洛手绘工作室的手绘产品因手绘画面亮丽、清新和细腻，受到消费者的欢迎。

可是很快，手绘产品跟不上客人接连不断的订制需求。刘琳找同学、朋友和亲人来帮忙，却还是赶不上市场需求。因为市场需求量大，员工配合不够默契，手绘难度、工艺难度大，使得生产效率较低，并且出现了手绘质量下降的现象。刘琳不得不开始请美术学院科班毕业的画师来手绘产品。但是，还是没有解决产能和质量之间平衡的问题。

为了解决产量的问题，刘琳将绘画工艺过程分解为几个步骤，增加了相应的专用工具，并制定了工艺规范。经过改良，生产效率提高了一倍，绘画出的成品也越来越规范，次品率也有所降低。

除了淘宝上的网店之外，刘琳还在福州宝龙的卖场租了一个店铺。2010 年年初，实体店铺已经实现了盈利，但因为人手少、流动资金不足，内部团队、流程和产品开发尚未完善，刘琳将店铺撤销。

明确目标，创新工艺

2010 年年底，刘琳开始申请中国青年创业国际计划（YBC）的资金扶持。由于 YBC 评审老师认为产量上难以突破，销售观念过于单一，过于依赖于个人，所以第一次复审没有通过。

鉴于此，刘琳努力解决了产量问题。2010 年 11 月，刘琳成功通过了最后审核并取得了 YBC 的扶持，获得了 5 万元无担保、无利息借款和一位一对一创业导师的辅导。这 5 万元，对当时资金短缺、刚起步的艾洛手绘工作室来说是一笔不小的数目。经过多次与导师讨论研究，刘琳决定将这笔钱投在量化生产上，因为这是当时主要的瓶颈。但是怎么投呢？如果沿用以前的做法，大量招聘画工，管理成本必将上升，这个办法治标不治本。经过对各方面的调查和学习，刘琳认准了流程和工艺优化才是解决问题之道。为此刘琳到苏州学习蜡染、丝网、版画工艺，结合手绘工艺创新出新的手绘产品。如此既能形成产量，又能保持手绘特色的染画工艺。刘琳用 YBC 扶持的资金从苏州购进了设备和技术，进一步自创了手绘和印染结合的新工艺。果然，新工艺生产的花色产品解决了图片单一的缺陷，广受客户的好评。

找到心中那片蓝海

2010 年年初，网上的手绘包种类越来越多，竞争对手甚至直接将艾洛的图进行翻版抄袭，而且价格更有诱惑力。艾洛手绘工作室面临的竞争异常激烈。那么，如何脱离激烈的同质化竞争红海，进入差异化、个性化的蓝海呢？

刘琳自创办艾洛手绘工作室以来一直在思考：单纯手绘图案设计是无法实现竞争壁垒的，只有产品中注入价值理念，并在生产工艺上有所创新才能实现！

一方面，刘琳意识到环保、健康、自然的理念符合潮流并契合艾洛手绘的客户群，所以只选用纯天然的棉麻布料作为原材料，并通过产品宣传环保健康理念。

另一方面，刘琳自创了手绘与印染结合的工艺，既保留了手绘的淳朴特色，同时能进行批量化生产。

这两项举措使得艾洛手绘工作室的产品超越了同类竞争对手，既在产能方面有竞争力，而且产品品质也具有十分鲜明的特色。

艾洛手绘工作室在不断改进中蒸蒸日上。

资料来源：杨东华. 中国青年创业案例精选（第 2 辑）. 北京：清华大学出版社，2012：42-44，有改动

【案例分析】

案例中的刘琳天生机敏，具有很好的灵感触发能力，她意识到市场上有手绘产品需求，也渴望看到自己创意的实现。这个创业的过程和她的兴趣爱好是统一的，她遵从内心的创业激情并付诸实践。刘琳的初步成功体现出创业者应密切关注产品和客户的特征。她对产品、生产工艺以及一切与之相关的各方面，都倾注了巨大的精力。在提高产品的制作品质、体现当下流行的环保健康理念、形成独特的设计风格等方面，她也都进行过尝试并取得了进步。这些创新有效地将艾洛手绘和一般竞争对手拉开了距离，区隔出来，形成独特的定位，从而赢得了更广泛的市场机会。

第四节 创新商业模式：周亮拓展业务的“三板斧”

【案例分享】

接手网站运营，艰难摸索前行

了解周亮的人都认为，他是一个很有商业头脑的人。在大学期间，周亮就接手了一个濒临倒闭的小书店，并很快使这家书店扭亏为盈。后来，出于爱好，周亮和同学们一起做了一个针对本地大学生的门户网站。因为他们了解本地校园的情况，了解大学生的需求，他们的网站很受大学生网友的欢迎，并成了西安市大学校园第一门户网站。当初，周亮和同学们完全是出于兴趣做这个网站的，并没有盈利的打算，所以网站虽然流量可观、颇受欢迎，但却长期没有收入。凭借着学生特有的热情和兴趣，周亮和同学们艰难地支撑着这个网站，当网站需要购买服务器的时候，他们却拿不出钱来，最后还是网友们捐款为他们的网站购买了急需的服务器。

当周亮和他的同学们面临毕业的时候，网站运营团队的其他成员纷纷求职、找工作，也有到北京、上海等大城市寻求发展的。可此时的周亮却陷入了激烈的矛盾之中，他知道如果自己和同学们一样各奔东西，他们运营的这个网站就势必得关闭，这样不但几年来的辛苦要付诸东流，也对不起那么多一直支持和关注该网站的网友和用户。周亮冷静地分析，自己的网站已经在西安市大学生群体中拥有了良好的品牌和大量的用户，而西安有着众多的高校，并且大学生的消费能力也越来越高，除学费以外，大学生的年均消费已超过1万元。这些消费主要用于培训、通信、数码、服饰、饮食、娱乐等方面。以西安在校大学生 80 万人计，意味着这块每年有着 80 亿的市场规模，而这 80 万人中，网络普及率超过 90%。不仅如此，大学生对企业营销的各类新生事物，接受程度都普遍高于其他人群。如此巨大的市场，如此可观的商业利益，是任何一家企业都不能小觑的。经过慎重考虑，周亮决定不去求职找工作，而是成立公司，就从这家网站的商业运营开始自己的创业之路。

做出了这个重大的决定后，周亮拿出自己开书店的积蓄，注册了西安唯好信息科技有限公司，招募专职人员，正式接管了这家校园门户网站——“好网”的运营权。摆在周亮面前最紧迫的问题是如何使网站盈利。周亮的第一个反应是拉广告，他采取的措施很简单，就是到西安市各大学周边的各个商家和实体店“扫街”。周亮印了些简单的宣传彩页，亲自一家一家地登门拜访。周亮的工作做得很刻苦，每天从早到晚在大街上逐家拜访客户，向他们介绍自己的网站，推销网站的广告产品，可一个月过去了，周亮发现这项工作不但进行得很艰难，而且效果也不理想。原来周亮拜访的大部分商家的老板不是对这个毛头小伙子不信任，就是根本不认可网络广告宣传的效果，甚至不少商家的老板不等周亮详细介绍就直接下了逐客令。一个月里，周亮将方圆十公里的商家都拜访遍了，可愿意在周亮网站上做广告的商家却寥寥无几，周亮仅仅获得了600元的广告收入。初战受挫的周亮饱尝了创业的艰辛。

调整业务方向，尝试营销策划

推广广告业务没有取得预期的效果，网站的盈利仍然遥遥无期。周亮静下心来考虑下一步的计划，他没有贸然采取行动，而是开始认真研究其他成功的同类网站的运营和推广模式，并向北京、上海等地的同行虚心地请教。功夫不负有心人，没多久，周亮有了心得，他发现自己手头最好的资源是一个流量良好的网站，他对大学生市场有一定的了解，而且在互联网领域拥有丰富的经验和广泛的人脉，为什么不能利用自己的优势资源为客户做互联网推广和电子商务的整体营销策划解决方案呢？一个新的业务方向逐渐在周亮心中清晰起来。

周亮立即行动起来，他首先整合自己在互联网领域内的关系资源，主要用友情链接和资源互换的方式与QQ空间、人人网、微博、朋友网、分类信息网站、团购网站等互联网资源达成了资源共享的合作意向。然后周亮选择那些主要针对校园市场的商家（如移动通信企业、数码产品企业、教育培训机构、娱乐餐饮机构等）作为目标客户群，并为这些客户量身制订了互联网推广和电子商务的整体解决方案，然后带着方案拜访、说服这些客户。一开始，客户们对周亮的方案并没有表现出浓厚的兴趣，但周亮耐心细致地与客户沟通，努力用自己专业、个性化的方案来说服客户。当客户准备搞营销活动时，周亮建议客户从活动经费中拿出几百块钱来尝试用自己的方案做互联网推广，很快就有几家大客户接受了周亮的建议，愿意用很低的成本来尝试采用周亮的互联网推广解决方案。由于周亮进行了高度专业化的互联网宣传，并有效地整合了互联网资源，这些客户的产品迅速在互联网上得到有效的宣传和推广，并确实为客户带来了可观的收益。于是这些客户不再顾虑，而放心地将大资金投入到周亮的公司并选择其为固定的互联网宣传推广服务商。

网络营销策划的路子走开了，周亮进一步认识到客户需求的系统性，客户需要的不仅仅是在某一家网站投入广告，更迫切地需求互联网推广和电子商务从投入、监控到收益的全流程专业服务。于是周亮利用自己公司的技术优势，开发了一套广告管理系统软件，该套软件不但能够帮助客户实时监控互联网广告投放的实际效果，还能帮助客户科学地分析和选择互联网媒体，更能帮助客户有效地计算互联网广告投放的投入收益比。该套系统的研发成功，为周亮的公司增加了一种营销利器。客户们看到周亮不仅能为他们提供互联网推广和电子商务的个性化系统解决方案，而且能帮他们及时地了解广告投放的准确效益，更愿意与周亮合作了。周亮终于以自己公司专业化的团队、精准的媒体选择和投放、完善的后续支持服务在业界赢得了的地位。在西安市，大家都认为，周亮的公司是做大学生和校园互联网和电子商务市场最专业的机构。

在做互联网营销策划的业务上，让周亮印象最深的是中国联通西安分公司。对这个大客户，周亮和他的团队高度重视，为其制订了详细的校园互联网推广和电子商务的解决方案，当周亮拿着方案去找该公司的领导时却吃了闭门羹，对方对周亮的方案根本不感兴趣。但周亮没有放弃，他耐心地和该公司保持着接触，因为他相信，随着互联网市场和电子商务的发展，对方的领导肯定会认识到自己所提供方案的价值。经过两年不间断的接触和耐心的沟通，该公司终于愿意和周亮的公司合作了，但合作之初该公司只愿意把一些移动电话卡销售的小业务交给周亮。周亮抓住这个机会，仅仅三个月的时间，周亮的网站不仅为该公司的移动电话卡销售带来了良好的收益，而且还为其提供了一份详细、准确的互联网和电子商务市场调查报告、网络营销成功案例，以及更加切合该公司产品实际的网络营销策划书。该公司终于被周亮的能力、诚意和专业所打动，他们逐渐开始与周亮的公司进行全面合作，并将自己的主要产品交给周亮的公司来做网络推广和电子商务营销。现在该公司已经成为周亮的公司最主要的客户之一，周亮的公司已经成为其指定代理商的前 10 位、电子代理商的第 2 位，该公司的业务每个月能为周亮的公司带来七八万元的净利润。

进军电子商务，开辟新盈利点

近年来，电子商务的发展方兴未艾，在公司的网络营销策划业务快速发展，公司实现良好盈利的条件下，周亮对电子商务早就垂涎已久。他认为，自己运营的网站已经在西安大学校园市场拥有了良好的用户资源，自己的公司也为很多客户做了成功的电子商务营销策划，各方面条件已经具备，应该尝试进行自己的电子商务业务了。

周亮首先联系了几家针对校园市场的产品供应商，并和这些产品供应商签订了代理销售协议，代理的产品主要以手机、数码电子产品为主，然后组织公司的技术人员在自己网站上开发了网上商城的功能和页面，周亮又租下了一个实体店面，公司抽调人员专门组建了一个团队，紧锣密鼓地开始了电子商务业务。周亮采取的模式是，自己进货做库存，在网站上销售产品，消费者到实体店面交钱提货。这样，电子商务业务经营了一段时间，周亮发现销售业绩并不好。冷静地分析后，周亮发现销售业绩不好的原因有三：一是由于自己刚开始做电子商务，销量也较少，很难从供应商那些拿到好的价格，没有价格优势很难在网上有较大的竞争力；二是自己的网站毕竟是区域性网站，也不是专业做电子商务的网站，消费者的数量有限；三是自己的电子商务的模式造成了消费者提货付款都不是很方便，无法和送货上门，甚至货到付款的专业电子商务网站竞争。

找到了问题的症结，周亮立即调整了业务模式，他关闭了自己的实体店，停止了自己网站上的网上商城业务。周亮重新联系了一批供货商，和这些供货商达成了根据销量确定的协议阶梯供货价格。随后，周亮在淘宝网上开了一家网店销售这些商品，找专业的物流公司配送商品，用淘宝支付宝完成付款流程，并利用自己的网站和其他互联网资源大力地宣传和推广这家网店。由于措施得当、定位准确、宣传有力，周亮淘宝网店的销量很快就有了迅速的提升。2011 年，周亮的淘宝网店销售额达到 1000 万元，净利润近 300 万元，电子商务成了周亮公司最重要的盈利点。

周亮并没有满足在电子商务领域已经取得的成绩，他又相继在自己的网站上开展了团购和票务业务。周亮联系了本地的一些餐饮、娱乐企业，并帮助这些客户制定适合大学生消费的产品组合，在网站上销售这些企业的优惠券和票务，使这些新业务开展得很顺利，也给他自己的公司带来了非常可观的收益。

现在的周亮可谓踌躇满志，公司的年营业额已经超过2000万元，利润达500多万元，已经成为西安市最成功的互联网企业之一。为了进一步巩固校园市场，发展公司业务，周亮相继收购了其他几家小的本地校园网，不断以发展卫星站的模式扩大着公司的规模和盈利能力。

资料来源：杨东华. 中国青年创业案例精选（第2辑）. 北京：清华大学出版社，2012：124-127，有改动

【案例分析】

周亮创业过程中先后尝试网站运营、网络服务、电子商务三个领域，前两个有得有失，第三个领域可谓如鱼得水，进行得非常顺利，周亮的案例告诉我们：同一行业内有多个业务领域、多种盈利模式，尝试探索、不断创新找到最适合自己发展的领域很重要。周亮的可贵之处还在于他做的尝试探索是在一个行业的不同领域，而非跨行业跳跃。

参 考 文 献

鲍春雷. 中国青年就业创业问题研究[M]. 北京：社会科学文献出版社，2017.

北京中科创大创业教育投资管理有限公司，中国与全球化智库. 中国高校创新创业教育发展蓝皮书（2016）[M]. 北京：机械工业出版社，2017.

蔡松伯，王东晖，王小方. 大学生创新创业指导[M]. 成都：西南财经大学出版社，2016.

陈奎庆，丁恒龙. 大学生创新创业教程[M]. 北京：科学出版社，2014.

陈姗姗，吴华宇. 大学生职业规划与就业指导[M]. 重庆：重庆大学出版社，2014.

陈怡安.中国人才创新创业环境理论与实证研究[M]. 成都：电子科技大学出版社，2016.

陈永奎. 大学生创新创业基础教程[M]. 北京：经济管理出版社，2015.

董文强，谭初春. 大学生就业指导[M]. 4 版. 西安：西北工业大学出版社，2004.

董永辉. 大学生职业发展与就业创业指导[M]. 北京：化学工业出版社，2015.

侯力红，姬春林. 互联网+大学生创新创业教育研究[M]. 北京：科学技术文献出版社，2017.

赖德胜，孟大虎，苏丽峰. 替代还是互补——大学生就业中的人力资本和社会资本联合作用机制研究[J]. 北京大学教育评论，2012，10（1）：13-30.

赖德胜. 怎样认识当前大学毕业生就业难问题[J]. 求是，2003（16）：54-56.

李家华，郑旭红，张志宏. 创业有道：大学生创业指导[M]. 北京：高等教育出版社，2011.

李菁华. 大学生职业生涯规划[M]. 北京：对外经济贸易大学出版社，2013.

李立增. 大学生职业发展与就业创业指导[M]. 成都：西南交通大学出版社，2015.

李伟，张世辉. 创新创业教程[M]. 北京：清华大学出版社，2015.

李晓波，李洪波. 大学生职业生涯规划与发展[M]. 北京：化学工业出版社，2010.

李晓华，金久仁. 大学生就业公平中的阶层壁垒[J]. 现代教育管理，2010（9）：112-115.

李新峰，孙仁丕. 大学生职业发展与就业创业指导[M]. 杭州：浙江大学出版社，2015.

刘磊. 大学生创新创业基础[M]. 北京：中国水利水电出版社，2015.

刘晓波. 大学生就业指导[M]. 武汉：华中科技大学出版社，2002.

吕爽. 大学生创新创业实务指导[M]. 北京：中国铁道出版社，2017.

马晓慧. 高职学生职业生涯规划与就业创业指导[M]. 郑州：黄河水利出版社，2013.

马雅红. 大学生创新创业教育基础与能力训练[M]. 北京：北京理工大学出版社，2016.

梅红，宋晓平. 大学生创业教育调查报告[M]. 北京：中国社会出版社，2016.

潘懋元，吴玫. 从高等教育的结构看大学生就业问题[J]. 中国大学生就业，2004（6）：4-6.

钱贵晴，刘文利. 创新教育概论[M]. 2 版. 北京：北京师范大学出版社，2009.

邱吉，王佳菲，杨奎，等. 中国大学生就业痛与搏[M]. 昆明：云南教育出版社，2012.

邱小林，刘雪梅，陆瑞新. 大学生就业与创业指导[M]. 大连：大连理工大学出版社，2007.

任荣伟，梁西章，余雷. 创新创业案例教程[M]. 北京：清华大学出版社，2014.

汝信，陆学艺，李培林. 社会蓝皮书——2011 年中国社会形势分析与预测[M]. 北京：社会科学文献出版社，2010.

石火学. 美国高等教育适应就业市场需求的探讨[J]. 高等教育研究，1995（1）：86-93.
田原，王凡，田建国. 创新观念与创新人才培养[M]. 济南：山东教育出版社，2015.
庹进平，朱建国，王明勇. 大学生创业指导[M]. 北京：新华出版社，2009.
王俊. 职业生涯规划[M]. 南京：东南大学出版社，2016.
王晓庄，曹伟. 学生职业决策中的心理因素研究[M]. 天津：天津科技翻译出版公司，2011.
吴红波. 大学生职业规划与就业实务[M]. 武汉：武汉大学出版社，2007.
吴克明，肖聪. 论行业垄断对大学生就业的影响[J]. 教育发展研究，2012（17）：43-48.
吴克明. 中国大学生就业问题研究[M]. 济南：山东人民出版社，2015.
武毅英. 转型期的大学生就业问题与对策[M]. 广州：广东高等教育出版社，2009.
奚国泉. 创业人才培养研究[M]. 北京：清华大学出版社，2013.
肖俊涛. 大学生职业生涯规划[M]. 天津：天津大学出版社，2014.
谢永川. 大学生就业与创业指导[M]. 北京：北京理工大学出版社，2010.
谢作栩，王伟宜. 高等教育大众化视野下我国社会各阶层子女高等教育入学机会差异的研究[J]. 教育学报，2006，2（2）：65-75.
延凤宇，王红.大学生职业生涯发展[M]. 武汉：武汉大学出版社，2012.
杨东华. 中国青年创业案例精选（第 2 辑）[M]. 北京：清华大学出版社，2012.
杨乐克. 大学生创新创业教程[M]. 北京：中国时代经济出版社，2014.
叶明全，陈付龙.“互联网+”大学生创新创业基础与实践[M]. 北京：科学出版社，2017.
张玲. 劳动力市场上的大学生由人力资源向人才资源的蜕变[J]. 中国大学生就业，2004（6）：7-9.
张巧良，蒋美龄. 从毕业生的供求关系论高等教育的创新[J]. 西北成人教育学报，2002（4）：37-39.
张秋山，刘焱，李宏亮. 大学生职业生涯规划与创业教育[M]. 北京：人民出版社，2016.
郑彦云. 大学生创新创业能力培养[M]. 广州：暨南大学出版社，2017.
仲涛. 中等职业学校学生实践能力的培养途径[J]. 辽宁教育行政学院学报，2010，27（9）：161-163.
周延波，王正洪. 高校创新教育[M]. 北京：科学出版社，2011.
周兆龙，吴伟. 大学生就业与创业指导[M]. 北京：人民邮电出版社，2015.
朱辉荣. 论 MBTI 性格测评在创新人才选拔中的应用[J]. 黑龙江高教研究，2011（12）：129-131.

附　　录

附录一　国务院办公厅关于发展众创空间推进大众创新创业的指导意见

国办发〔2015〕9号

各省、自治区、直辖市人民政府，国务院各部委、各直属机构：

为加快实施创新驱动发展战略，适应和引领经济发展新常态，顺应网络时代大众创业、万众创新的新趋势，加快发展众创空间等新型创业服务平台，营造良好的创新创业生态环境，激发亿万群众创造活力，打造经济发展新引擎，经国务院同意，现提出以下意见。

一、总体要求

（一）指导思想。全面落实党的十八大和十八届二中、三中、四中全会精神，按照党中央、国务院决策部署，以营造良好创新创业生态环境为目标，以激发全社会创新创业活力为主线，以构建众创空间等创业服务平台为载体，有效整合资源，集成落实政策，完善服务模式，培育创新文化，加快形成大众创业、万众创新的生动局面。

（二）基本原则。

坚持市场导向。充分发挥市场配置资源的决定性作用，以社会力量为主构建市场化的众创空间，以满足个性化多样化消费需求和用户体验为出发点，促进创新创意与市场需求和社会资本有效对接。

加强政策集成。进一步加大简政放权力度，优化市场竞争环境。完善创新创业政策体系，加大政策落实力度，降低创新创业成本，壮大创新创业群体。完善股权激励和利益分配机制，保障创新创业者的合法权益。

强化开放共享。充分运用互联网和开源技术，构建开放创新创业平台，促进更多创业者加入和集聚。加强跨区域、跨国技术转移，整合利用全球创新资源。推动产学研协同创新，促进科技资源开放共享。

创新服务模式。通过市场化机制、专业化服务和资本化途径，有效集成创业服务资源，提供全链条增值服务。强化创业辅导，培育企业家精神，发挥资本推力作用，提高创新创业效率。

（三）发展目标。到2020年，形成一批有效满足大众创新创业需求、具有较强专业化服务能力的众创空间等新型创业服务平台；培育一批天使投资人和创业投资机构，投融资渠道更加畅通；孵化培育一大批创新型小微企业，并从中成长出能够引领未来经济发展的骨干企业，形成新的产业业态和经济增长点；创业群体高度活跃，以创业促进就业，提供更多高质量就业岗位；创新创业政策体系更加健全，服务体系更加完善，全社会创新创业文化氛围更加浓厚。

二、重点任务

（一）加快构建众创空间。总结推广创客空间、创业咖啡、创新工场等新型孵化模式，充分利用国家自主创新示范区、国家高新技术产业开发区、科技企业孵化器、小企业创业基地、大学科技园和高校、科研院所的有利条件，发挥行业领军企业、创业投资机构、社会组织等社会力量的主力军作用，构建一批低成本、便利化、全要素、开放式的众创空间。发挥政策集成和协同效应，实现创新与创业相结合、线上与线下相结合、孵化与投资相结合，为广大创新创业者提供良好的工作空间、网络空间、社交空间和资源共享空间。

（二）降低创新创业门槛。深化商事制度改革，针对众创空间等新型孵化机构集中办公等特点，鼓励各地结合实际，简化住所登记手续，采取一站式窗口、网上申报、多证联办等措施为创业企业工商注册提供便利。有条件的地方政府可对众创空间等新型孵化机构的房租、宽带接入费用和用于创业服务的公共软件、开发工具给予适当财政补贴，鼓励众创空间为创业者提供免费高带宽互联网接入服务。

（三）鼓励科技人员和大学生创业。加快推进中央级事业单位科技成果使用、处置和收益管理改革试点，完善科技人员创业股权激励机制。推进实施大学生创业引领计划，鼓励高校开发开设创新创业教育课程，建立健全大学生创业指导服务专门机构，加强大学生创业培训，整合发展国家和省级高校毕业生就业创业基金，为大学生创业提供场所、公共服务和资金支持，以创业带动就业。

（四）支持创新创业公共服务。综合运用政府购买服务、无偿资助、业务奖励等方式，支持中小企业公共服务平台和服务机构建设，为中小企业提供全方位专业化优质服务，支持服务机构为初创企业提供法律、知识产权、财务、咨询、检验检测认证和技术转移等服务，促进科技基础条件平台开放共享。加强电子商务基础建设，为创新创业搭建高效便利的服务平台，提高小微企业市场竞争力。完善专利审查快速通道，对小微企业亟需获得授权的核心专利申请予以优先审查。

（五）加强财政资金引导。通过中小企业发展专项资金，运用阶段参股、风险补助和投资保障等方式，引导创业投资机构投资于初创期科技型中小企业。发挥国家新兴产业创业投资引导基金对社会资本的带动作用，重点支持战略性新兴产业和高技术产业早中期、初创期创新型企业发展。发挥国家科技成果转化引导基金作用，综合运用设立创业投资子基金、贷款风险补偿、绩效奖励等方式，促进科技成果转移转化。发挥财政资金杠杆作用，通过市场机制引导社会资金和金融资本支持创业活动。发挥财税政策作用支持天使投资、创业投资发展，培育发展天使投资群体，推动大众创新创业。

（六）完善创业投融资机制。发挥多层次资本市场作用，为创新型企业提供综合金融服务。开展互联网股权众筹融资试点，增强众筹对大众创新创业的服务能力。规范和发展服务小微企业的区域性股权市场，促进科技初创企业融资，完善创业投资、天使投资退出和流转机制。鼓励银行业金融机构新设或改造部分分（支）行，作为从事科技型中小企业金融服务的专业或特色分（支）行，提供科技融资担保、知识产权质押、股权质押等方式的金融服务。

（七）丰富创新创业活动。鼓励社会力量围绕大众创业、万众创新组织开展各类公益活动。继续办好中国创新创业大赛、中国农业科技创新创业大赛等赛事活动，积极支持参与国际创新创业大赛，为投资机构与创新创业者提供对接平台。建立健全创业辅导制度，培育一批专业创业辅导师，鼓励拥有丰富经验和创业资源的企业家、天使投资人和专家学者担任创业导师或组成辅导团队。鼓励大企业建立服务大众创业的开放创新平台，支持社会力量举办创业沙龙、创业大讲堂、创业训练营等创业培训活动。

（八）营造创新创业文化氛围。积极倡导敢为人先、宽容失败的创新文化，树立崇尚创新、创业致富的价值导向，大力培育企业家精神和创客文化，将奇思妙想、创新创意转化为实实在在的创业活动。加强各类媒体对大众创新创业的新闻宣传和舆论引导，报道一批创新创业先进事迹，树立一批创新创业典型人物，让大众创业、万众创新在全社会蔚然成风。

三、组织实施

（一）加强组织领导。各地区、各部门要高度重视推进大众创新创业工作，切实抓紧抓好。各有关部门要按照职能分工，积极落实促进创新创业的各项政策措施。各地要加强对创新创业工作的组织领导，结合地方实际制定具体实施方案，明确工作部署，切实加大资金投入、政策支持和条件保障力度。

（二）加强示范引导。在国家自主创新示范区、国家高新技术产业开发区、小企业创业基地、大学科技园和其他有条件的地区开展创业示范工程。鼓励各地积极探索推进大众创新创业的新机制、新政策，不断完善创新创业服务体系，营造良好的创新创业环境。

（三）加强协调推进。科技部要加强与相关部门的工作协调，研究完善推进大众创新创业的政策措施，加强对发展众创空间的指导和支持。各地要做好大众创新创业政策落实情况调研、发展情况统计汇总等工作，及时报告有关进展情况。

国务院办公厅

2015年3月2日

附录二 国务院关于强化实施创新驱动发展战略进一步推进大众创业万众创新深入发展的意见

国发〔2017〕37号

各省、自治区、直辖市人民政府，国务院各部委、各直属机构：

创新是社会进步的灵魂，创业是推进经济社会发展、改善民生的重要途径，创新和创业相连一体、共生共存。近年来，大众创业、万众创新蓬勃兴起，催生了数量众多的市场新生力量，促进了观念更新、制度创新和生产经营管理方式的深刻变革，有效提高了创新效率、缩短了创新路径，已成为稳定和扩大就业的重要支撑、推动新旧动能转换和结构转型升级的重要力量，正在成为中国经济行稳致远的活力之源。为进一步系统性优化创新创业生态环境，强化政策供给，突破发展瓶颈，充分释放全社会创新创业潜能，在更大范围、更高层次、更深程度上推进大众创业、万众创新，现提出如下意见。

一、大众创业、万众创新深入发展是实施创新驱动发展战略的重要载体

深入推进供给侧结构性改革，全面实施创新驱动发展战略，加快新旧动能接续转换，着力振兴实体经济，必须坚持“融合、协同、共享”，推进大众创业、万众创新深入发展。要进一步优化创新创业的生态环境，着力推动“放管服”改革，构建包容创新的审慎监管机制，有效促进政府职能转变；进一步拓展创新创业的覆盖广度，着力推动创新创业群体更加多元，发挥大企业、科研院所和高等院校的领军作用，有效促进各类市场主体融通发展；进一步提升创新创业的科技内涵，着力激发专业技术人才、高技能人才等的创造潜能，强化基础研究和应用技术研究的有机衔接，加速科技成果向现实生产力转化，有效促进创新型创业蓬勃发展；进一步增强创新创业的发展实效，着力推进创新创业与实体经济发展深度融合，结合“互联网+”、“中国制造2025”和军民融合发展等重大举措，有效促进新技术、新业态、新模式加快发展和产业结构优化升级。

——创新为本、高端引领。以科技创新为基础支撑，实现创新带动创业、创业促进创新的良性循环。坚持质量效率并重，引导创新创业多元化、特色化、专业化发展，推动产业迈向中高端。坚持创新创业与实体经济相结合，实现一二三产业相互渗透，推动军民融合深入发展，创造新供给、释放新需求，增强产业活力和核心竞争力。

——改革先行、精准施策。以深化改革为核心动力，主动适应、把握、引领经济发展新常态，面向新趋势、新特征、新需求，主动作为，针对重点领域、典型区域、关键群体的特点精准发力，出实招、下实功、见实效。着力破除制约创新创业发展的体制机制障碍，促进生产、管理、分配和创新模式的深刻变革，继续深入推进“放管服”改革，积极探索包容审慎监管，为新动能的成长打开更大空间。

——人才优先、主体联动。以人才支撑为第一要素，改革人才引进、激励、发展和评价机制，激发人才创造潜能，鼓励科技人员、中高等院校毕业生、留学回国人才、农

民工、退役士兵等有梦想、有意愿、有能力的群体更多投身创新创业。加强科研机构、高校、企业、创客等主体协同，促进大中小微企业优势互补，推动城镇与农村创新创业同步发展，形成创新创业多元主体合力汇聚、活力迸发的良性格局。

——市场主导、资源聚合。充分发挥市场配置资源的决定性作用，整合政府、企业、社会等多方资源，建设众创、众包、众扶、众筹支撑平台，健全创新创业服务体系，推动政策、技术、资本等各类要素向创新创业集聚，充分发挥社会资本作用，以市场化机制促进多元化供给与多样化需求更好对接，实现优化配置。

——价值创造、共享发展。以价值创造为本质内涵，大力弘扬创新文化，厚植创业沃土，营造敢为人先、宽容失败的良好氛围，推动创新创业成为生活方式和人生追求。践行共享发展理念，实现人人参与、人人尽力、人人享有，使创新创业成果更多更公平地惠及全体人民，促进社会公平正义。

二、加快科技成果转化

重点突破科技成果转移转化的制度障碍，保护知识产权，活跃技术交易，提升创业服务能力，优化激励机制，共享创新资源，加速科技成果向现实生产力转化。

（一）建立完善知识产权运用和快速协同保护体系，扩大知识产权快速授权、确权、维权覆盖面，加快推进快速保护由单一产业领域向多领域扩展。搭建集专利快速审查、快速确权、快速维权等于一体，审查确权、行政执法、维权援助、仲裁调解、司法衔接相联动的知识产权保护中心。探索建立海外知识产权维权援助机制。发挥国家知识产权运营公共服务平台枢纽作用，加快建设国家知识产权运营服务体系。（国家知识产权局牵头负责）

（二）推动科技成果、专利等无形资产价值市场化，促进知识产权、基金、证券、保险等新型服务模式创新发展，依法发挥资产评估的功能作用，简化资产评估备案程序，实现协议定价和挂牌、拍卖定价。促进科技成果、专利在企业的推广应用。（国家知识产权局、财政部、科技部、中国科协等单位按职责分工负责）

（三）探索在战略性新兴产业相关领域率先建立利用财政资金形成的科技成果限时转化制度。财政资金支持形成的科技成果，除涉及国防、国家安全、国家利益、重大社会公共利益外，在合理期限内未能转化的，可由国家依法强制许可实施转化。（科技部、财政部、国家发展改革委等部门按职责分工负责）

（四）引导众创空间向专业化、精细化方向升级，支持龙头骨干企业、高校、科研院所围绕优势细分领域建设平台型众创空间。探索将创投孵化器等新型孵化器纳入科技企业孵化器管理服务体系，并享受相应扶持政策。（科技部牵头负责）

（五）推动科研院所落实国家科技成果转化法律法规和政策，强化激励导向，提高科研院所成果转化效率。坚持试点先行，进一步扩大科研院所自主权，激发科研院所和科技人员创新创业积极性。（科技部、人力资源社会保障部等部门按职责分工负责）

（六）促进仪器设备开放共享，探索仪器设备所有权和经营权分离机制，对于财政资金购置的仪器设备，探索引入专业服务机构进行社会化服务等多种方式。（科技部牵头负责）

（七）实施科研院所创新创业共享行动，鼓励科研院所发挥自身优势，进一步提高科技成果转化能力和创新创业能力，进一步开放现有科研设施和资源，推动科技成果在全社会范围实现共享和转化。（国家发展改革委、中科院、科技部等单位按职责分工负责）

三、拓展企业融资渠道

不断完善金融财税政策，创新金融产品，扩大信贷支持，发展创业投资，优化投入方式，推动破解创新创业企业融资难题。

（八）在有效防控风险的前提下，合理赋予大型银行县支行信贷业务权限。支持地方性法人银行在符合条件的情况下在基层区域增设小微支行、社区支行，提供普惠金融服务。支持商业银行改造小微企业信贷流程和信用评价模型，提高审批效率。（银监会牵头负责）

（九）完善债权、股权等融资服务机制，为科技型中小企业提供覆盖全生命周期的投融资服务。稳妥推进投贷联动试点工作。推广专利权质押等知识产权融资模式，鼓励保险公司为科技型中小企业知识产权融资提供保证保险服务，对符合条件的由地方各级人民政府提供风险补偿或保费补贴。持续优化科技型中小企业直接融资机制，稳步扩大创新创业公司债券试点规模。支持政府性融资担保机构为科技型中小企业发债提供担保。鼓励地方各级人民政府建立政银担、政银保等不同类型的风险补偿机制。（银监会、人民银行、保监会、财政部、科技部、国家知识产权局、证监会等部门按职责分工负责）

（十）改革财政资金、国有资本参与创业投资的投入、管理与退出标准和规则，建立完善与其特点相适应的绩效评价体系。依法依规豁免国有创业投资机构和国有创业投资引导基金国有股转持义务。（财政部、国务院国资委等部门按职责分工负责）

（十一）适时推广创业投资企业和天使投资个人有关税收试点政策，引导社会资本参与创业投资。推动创业投资企业、创业投资管理企业及其从业人员在第三方征信机构完善信用记录，实现创业投资领域信用记录全覆盖。（财政部、税务总局、国家发展改革委等部门按职责分工负责）

（十二）推动国家新兴产业创业投资引导基金、国家中小企业发展基金、国家科技成果转化引导基金设立一批创业投资子基金。引导和规范地方各级人民政府设立创业投资引导基金，建立完善对引导基金的运行监管机制、财政资金的绩效考核机制和基金管理机构的信用信息评价机制。（国家发展改革委、财政部、工业和信息化部等部门按职责分工负责）

（十三）健全完善创新券、创业券的管理制度和运行机制，在全面创新改革试验区域探索建立创新券、创业券跨区域互通互认机制。（科技部、国家发展改革委等部门按职责分工负责）

四、促进实体经济转型升级

深入实施“互联网+”、“中国制造 2025”、军民融合发展、新一代人工智能等重大举措，着力加强创新创业平台建设，培育新兴业态，发展分享经济，以新技术、新业态、新模式改造传统产业，增强核心竞争力，实现新兴产业与传统产业协同发展。

（十四）加强基础研究，提升原始创新能力。改革和创新科研管理、投入和经费使用方式。高校和科研院所要鼓励科研人员与创业者开展合作和互动交流，建立集群思、汇众智、解难题的众创空间。面向企业和社会创新的难点，凝练和解决科学问题，举办各种形式的创新挑战赛，通过众包共议方式，提高创新效率和水平。（科技部、财政部等部门按职责分工负责）

（十五）在战略性领域布局建设若干产业创新中心，整合利用现有创新资源形成充满活力的创新网络。依托企业、联合高校和科研院所，建设符合发展需求的制造业创新中心，开展关键共性重大技术研究和产业化应用示范。推动建立一批军民结合、产学研一体的科技协同创新平台。（国家发展改革委、工业和信息化部、科技部、教育部等部门按职责分工负责）

（十六）实施企业创新创业协同行动。支持大型企业开放供应链资源和市场渠道，推动开展内部创新创业，带动产业链上下游发展，促进大中小微企业融通发展。（国家发展改革委、工业和信息化部、国务院国资委、全国工商联等单位按职责分工负责）

（十七）鼓励大型企业全面推进“双创”工作，建设“双创”服务平台与网络，开展各类“双创”活动，推广各类大型企业“双创”典型经验，促进跨界融合和成果转化。（国家发展改革委、工业和信息化部、国务院国资委、全国工商联等单位按职责分工负责）

（十八）促进分享经济发展，合理引导预期，创新监管模式，推动构建适应分享经济发展的包容审慎监管机制和社会多方协同治理机制，完善新就业形态、消费者权益、社会保障、信用体系建设、风险控制等方面的政策法规，研究完善适应分享经济特点的税收征管措施，研究建立平台企业履职尽责与依法获得责任豁免的联动机制。（国家发展改革委、人力资源社会保障部、人民银行、工商总局、税务总局、中央网信办等单位按职责分工负责）

（十九）发布促进数字经济发展战略纲要，强化系统性设计，打破制约数字生产力发展的制度障碍，推进市场化的生产资料分享，提升市场配置资源效率，加速数字化转型，引领和适应数字经济发展。发起“一带一路”数字经济国际合作倡议，促进“一带一路”沿线国家数字经济交流与合作。（国家发展改革委、中央网信办等单位按职责分工负责）

（二十）进一步完善新产业新业态新模式统计分类，充分利用大数据等现代信息技术手段，研究制定“双创”发展统计指标体系，科学、准确、及时反映经济结构优化升级的新进展。（国家统计局牵头负责）

（二十一）加快研究制定工业互联网安全技术标准，建设工业互联网网络安全监测平台和中小企业网络安全公共服务平台，强化工业互联网安全保障支撑能力。（工业和信息化部牵头负责）

（二十二）积极落实支持大众创业、万众创新的用地政策，加大新供用地保障力度，鼓励盘活利用现有用地，引导新产业集聚发展，完善新产业用地监管制度。（国土资源部牵头负责）

（二十三）研究制定促进首台（套）重大技术装备示范应用的意见，建立健全首台（套）重大技术装备研发、检测评定、示范应用体系，完善财政、金融、保险等支持政策，明确相关招标采购要求，建立示范应用激励和保障机制，营造良好的政策和市场环境。（国家发展改革委牵头负责）

（二十四）充分利用产业投资基金支持先进制造业发展。实施新一轮技术改造升级重大工程，支持关键领域和瓶颈环节技术改造。（国家发展改革委、工业和信息化部、财政部等部门按职责分工负责）

五、完善人才流动激励机制

充分激发人才创新创业活力，改革分配机制，引进国际高层次人才，促进人才合理流动，健全保障体系，加快形成规模宏大、结构合理、素质优良的创新创业人才队伍。

（二十五）制定人才签证实施细则，明确外国人申请和取得人才签证的标准条件和办理程序；全面实施外国人来华工作许可制度，简化外国高层次人才办理工作许可证和居留证件的程序。开展外国高层次人才服务“一卡通”试点，建立安居保障、子女入学和医疗保健服务通道。进一步完善外国人才由工作居留向永久居留转换机制，实现工作许可、签证和居留有机衔接。（国家外专局、公安部、外交部、人力资源社会保障部等部门按职责分工负责）

（二十六）允许外国留学生凭高校毕业证书、创业计划申请加注“创业”的私人事务类居留许可。外国人依法申请注册成为企业的，可凭创办企业注册证明等材料向有关部门申请工作许可和工作类居留许可。（公安部、人力资源社会保障部、国家外专局等部门按职责分工负责）

（二十七）实施留学人员回国创新创业启动支持计划，吸引更多高素质留学人才回国创新创业。继续推进两岸青年创新创业基地建设，推动内地与港澳地区开展创新创业交流合作。深入开展“万侨创新行动”，支持建设华侨华人创新创业基地，探索建立华侨华人创新创业综合服务体系，为华侨华人高层次专业人才和企业家出入境、停居留以及申办外国人永久居留身份证件提供便利。推动来内地创业的港澳同胞、回国（来华）创业的华侨华人享受当地城镇居民同等待遇的社会公共服务。继续推进海外人才离岸创新创业基地建设。（人力资源社会保障部、外交部、公安部、国务院港澳办、国务院台办、国务院侨办、中国科协等单位按职责分工负责）

（二十八）完善高校和科研院所绩效考核办法，在核定的绩效工资总量内高校和科研院所可自主分配。事业单位引进高层次人员和招聘急需紧缺人才，可简化招录程序，没有岗位空缺的可申请设置特设岗位，并按相关规定办理人事关系，确定岗位薪资。（人力资源社会保障部、教育部、科技部等部门按职责分工负责）

（二十九）实施社团创新创业融合行动，搭建创新创业资源对接平台，推介一批创新创业典型人物和案例，推动创新精神、企业家精神和工匠精神融合，进一步引导和推动各类科技人员投身创新创业大潮。（国家发展改革委、中国科协等单位按职责分工负责）

（三十）加快将现有支持“双创”相关财政政策措施向返乡下乡人员创新创业拓展，

将符合条件的返乡下乡人员创新创业项目纳入强农惠农富农政策范围。探索实施农村承包土地经营权以及农业设施、农机具抵押贷款试点。允许返乡下乡人员依法使用集体建设用地开展创新创业。返乡农民工可在创业地参加各项社会保险。鼓励有条件的地方将返乡农民工纳入住房公积金缴存范围，按规定将其子女纳入城镇（城乡）居民基本医疗保险参保范围。地方人民政府要建立协调推动机制，有条件的县级人民政府应设立“绿色通道”，为返乡下乡人员创新创业提供便利服务。（农业部、人力资源社会保障部、国土资源部等部门和有关地方人民政府按职责分工负责）

（三十一）各地区可根据实际需要制定灵活的引才引智政策，采取不改变人才的户籍、人事关系等方式，以用为本，发挥实效，解决关键领域高素质人才稀缺等问题。（各地方人民政府负责）

六、创新政府管理方式

持续深化“放管服”改革，加大普惠性政策支持力度，改善营商环境，放宽市场准入，推进试点示范，加强文化建设，推动形成政府、企业、社会良性互动的创新创业生态。

（三十二）出台公平竞争审查实施细则，进一步健全审查机制，明确审查程序，强化审查责任，推动全面实施公平竞争审查制度，为创新创业营造统一开放、竞争有序的市场环境。（国家发展改革委、财政部、商务部、工商总局等部门按职责分工负责）

（三十三）推进“多证合一”登记制度改革，将涉企登记、备案等有关事项和各类证照进一步整合到营业执照上。对内外资企业，在支持政策上一视同仁，推动实施一个窗口登记注册和限时办结。推动取消企业名称预先核准，推广自主申报。全面实施企业简易注销登记改革，实现市场主体退出便利化。建设全国统一的电子营业执照管理系统，推进无介质电子营业执照建设和应用。（工商总局牵头负责）

（三十四）加大事中事后监管力度，实现“双随机、一公开”监管全覆盖，开展跨部门“双随机”联合检查，提高监管效能。健全跨部门、跨地区执法协作机制，推进市场监管领域综合执法改革。（工商总局、中央编办、国务院法制办等单位按职责分工负责）

（三十五）在有条件的基层政府设立专业化的行政审批机构，实行审批职责、审批事项、审批环节“三个全集中”。（各地方人民政府、有关部门按职责分工负责）

（三十六）适时适当放宽教育等行业互联网准入条件，降低创新创业门槛，加强新兴业态领域事中事后监管。（教育部牵头负责）

（三十七）推进跨省经营企业部分涉税事项全国通办。推进银行卡受理终端、网上银行、手机银行等多元化缴税方式。加强国税、地税联合办税。建立健全市、县两级银税合作工作机制，加大基层银税合作力度，逐步扩大税务、银行信用信息共享内容。探索通过建立电子平台或在银税双方系统中互设接口等方式，实现银税信息“线上”互动。（税务总局牵头负责）

（三十八）积极有序推进试点示范，加快建设全国双创示范基地，推进小微企业创业创新基地城市示范，整合创建一批农村创新创业示范基地。推广全面创新改革试验经验。研究新设一批国家自主创新示范区、高新区，深化国家自主创新示范区政策试点。（国家发展改革委、科技部、财政部、工业和信息化部、农业部等部门按职责分工负责）

（三十九）办好全国“双创”活动周，营造创新创业良好氛围。组织实施好“创响中国”系列活动，开展创业投资企业、院士专家、新闻媒体地方行。高质量办好创新创业赛事，推动创新创业理念更加深入人心。（国家发展改革委、中国科协等单位按职责分工负责）

各地区、各部门要认真落实本意见的各项要求，进一步细化政策措施，切实履职尽责，密切配合，勇于探索，主动作为，及时总结经验，加强监督检查，确保各项政策落到实处，推进大众创业、万众创新深入发展，为全面实施创新驱动发展战略、培育壮大新动能、改造提升传统动能和促进我国经济保持中高速增长、迈向中高端水平提供强劲支撑。

国务院

2017年7月21日

附录三　国务院办公厅关于深化高等学校创新创业教育改革的实施意见

国办发〔2015〕36号

各省、自治区、直辖市人民政府，国务院各部委、各直属机构：

深化高等学校创新创业教育改革，是国家实施创新驱动发展战略、促进经济提质增效升级的迫切需要，是推进高等教育综合改革、促进高校毕业生更高质量创业就业的重要举措。党的十八大对创新创业人才培养作出重要部署，国务院对加强创新创业教育提出明确要求。近年来，高校创新创业教育不断加强，取得了积极进展，对提高高等教育质量、促进学生全面发展、推动毕业生创业就业、服务国家现代化建设发挥了重要作用。但也存在一些不容忽视的突出问题，主要是一些地方和高校重视不够，创新创业教育理念滞后，与专业教育结合不紧，与实践脱节；教师开展创新创业教育的意识和能力欠缺，教学方式方法单一，针对性实效性不强；实践平台短缺，指导帮扶不到位，创新创业教育体系亟待健全。为了进一步推动大众创业、万众创新，经国务院同意，现就深化高校创新创业教育改革提出如下实施意见。

一、总体要求

（一）指导思想。

全面贯彻党的教育方针，落实立德树人根本任务，坚持创新引领创业、创业带动就业，主动适应经济发展新常态，以推进素质教育为主题，以提高人才培养质量为核心，以创新人才培养机制为重点，以完善条件和政策保障为支撑，促进高等教育与科技、经济、社会紧密结合，加快培养规模宏大、富有创新精神、勇于投身实践的创新创业人才队伍，不断提高高等教育对稳增长促改革调结构惠民生的贡献度，为建设创新型国家、实现“两个一百年”奋斗目标和中华民族伟大复兴的中国梦提供强大的人才智力支撑。

（二）基本原则。

坚持育人为本，提高培养质量。把深化高校创新创业教育改革作为推进高等教育综合改革的突破口，树立先进的创新创业教育理念，面向全体、分类施教、结合专业、强化实践，促进学生全面发展，提升人力资本素质，努力造就大众创业、万众创新的生力军。

坚持问题导向，补齐培养短板。把解决高校创新创业教育存在的突出问题作为深化高校创新创业教育改革的着力点，融入人才培养体系，丰富课程、创新教法、强化师资、改进帮扶，推进教学、科研、实践紧密结合，突破人才培养薄弱环节，增强学生的创新精神、创业意识和创新创业能力。

坚持协同推进，汇聚培养合力。把完善高校创新创业教育体制机制作为深化高校创新创业教育改革的支撑点，集聚创新创业教育要素与资源，统一领导、齐抓共管、开放合作、全员参与，形成全社会关心支持创新创业教育和学生创新创业的良好生态环境。

（三）总体目标。

2015 年起全面深化高校创新创业教育改革。2017 年取得重要进展，形成科学先进、广泛认同、具有中国特色的创新创业教育理念，形成一批可复制可推广的制度成果，普及创新创业教育，实现新一轮大学生创业引领计划预期目标。到 2020 年建立健全课堂教学、自主学习、结合实践、指导帮扶、文化引领融为一体的高校创新创业教育体系，人才培养质量显著提升，学生的创新精神、创业意识和创新创业能力明显增强，投身创业实践的学生显著增加。

二、主要任务和措施

（一）完善人才培养质量标准。

制订实施本科专业类教学质量国家标准，修订实施高职高专专业教学标准和博士、硕士学位基本要求，明确本科、高职高专、研究生创新创业教育目标要求，使创新精神、创业意识和创新创业能力成为评价人才培养质量的重要指标。相关部门、科研院所、行业企业要制修订专业人才评价标准，细化创新创业素质能力要求。不同层次、类型、区域高校要结合办学定位、服务面向和创新创业教育目标要求，制订专业教学质量标准，修订人才培养方案。

（二）创新人才培养机制。

实施高校毕业生就业和重点产业人才供需年度报告制度，完善学科专业预警、退出管理办法，探索建立需求导向的学科专业结构和创业就业导向的人才培养类型结构调整新机制，促进人才培养与经济社会发展、创业就业需求紧密对接。深入实施系列“卓越计划”、科教结合协同育人行动计划等，多形式举办创新创业教育实验班，探索建立校校、校企、校地、校所以及国际合作的协同育人新机制，积极吸引社会资源和国外优质教育资源投入创新创业人才培养。高校要打通一级学科或专业类下相近学科专业的基础课程，开设跨学科专业的交叉课程，探索建立跨院系、跨学科、跨专业交叉培养创新创业人才的新机制，促进人才培养由学科专业单一型向多学科融合型转变。

（三）健全创新创业教育课程体系。

各高校要根据人才培养定位和创新创业教育目标要求，促进专业教育与创新创业教育有机融合，调整专业课程设置，挖掘和充实各类专业课程的创新创业教育资源，在传授专业知识过程中加强创新创业教育。面向全体学生开发开设研究方法、学科前沿、创业基础、就业创业指导等方面的必修课和选修课，纳入学分管理，建设依次递进、有机衔接、科学合理的创新创业教育专门课程群。各地区、各高校要加快创新创业教育优质课程信息化建设，推出一批资源共享的慕课、视频公开课等在线开放课程。建立在线开放课程学习认证和学分认定制度。组织学科带头人、行业企业优秀人才，联合编写具有科学性、先进性、适用性的创新创业教育重点教材。

（四）改革教学方法和考核方式。

各高校要广泛开展启发式、讨论式、参与式教学，扩大小班化教学覆盖面，推动教师把国际前沿学术发展、最新研究成果和实践经验融入课堂教学，注重培养学生的批判性和创造性思维，激发创新创业灵感。运用大数据技术，掌握不同学生学习需求和规律，为学生自主学习提供更加丰富多样的教育资源。改革考试考核内容和方式，注重考查学生运用知识分析、解决问题的能力，探索非标准答案考试，破除“高分低能”积弊。

（五）强化创新创业实践。

各高校要加强专业实验室、虚拟仿真实验室、创业实验室和训练中心建设，促进实验教学平台共享。各地区、各高校科技创新资源原则上向全体在校学生开放，开放情况纳入各类研究基地、重点实验室、科技园评估标准。鼓励各地区、各高校充分利用各种资源建设大学科技园、大学生创业园、创业孵化基地和小微企业创业基地，作为创业教育实践平台，建好一批大学生校外实践教育基地、创业示范基地、科技创业实习基地和职业院校实训基地。完善国家、地方、高校三级创新创业实训教学体系，深入实施大学生创新创业训练计划，扩大覆盖面，促进项目落地转化。举办全国大学生创新创业大赛，办好全国职业院校技能大赛，支持举办各类科技创新、创意设计、创业计划等专题竞赛。支持高校学生成立创新创业协会、创业俱乐部等社团，举办创新创业讲座论坛，开展创新创业实践。

（六）改革教学和学籍管理制度。

各高校要设置合理的创新创业学分，建立创新创业学分积累与转换制度，探索将学生开展创新实验、发表论文、获得专利和自主创业等情况折算为学分，将学生参与课题研究、项目实验等活动认定为课堂学习。为有意愿有潜质的学生制订创新创业能力培养计划，建立创新创业档案和成绩单，客观记录并量化评价学生开展创新创业活动情况。优先支持参与创新创业的学生转入相关专业学习。实施弹性学制，放宽学生修业年限，允许调整学业进程、保留学籍休学创新创业。设立创新创业奖学金，并在现有相关评优评先项目中拿出一定比例用于表彰优秀创新创业的学生。

（七）加强教师创新创业教育教学能力建设。

各地区、各高校要明确全体教师创新创业教育责任，完善专业技术职务评聘和绩效考核标准，加强创新创业教育的考核评价。配齐配强创新创业教育与创业就业指导专职教师队伍，并建立定期考核、淘汰制度。聘请知名科学家、创业成功者、企业家、风险投资人等各行各业优秀人才，担任专业课、创新创业课授课或指导教师，并制定兼职教师管理规范，形成全国万名优秀创新创业导师人才库。将提高高校教师创新创业教育的意识和能力作为岗前培训、课程轮训、骨干研修的重要内容，建立相关专业教师、创新创业教育专职教师到行业企业挂职锻炼制度。加快完善高校科技成果处置和收益分配机制，支持教师以对外转让、合作转化、作价入股、自主创业等形式将科技成果产业化，并鼓励带领学生创新创业。

（八）改进学生创业指导服务。

各地区、各高校要建立健全学生创业指导服务专门机构，做到“机构、人员、场地、经费”四到位，对自主创业学生实行持续帮扶、全程指导、一站式服务。健全持续化信息服务制度，完善全国大学生创业服务网功能，建立地方、高校两级信息服务平台，为学生实时提供国家政策、市场动向等信息，并做好创业项目对接、知识产权交易等服务。各地区、各有关部门要积极落实高校学生创业培训政策，研发适合学生特点的创业培训课程，建设网络培训平台。鼓励高校自主编制专项培训计划，或与有条件的教育培训机构、行业协会、群团组织、企业联合开发创业培训项目。各地区和具备条件的行业协会要针对区域需求、行业发展，发布创业项目指南，引导高校学生识别创业机会、捕捉创业商机。

（九）完善创新创业资金支持和政策保障体系。

各地区、各有关部门要整合发展财政和社会资金，支持高校学生创新创业活动。各高校要优化经费支出结构，多渠道统筹安排资金，支持创新创业教育教学，资助学生创新创业项目。部委属高校应按规定使用中央高校基本科研业务费，积极支持品学兼优且具有较强科研潜质的在校学生开展创新科研工作。中国教育发展基金会设立大学生创新创业教育奖励基金，用于奖励对创新创业教育作出贡献的单位。鼓励社会组织、公益团体、企事业单位和个人设立大学生创业风险基金，以多种形式向自主创业大学生提供资金支持，提高扶持资金使用效益。深入实施新一轮大学生创业引领计划，落实各项扶持政策和服务措施，重点支持大学生到新兴产业创业。有关部门要加快制定有利于互联网创业的扶持政策。

三、加强组织领导

（一）健全体制机制。

各地区、各高校要把深化高校创新创业教育改革作为“培养什么人，怎样培养人”的重要任务摆在突出位置，加强指导管理与监督评价，统筹推进本地本校创新创业教育工作。各地区要成立创新创业教育专家指导委员会，开展高校创新创业教育的研究、咨询、指导和服务。各高校要落实创新创业教育主体责任，把创新创业教育纳入改革发展重要议事日程，成立由校长任组长、分管校领导任副组长、有关部门负责人参加的创新创业教育工作领导小组，建立教务部门牵头，学生工作、团委等部门齐抓共管的创新创业教育工作机制。

（二）细化实施方案。

各地区、各高校要结合实际制定深化本地本校创新创业教育改革的实施方案，明确责任分工。教育部属高校需将实施方案报教育部备案，其他高校需报学校所在地省级教育部门和主管部门备案，备案后向社会公布。

（三）强化督导落实。

教育部门要把创新创业教育质量作为衡量办学水平、考核领导班子的重要指标，纳入高校教育教学评估指标体系和学科评估指标体系，引入第三方评估。把创新创业教育相关情况列入本科、高职高专、研究生教学质量年度报告和毕业生就业质量年度报告重点内容，接受社会监督。

（四）加强宣传引导。

各地区、各有关部门以及各高校要大力宣传加强高校创新创业教育的必要性、紧迫性、重要性，使创新创业成为管理者办学、教师教学、学生求学的理性认知与行动自觉。及时总结推广各地各高校的好经验好做法，选树学生创新创业成功典型，丰富宣传形式，培育创客文化，努力营造敢为人先、敢冒风险、宽容失败的氛围环境。

国务院办公厅

2015年5月4日

附录四　教育部关于大力推进高等学校创新创业教育和大学生自主创业工作的意见

教办〔2010〕3号

各省、自治区、直辖市教育厅（教委），部属各高等学校，各国家大学科技园：

党的十七大提出“提高自主创新能力，建设创新型国家” 和“促进以创业带动就业”的发展战略。大学生是最具创新、创业潜力的群体之一。在高等学校开展创新创业教育，积极鼓励高校学生自主创业，是教育系统深入学习实践科学发展观，服务于创新型国家建设的重大战略举措；是深化高等教育教学改革，培养学生创新精神和实践能力的重要途径；是落实以创业带动就业，促进高校毕业生充分就业的重要措施。为统筹做好高校创新创业教育、创业基地建设和促进大学生自主创业工作，现提出以下意见：

一、大力推进高等学校创新创业教育工作

1. 创新创业教育是适应经济社会和国家发展战略需要而产生的一种教学理念与模式。在高等学校中大力推进创新创业教育，对于促进高等教育科学发展，深化教育教学

改革，提高人才培养质量具有重大的现实意义和长远的战略意义。创新创业教育要面向全体学生，融入人才培养全过程。要在专业教育基础上，以转变教育思想、更新教育观念为先导，以提升学生的社会责任感、创新精神、创业意识和创业能力为核心，以改革人才培养模式和课程体系为重点，大力推进高等学校创新创业教育工作，不断提高人才培养质量。

2. 加强创新创业教育课程体系建设。把创新创业教育有效纳入专业教育和文化素质教育教学计划和学分体系，建立多层次、立体化的创新创业教育课程体系。突出专业特色，创新创业类课程的设置要与专业课程体系有机融合，创新创业实践活动要与专业实践教学有效衔接，积极推进人才培养模式、教学内容和课程体系改革。加强创新创业教育教材建设，借鉴国外成功经验，编写适用和有特色的高质量教材。

3. 加强创新创业师资队伍建设。引导各专业教师、就业指导教师积极开展创新创业教育方面的理论和案例研究，不断提高在专业教育、就业指导课中进行创新创业教育的意识和能力。支持教师到企业挂职锻炼，鼓励教师参与社会行业的创新创业实践。积极从社会各界聘请企业家、创业成功人士、专家学者等作为兼职教师，建立一支专兼结合的高素质创新创业教育教师队伍。高校要从教学考核、职称评定、培训培养、经费支持等方面给予倾斜支持。定期组织教师培训、实训和交流，不断提高教师教学研究与指导学生创新创业实践的水平。鼓励有条件的高校建立创新创业教育教研室或相应的研究机构。

4. 广泛开展创新创业实践活动。高等学校要把创新创业实践作为创新创业教育的重要延伸，通过举办创新创业大赛、讲座、论坛、模拟实践等方式，丰富学生的创新创业知识和体验，提升学生的创新精神和创业能力。省级教育行政部门和高校要将创新创业教育和实践活动成果有机结合，积极创造条件对创新创业活动中涌现的优秀创业项目进行孵化，切实扶持一批大学生实现自主创业。

5. 建立质量检测跟踪体系。省级教育行政部门和高等学校要建立创新创业教育教学质量监控系统。要建立在校和离校学生创业信息跟踪系统，收集反馈信息，建立数据库，把未来创业成功率和创业质量作为评价创新创业教育的重要指标，反馈指导高等学校的创新创业教育教学，建立有利于创新创业人才脱颖而出的教育体系。

6. 加强理论研究和经验交流。教育部成立高校创业教育指导委员会，开展高校创新创业教育的研究、咨询、指导和服务。省级教育行政部门和高等学校要加强对国内外创新创业教育理论研究，组织编写高校创新创业教育先进经验材料汇编和大学生创业成功案例集。省级教育行政部门应定期组织创新创业教育经验交流会、座谈会、调研活动，总结交流创新创业教育经验，推广创新创业教育优秀成果。逐步探索建立中国特色的创新创业教育理论体系，形成符合实际、切实可行的创新创业教育发展思路，指导创新创业教育教学改革发展。

二、加强创业基地建设，打造全方位创业支撑平台

7. 全面建设创业基地。教育部会同科技部，以国家大学科技园为主要依托，重点建设一批“高校学生科技创业实习基地”，并制定出台相关认定办法。省级教育行政部门

要结合本地实际，通过多种形式建立省级大学生创业实习和孵化基地；同时要积极争取有关部门支持，推动本地区有关地市、高等学校、大学科技园建立大学生创业实习或孵化基地，并按其类别、规模和孵化效果，给予大力支持，充分发挥基地的辐射示范作用。

8. 明确创业基地功能定位。大学生创业实习或孵化基地是高等学校开展创新创业教育、促进学生自主创业的重要实践平台，主要任务是整合各方优势资源，开展创业指导和培训，接纳大学生实习实训，提供创业项目孵化的软硬件支持，为大学生创业提供支撑和服务，促进大学生创业就业。

9. 规范创业基地管理。大学科技园作为"高校学生科技创业实习基地"的建设主体，要把基地建设作为园区建设的重要内容，确定专门的管理部门负责基地的建设和管理；加强与依托学校和有关部门的联动，共同开展大学生实习实训和创业实践。有关高等学校要高度重视大学科技园在创新创业人才培养中的作用，出台有利于大学科技园开展学生创业工作的政策措施和激励机制。

10. 提供多种形式的创业扶持。大学生创业实习或孵化基地要结合实际，为大学生创业提供场地、资金、实训等多方面的支持。要开辟较为集中的大学生创业专用场地，配备必要的公共设备和设施，为大学生创业企业提供至少 12 个月的房租减免。要提供法律、工商、税务、财务、人事代理、管理咨询、项目推荐、项目融资等方面的创业咨询和服务，以及多种形式的资金支持；要为大学生开展创业培训、实训；建立公共信息服务平台，发布相关政策、创业项目和创业实训等信息。

三、进一步落实和完善大学生自主创业扶持政策，加强创业指导和服务工作

11. 切实落实创业扶持政策。省级教育行政部门要按人力资源和社会保障部、教育部等《关于实施"2010 高校毕业生就业推进行动"大力促进高校毕业生就业的通知》（人社部发〔2010〕25 号）要求，与有关部门密切配合，共同组织实施"创业引领计划"，并切实落实以下政策：对高校毕业生初创企业，可按照行业特点，合理设置资金、人员等准入条件，并允许注册资金分期到位。允许高校毕业生按照法律法规规定的条件、程序和合同约定将家庭住所、租借房、临时商业用房等作为创业经营场所。对应届及毕业 2 年以内的高校毕业生从事个体经营的，自其在工商部门首次注册登记之日起 3 年内，免收登记类和证照类等有关行政事业性收费；登记求职的高校毕业生从事个体经营，自筹资金不足的，可按规定申请小额担保贷款，从事微利项目的，可按规定享受贴息扶持；对合伙经营和组织起来就业的，贷款规模可适当扩大。完善整合就业税收优惠政策，鼓励高校毕业生自主创业。

12. 积极争取资金投入。省级教育行政部门要与有关部门协调配合，积极争取当地政府和社会支持，通过财政和社会两条渠道设立"高校毕业生创业资金"、"天使基金"等资助项目，重点扶持大学生创业。要建立健全创业投资机制，鼓励吸引外资和国内社会资本投资大学生创业企业。

13. 积极开展创业培训。省级教育行政部门要积极配合有关部门，对有创业愿望并

具备一定创业条件的高校学生，普遍开展创业培训。要积极整合各方面资源，把成熟的创业培训项目引入高校，并探索、开发适合我国大学生创业的培训项目。同时，高等学校要加强对在校生的创业风险意识教育，帮助学生了解创业过程中可能遇到的困难和问题，不断提高防范和规避风险的意识和能力。

14. 全面加强创业信息服务。省级教育行政部门和高等学校要加大服务力度，拓展服务内涵，充分利用现有就业指导服务平台，特别是就业信息服务平台，广泛收集创业项目和创业信息，开展创业测评、创业模拟、咨询帮扶，有条件的要抓紧设立创业咨询室，开展“一对一”的创业指导和咨询，增强创业服务的针对性和有效性。

15. 高等学校要出台促进在校学生自主创业的政策和措施。高校可通过多种渠道筹集资金，普遍设立大学生创业扶持资金；依托大学科技园、创业基地、各种科研平台以及其他科技园区等为学生提供创业场地。同时，有条件的高校要结合学科专业和科研项目的特点，积极促进教师和学生的科研成果、科技发明、专利等转化为创业项目。

四、加强领导，形成推进高校创业教育和大学生自主创业的工作合力

16. 省级教育行政部门要把促进高校创新创业教育和大学生自主创业工作摆在突出重要位置。要积极争取有关部门支持，创造性地开展工作，因地制宜地出台并切实落实鼓励大学生创业的政策措施。要加大对高校创新创业教育、创业基地建设的投入力度，在经费、项目和基金等方面给予倾斜。有条件的地区可设立针对大学生的创业实践项目，为大学生创业实践活动提供小额经费支持。根据工作需要，可评选创新创业教育示范校、创业示范基地。

17. 高等学校要把创新创业教育和大学生自主创业工作纳入学校重要议事日程。要理顺领导体制，建立健全教学、就业、科研、团委、大学科技园等部门参加的创新创业教育和自主创业工作协调机制。统筹创新创业教育、创业基地建设、创业政策扶持和创业指导服务等工作，明确分工，切实加大人员、场地、经费投入，形成长效机制。

18. 营造鼓励创新创业的良好舆论氛围。省级教育行政部门和高等学校要广泛开展创新创业教育和大学生自主创业的宣传，通过报刊、广播、电视、网络等媒体，积极宣传国家和地方促进创业的政策、措施，宣传各地和高校推动创新创业教育和促进大学生创业工作的新举措、新成效，宣传毕业生自主创业的先进典型。通过组织大学生创业事迹报告团等形式多样的活动，激发学生的创业热情，引导学生树立科学的创业观、就业观、成才观。

中华人民共和国教育部
二〇一〇年五月四日